신약의 리더십과 장로

김홍범 목사 저

성광문화사

목차

서문 ·· 5

I. 바울 서신들에 나타난 카리스마의 일상화 ············· 7
1. 도입
2. 리더십 패턴들
3. 결론

II. 현대 목사직의 성경적 근거 ······························ 30
1. 포이메네스
2. 프레스뷔테로이/에피스코포이
3. 디아코노이
4. 결론

III. 예루살렘과 바울 공동체에 나타난 집에서 모이는 교회의 형태들 ······ 62
1. 바울 공동체
2. 예루살렘 공동체
3. 결론

IV. 목사와 장로: 그 실권의 소재 ························· 82
1. 누가 실재적 힘을 소유하나?
2. 왜 통상적으로 장로들이 권세를 가지게 되나?

3. 결론

V. 장로직의 성경적 기원 95
  1. 말리스타에 관한 스키트의 가설
  2. 결론

VI. 오늘날 교회의 장로들과 신약의 다스리는 장로들 110
  1. 기능에 초점을 맞추는 해석
  2. 언어학적 접근으로부터의 해석
  3. 역사적 무대를 고려한 해석
  4. 관련된 구절들을 고려한 해석
  5. 결론

VII. 목사와 장로의 관계: 상하 관계인가 평등 관계인가? 132
  1. 신약의 목사와 장로
  2. 신약의 장로와 목사의 관계
  3. 결론

VIII. 신약 교회 리더십 패턴에 관한 전체 그림 151
  1. 바울 공동체
  2. 베드로와 요한 공동체들
  3. 예루살렘 교회에 대한 누가의 그림
  4. 결론

서문

　우리가 상식적으로 알고 있는 리더십과 신약성경의 리더십은 다르다. 예를 들면, 목사라는 말은 성경에 딱 한 번 나오는데 이는 오늘날 목사와 많이 다르다. 우리는 어떻게 하면 리더십을 가질까에 만 관심을 기울인다. 무엇이 성경적 리더십인지 모르고 리더십만 잡으려고 한다면 무지하다고 할 것이다. 이 책의 도움이 없이 신약성경 리더십에 대해서 파악하기는 매우 어렵다고 할 수 있다. 필자는 신약성경 리더십에 대해서 약 4년간 영국에서 연구를 하여 이 책을 출간하기에 이른 것이다.

　성경의 리더십에 대해 잘 몰라 현재 여러 가지 혼동이 일어나고 있다. 어떤 교회는 감독이 있고 어떤 교회는 감독이 없다. 그리고 어떤 교회에서는 목사와 장로가 평등한 권한을 가지고 있고 어떤 교회에서는 평등하지 않다. 한편, 어떤 교회에서는 지도자가 목사와 장로 두 직분 대신에 단지 한 직분만 있다.

　그러나 이러한 혼동들은 신약성경의 리더십에 대해서 특히 지역 교회 리더십에 대해서 파악이 되면 상당 부분 해결이 된다. 지금까지 부분적으로 알았던 것 가지고는 파악할 수 없을 정도로 리더십 이슈는 복잡하다. 신약 전체의 그림을 그린 다음에야 그 윤곽을 알 수 있다.

    우리는 우리가 기존에 알고 있는 리더십에 익숙하다. 그리고 이것이 성경적이라고 믿고 있다. 그래서 이것들이 선입관이 되어 신약의 진짜 그림을 파악하는 데 방해가 될 수도 있다.

    신약의 그림을 그리는 데는 본문의 주석이 불가피하다. 필자는 필요한 주석을 상세하게 제공하고 있고 이것을 통해 관련된 것을 풍부하게 알아 나가게 될 것이다. 그리고 이 주석은 세계적 석학들의 검증을 거쳐서 나오게 된 것이다. 그래서 성경 주석의 중요한 방법들을 배울 수 있고 성경을 보는 깊이가 한 차원 높아질 수 있다.

    우리는 리더십과 같은 주제가 구원과 같이 근본적인 주제가 아니라는 것을 인식하고 있어야 하지만 우리 교회에 미치는 영향이 상당히 큰 걸 감안해 볼 때 그냥 아무렇게나 해도 된다는 것은 아니다. 성경적 지식을 떠나 성경적이 아닌 것을 성경적인 것으로 신봉하지 말고 성경적인 것이 무엇인지 알아야 한다.

Chapter • 1

바울 서신들[1]에 나타난 카리스마의 일상화

1. 도입

막스 베버는 종교 사회 내부와 외부에서의 지배 형태를 합법적 지배, 전통적 지배, 카리스마적 지배 세 가지로 분류하고[2] 이 중 카리스마적 지배는 어떤 경우에 변화한다는 것을 관찰하였다:

> 카리스마적 지배는 그 진정한 형식에 있어서 특별히 일상 외적인 성격을 지니고 있다. 그리고 엄격히 개인적으로, 즉 개인적 자질의 카리스마적 타당성과 그 입증을 바탕으로 맺어지는 사회적 관계이다. 그런데 이러한 관계가 순전히 일시적인 것에 머무르지 않고 지속적인 관계[필자의 강조] — 신앙 동료나 전사나 사도의 '자치 공동체,' 정당 단체, 또는 정치적이거나 교

---

[1] 여기에서는 바울 서신 중에 저자에 대해서 논의가 되지 않는 서신들만 다룬다. 현대 비평주의 학자들의 견해들에 따르면 장로(πρεσβύτεροι)라는 타이틀이 나오면 바울 서신이 아니라고 한다. 본 논문은 이를 비판하기 위해 이런 분류(저작권이 논의 되지 않는 바울 서신과 논의 되는 바울 서신)를 염두에 둔 것이다.

[2] 막스 베버, 경제와 사회 I (박성환 역; 서울: 문학과지성사, 1997), pp. 412-13.

권 제 적인 단체—의 성격을 띠게 되면[띠기 위해서는], 말하자면 오로지 탄생의 상태 (*statu nascendi*)에서만 이상형적인 순수성 속에 존재하던 카리스마적 지배는 그 성격이 본질적으로 달라질 수 밖에 없다[달라지는 게 필수적이다]. 즉, 카리스마적 지배는 전통화되거나, 합리화(합법화)되거나, 또는 여러 가지 점에서 전통화 되고 합리화된다.[3]

이것이 바로 베버가 말하는 '카리스마의 일상화' 이다.[4] 베버는 '이러한 변화' 즉 '카리스마의 일상화' 를 '추진하는 동기' 중 하나로 '카리스마 담지자인 개인이 사라지고 이에 따라 후계자 문제가 발생 하' 는 경우를 든다.[5]

---

3) 베버, 경제와 사회 I, p. 456. 주의. [ ]로 표시되어 있는 부분은 필자의 번역이다.
4) 주의. 베버의 '"카리스마"의 개념은 초기 기독교의 어휘에서 온 것이다' [Max Weber, *Economy and Society* I (eds. Guenther Roth and Claus Wittich; New York: Bedminster Press,1968), p. 216]. 베버의 사용법(charisma)은 신약에 나오는 바울의 사용법(χάρισμα)과 다르다. 'χάρισμα' 라는 용어는 신약에서는 단지 선물이라는 의미로 사용되고 있다. 베버의 정의는 다음과 같다:
  '카리스마' 는 일상 외적인 것으로 (원래는 예언자뿐만 아니라 치료의 현자, 법의 현자, 수렵 지도자, 전쟁 영웅에서처럼 주술적인 것으로) 여겨지는 어느 인물의 자질을 뜻한다고 하겠다. 이 자질 때문에 그 인물은 초자연적이거나 초인적인 또는 적어도 특별히 일상 외적인, 다른 누구나가 얻을 수 없는 역량이나 특성을 (타고나거나) 신에 의해 보내어진 것으로 또는 모범적인 것으로 그리고 그 때문에 '지도자' 로 평가된다 [베버, 경제와 사회 I, pp. 449-50].
5) 베버, 경제와 사회 I, pp. 456-57. 그가 관찰한 여섯 가지 형태의 '후계자 문제' '해결 방식' 은 다음과 같다: (a) '우두머리의 자격을 갖춘 카리스마 담지자를 어떤 특징에 준하여 새롭게 찾아냄으로써 해결할 수 있다.' (b) '계시, 즉 신탁, 추첨, 신의 재판, 또는 다른 종류의 선별 기술을 통해서 해결할 수 있다.' (c) '종래의 카리스마 담지자 쪽에서 후계자를 지명하고 자치 공동체 쪽에서는 이를 인정함으로써 해결할 수 있다.' (d) '카리스마적 자격을 갖춘 행정 간부 쪽에서 후계자를 지명하고, 이 후계자가 자치 공동체에 의해 인정됨으로써 해결할 수 있다.' (e) '카리스마는 일종의 혈통적 자질이며 따라서 담지자의 씨족, 특히 가장 가까운 씨족에 부착되어 있다고 하는 관념을 통해서, 즉 세습 카리스마를 통해서 해결

'후계자 문제' 때문에 초기 기독교 공동체들에서도 '카리스마의 일상화'가 일어났던 것 같다. 성 로마의 클레멘트는 '그들이 잠들면 다른 인정받은 사람들이 그들의 직분을 계승해야 합니다'라고 주장했다.[6] 이것은 라이트푸트에 의해서 설명이 된다:

> '그는 고린도 인들에게 장로의 직분은 사도들에 의하여 세워졌다고 상기시킨다. 그런데 이 사도들은 자신들이 직접 장로들을 임명했을 뿐만 아니라 죽음에 의하여 때때로 생기는 공석들은 그 사역이 계속 이어지기 위하여 다른 인격적인 사람들에 의하여 채워져야 한다고 지시했다'.[7]

여기에 대한 예들은 목회 서신들에서 발견이 된다. 감독들(ἐπίσκοποι)과 집사들(διάκονοι)의 직분들을 위한 자격 요건들이 디모데 전서 3장 2절 이하에 묘사되어 있다. 이것은 지역 교회들이 이 안내지침에 따라서 특정한 지도자들을 임명해야 한다는 것을 의미한다. 디도서 1장 5절에는 이와 유사한 지침에 따라 교회들이 지도자들을 임명해야 한다고 규정되어 있다. 이것은 베버가 언급한 많은 '후계자 문제' '해결 방식' 패턴들 중의 일부와 관련된다.[8] 구체적으로

할 수 있다.' (f) '카리스마는 담지자 쪽에서 의식적인 수단을 통하여 다른 사람에게 넘겨주거나 산출할 수 있는 자질이라는 관념에 의하여 해결할 수 있다.' 참고. S. N. Eisenstadt (ed.), *Max Weber on Charisma and Institution Building* (Chicago; London: The University of Chicago Press, 1968), pp. 54-6.

6) J. B. Lightfoot, *Saint Paul's Epistle to the Philippians* (4th rev. edn.; London: Macmillan and Co., 1878), p. 203.
7) Lightfoot, *the Philippians*, p. 205.
8) 이것은 베버의 타입 c와 d에 관련될 것이다 (각주 5를 보라).

이 패턴은 교회 리더십의 '제도화'로 묘사될 수 있다.[9]

그러나 이 논문에서 우리의 질문은 바울의 저작권에 관하여 논쟁되지 않는 바울의 서신들에 있는 공동체들도 역시 '카리스마의 일상화'에 관심이 있었느냐 하는 것이다. 누가는 사도행전 14장 21절 이하에서 특정한 도시교회 지도자들(πρεσβύτεροι)이 루스드라,[10]이고 니온,[11] 안디옥[12]과 같은 도시들에 있는 바울의 교회들을 위하여 임명[13]된 것을 묘사하고 있다. 이들은 바울의 후계자들이며 이들의 임

---

9) 리더십 계승을 더 구체적으로 묘사하는 이 표현은 다음과 같이 설명이 된다. 임명되었던 자들이 죽거나 그만 두면 이 교회들에서 새 지도자들이 그 자격요건에 따라 임명될 것이다. 그 교회들은 이 절차를 어떤 어려움 없이 계속적으로 시행할 수 있다. 왜냐하면 그것은 하나의 '패턴'이 될 것이고 [Macdonald, *The Pauline Churches* (Society for New Testament Studies Monograph Series 60; Cambridge; New York; New Rochelle; Melbourne; Sydney: Cambridge University Press, 1988), p. 12] 그리고 그들은 안내 지침을 가지고 있기 때문이다. 이 안내 지침은 이 바울 공동체 (목회 서신에서 묘사되고 있는 공동체들은 이 서신의 저작자에 관한 논쟁을 떠나 바울 공동체이다)에서 어느 교회를 막론하고 주어진다. 그러므로, 어느 회중을 막론하고 똑같은 '타입'의 사람들이 지도자들로 임명된다. 이것이 '전형화'이다 [참고. Peter L. Berger and Thomas Luckmann, *The Social Construction of Reality* (London: Allen Lane, 1971), p. 72. 그들은 진술한다: 여러 타입의 행위자들에 의한 습관화된 활동들의 하나의 상호적 전형화가 있으면 언제든지 제도화가 발생한 것이다. 다르게 표현하면, 어떤 그러한 전형화는 제도화이다']. 그러므로 이 바울 교회들에서 프레스뷔테로이 (에피스코포이)를 임명하는 '과정'은 'Berger and Luckmann의 제도화에 대한 정의'에 따르면 '제도화'로 규정될 수 있다 (Macdonald, *The Pauline Churches*, pp. 11-2. Cf. p. 217). 웨인 믹스는 '제도화'라는 용어가 '일상화'라는 용어를 대치할 수 있다고 주장한다. 그리고, 그는 전자를 후자보다 더 선호한다 [Wayne A. Meeks, *The First Urban Christians* (New Haven; London: Yale University Press, 1983), p. 173]. 단지 '제도화'나 '카리스마의 일상화'라는 것보다 더 구체적인 '교회 리더십의 제도화'라는 표현이 목회 서신에서 묘사된 리더십 계승을 위하여 배치될 수 있다.
10) 행 14:6.
11) 'Iconium' in *Encyclopaedia of the Early Church* I (ed. Angelo Di Berardino; tr. Adrian Walford; Cambridge: James Clarke & Co., 1992), p. 403.
12) 'Antioch' in *Encyclopaedia of the Early Church* I, pp. 47-8.
13) I. Howard Marshall, *The Acts of the Apostles* (The Tyndale New Testament Commentaries; Leicester: Inter-Varsity Press; Grand Rapids: William B. Eerdmans Publishing Company,

명은 '카리스마의 일상화'의 동기가 되었을 것이다.[14] 그럼에도 불구

1980), p. 241; C. K. Barrett, *A Critical and Exegetical Commentary on The Acts of the Apostles* (The International Critical Commentary; Edinburgh: T & T Clark, 1994), pp. 687-88; Joseph A. Fitzmyer, S.J., *The Acts of the Apostles* (The Anchor Bible 31; New York; London; Toronto; Sydney; Auckland: Doubleday, 1998), p. 535; Ernst Haenchen,*The Acts of the Apostles* (Oxford: Basil Blackwell, 1971), p. 436. 그러나 캠벨이 제안하기를 그리스어 단어 'χειροτονήσαντες'가 이 문단에서 '안수함'이라는 의미로 사용되었고 '축복'의 함축을 가지고 있다고 한다. 그의 요점은 사도행전 14:23은 13:3과 매우 유사하고 그래서 'χειροτονήσαντες'(행 14:23)은 'ἐπιθέντες τὰς χεῖρας'(행 13:3)과 같은 의미를 가지고 있다는 것이다 [R. Alastair Campbell, *The Elders: Seniority within Earliest Christianity* (Studies of the New Testament and Its World; Edinburgh: T & T Clark Ltd, 1994), pp. 166-71]. 그에 대하여 몇 가지 제한들이 있다. 첫째로, 그가 주장한 대로 'χειροτονήσαντες'(행 14:23)라는 단어는 'ἐπιθέντες τὰς χεῖρας'(행 13:3)라는 표현과 유사하다. 그러나 엄밀히 말하면 다르다. 아마도 이것이 Barrett을 이 단어로부터 '안수'의 어떤 암시도 발견하지 않게 하는 것 같다(참고. Barrett, *The Acts of the Apostles* I, p. 687). Fitzmyer가 설명한 대로 'χειροτονήσαντες'라는 단어는 문자적으로 '임명된'이라는 단어로 번역된다 (Fitzmyer, *The Acts of the Apostles*, p. 535; 참고. BAGD, s.v. 'χειροτονέω'; 참고. Bruce, *The Acts of the Apostles*, p. 326). 둘째로, 심지어 누가가 'χειροτονήσαντες'라는 단어로 '안수'를 염두에 두고 있다고 할지라도 Campbell의 견해는 여전히 문제가 있다. 그는 '안수'가 어떤 암시를 가지고 있든지 **성직수임**식에서(행 6:6; 딤전 4:14) 또는 선교사들을 파송하는 데(행 13:1 이하) 있어서 중요한 절차라는 사실을 고려하지 못하고 있다. 이것은 아이러니컬하게도 그 자신의 가설을 지지하기 위하여 만들어졌던 그의 설명에 의하여 지지된다:

기독교 성직 수임이 발달함에 따라 취임보다도 축복을 위한 기도가 기독교 성직 수임의 중심에 남아 있었다. 그리고 이 기도의 의미가 누가에 의하여 사도행전 14:23의 '그들을 주께 맡겼다'라는 구절로 포착된다.

'**성직 수임**'이라는 용어를 보라! 그것은 사도행전 14:23에 **성직 수임**이 묘사되고 있다고 Campbell 자신도 무의식적으로 인정하는 것을 암시한다. 그러므로 'χειροτονήσαντες'라는 단어가 사도행전 14:21 이하에서 단지 '축복'의 함축으로 사용되었다는 Campbell의 가설은 설득력이 없다. 누가는 바울과 바나바가 제자들을 위하여 'χειροτονήσαντες πρεσβύτεροι'라고 말한다. χειροτονήσαντες을 축복과 연관시키면, 바울과 바나바가 **제자들(교인들)을 위하여** πρεσβύτεροι (캠벨은 이를 가정 교회 지도자들로 봄)을 축복했다고 생각해야 되는데 이것은 이상하다. 그들이 제자들(교인들)을 위하여 어떤 것을 하기를 원했다면 왜 제자들(교인들)이 아니라 가정 교회 지도자들을 축복했는가? 이런 문맥에서 단순한 '축복'의 개념은 적절하지 않다. 그러므로 I. Howard Marshall [*The Pastoral Epistles* (The International Critical Commentary; Edinburgh: T

하고, 대다수의 학자들은 바울은 한번도 '카리스마의 일상화'를 실행해 본적이 없고 '카리스마의 일상화'는 바울 시대 이후의 교회들을 확인하는 하나의 기준이라고 생각할 것이다. 예를 들어, 뤼데만, 하엔켄, 피츠마이어 같은 학자들은 위의 묘사는 누가의 시대착오이다 라고 주장한다: 이러한 종류의 지역교회 지도자는 누가의 시대에 존재했지만 바울의 시대에는 존재하지 않았다; 그러나, 누가는 그들이 바울의 시대에도 역시 존재했다고 생각한다.[15] 이러한 해석은 선험적 가정(a priori assumption)으로부터 기원한 것 같다. 클레멘트에 따르면, 사도들은 후계자 문제에 관심이 많았다. 그런데 왜 바울만 예외로 보려고 하는가? 바울의 시대에 감독들(ἐπίσκοποι)이 존재했다는 것은 주목할 만하다(빌 1:1). 이들은 어떤 종류의 지도자들일까? 이것은 이 논문에서 중요한 논쟁점이 될 것이다. 물론, 위의 학자들은 이들이 사도행전 14장 21절 이하에 있는 장로들(πρεσβύτεροι)과 같은 종류의 지도자들, 즉 바울의 후계자들로 임명된 자들이라고 믿지 않으려고 할 것이다.

Edinburgh: T & T Clark, 1999), p. 181]에 의해 제안된 다음 번역이 채택되어야만 한다. 구성원들(양 무리들)은 정식으로 돌보아질 필요가 있었다. 그러므로 더 '공식적인' 지도자들(πρεσβύτεροι)이 양 무리들을 위하여 임명되었다. 다른 말로 하면, '특별한 종류의' '공식적인' '책임과 봉사가' 이 지도자들에게 맡겨지기 시작했다. 그리고 이것은 Barrett이 주장한 대로 여기에서 '성직 수임'이 이루어졌다는 것을 의미한다. (Barrett, *The Acts of the Apostles* I, p. 697). 그리고 여기에서 성직 수임을 받는 자들(πρεσβύτεροι)은 물론 가정 교회 지도자들이 아니다. 왜냐하면, 가정 교회들은 자연스러운 리더십을 갖는 경향이 있기 때문이다 (논의를 위하여 아래를 보라).

14) 참고. 베버, 경제와 사회 I, pp. 456-57.
15) Gerd Lüdemann, *Early Christianity according to the Traditions in Acts* (tr. John Rowden; London: SCM Press,1989), p. 163; Ernst Haenchen, *The Acts of the Apostles*, p. 436; Fitzmyer, *The Acts of the Apostles*, p. 535.

'카리스마의 일상화'가 바울에 의해서 전혀 실행되지 않았다는 견해를 철저히 재고하기 위해서는 바울의 논쟁되고 있지 않은 서신들과 논쟁되고 있는 서신들 모두에 나와 있는 교회 리더십 구조들에 관한 학자들의 주장들을 토론하는 것이 필요할 것이다. 던에게는, 바울의 저작권이 논쟁되고 있지 않은 바울 서신들은 특정한 지도자들이 나타나지 않는다는 점에서 이들이 나타나는 논쟁되고 있는 바울 서신들과 다를 것이다. 캠벌에게는, 논쟁되고 있지 않은 바울 서신들은 도시교회 지도자들이 존재하지 않는다는 점에서 이들이 나타나는 논쟁되고 있는 바울 서신들과 다를 것이다. 보기에는 이러한 리더십 구조들은 복잡하다. 그러나 이것들은 아래에서 명료하게 드러나듯이 세 가지 패턴들로 분류될 수 있다: 카리스마적 교회 리더십, 가정 교회 리더십 그리고 도시 교회 리더십.

2. 리더십 패턴들

a. 카리스마적[16] 교회 리더십

'예언'('προφητείαν'), '섬기는 일'('διακονίαν'), '가르치는 자'('ὁ διδάσκων'), '권위 하는 자'('ὁ παρακαλῶν'), '구제하는 자'('ὁ μεταδιδοὺς'), '다스리는 자'('ὁ προϊστάμενος') 그리고 '긍휼을 베푸는 자'('ὁ ἐλεῶν') 같은 표현들이 로마서 12장 6절 이하에 나

---

16) 이것은 베버의 용어법이 아니라 바울의 용법을 따른 것이다.

타난다. 이중에 어느 것도 타이틀이 아니다.[17] 그러므로 이것들은 이 기능들을 한두 번 행하는 자들도 지칭할 수 있고[18] 이 사실은 그들이 교회에 의하여 임명되기보다는 등장한다는 것을 보여준다.[19] 이런 리더십은 사람들이 인위적으로 지속적인 리더십으로 체계화시키기 어렵기 때문에 '카리스마의 일상화'와 관련을 가질 수 없을 것이다.[20]

고린도 전서 12장 8절로 10절 그리고 28절로 30절에 사도들(ἀπόστολοι), 선지자들(προφῆται) 그리고 교사들(διδάσκαλοι)이 나타난다. 이것들은 타이틀들이다. 그러나 이것들이 다른 카리스마(χάρισμα)들과 함께 보인다는 것은 주목할 만할 것이다. 이것은 이들은 성령에 의해서 만들어졌다는 것을 의미한다. 그러므로 이들이 죽거나 다른 공동체로 이동할 때에, 이 공동체는 스스로 이들의 후계자들을 창조해낼 수 없다. 이것은 그들이 교회에 의해서 임명되기보다는 등장한다는 사실에 의해 증명이 된다.[21] 단지 다른 사람들이 이

---

17) 처음의 두 개와 선지자(προφῆται)와 집사(διάκονοι)라는 타이틀을 비교하고; 나머지와 교사(διδάσκαλοι)라는 타이틀을 비교하라.
18) *Pace* James D. G. Dunn, *Romans* 9-16(Word Biblical Commentary 38b; Dallas: Word Books, Publisher, 1988), p. 734. 그는 주장하기를 ὁ διδάσκων', ὁ παρακαλῶν', ὁ μεταδιδοὺς', ὁ προϊστάμενος', 또는 'ὁ ἐλεῶν' 같은 표현들은 현재 분사 형태의 표현들이 사용되었기 때문에 이런 기능들을 규칙적으로 행하는 자들을 가리킨다고 한다. 그러나 이런 형태의 표현은 가르치는 자들 또는 격려하는 자들을 가리키는 단지 하나의 표현 방법에 불과하고 언제나 규칙성의 어떤 암시를 가지고 있는 것이 아니다. [참고. F. Blass and A. Debrunner, *A Greek Grammar of the New Testament and Other Early Christian Literature* (tr. and rev. Robert W. Funk; Cambridge: The University Press; Chicago: The University of Chicago Press,1961), pp. 174-75]. 그 사역들을 비규칙적으로 수행하는 자들을 위하여 이런 표현을 사용하는 것을 피할 이유는 없다.
19) 임명에 관한 논의를 위하여, Hong Bom Kim, *Parity or Hierarchy? Patterns of Church Leadership in the Reformed Churches and in the New Testament* (Sheffield: Ph. D. Thesis 2000), pp. 87-99을 보라.
20) 설명을 위해서는 첫 페이지에 나와 있는 베버의 주장을 다시 보라.

런 영적 은사들을 성령으로부터 받거나 이러한 종류의 일꾼들이 다른 공동체로부터 올 때 교회들은 이러한 사람들을 가질 수 있다. 이것은 이 리더십 구조 내에서 리더십 계승을 지속적으로 확보하는 것이 매우 어렵다는 것을 의미한다. 마찬가지로, 이런 리더십도 그 성격상 '카리스마의 일상화'와 관련을 가질 수 없을 것이다.

b. 가정 교회 리더십

던은 저작권이 논의 되고 있지 않은 바울 서신들에 있는 모든 사람들이 성령으로부터 '영적 은사'들을 받고 그 은사들을 가지고 자기의 '기능'들을 수행하는 것을 인지한다. 그는 이 공동체들이 '공동' '사역'에 의해 지탱되고 어떤 '특정한' 리더십을 가지지 않는다고 주장한다.[22] 그의 평등주의적인 견해는 많은 학자들에게 영향을 미쳤고 그 결과 논의되지 않는 바울 서신들에 나타나는 바울의 교회들에 '특정한' 지도자들이 존재하지 않는다라고 학자들이 상당히 일반적으로 믿고 있다.

그러나, 모든 학자들이 이에 동의하는 것이 아니다. 캠벌은 던에

---

21) 논쟁을 위해서는, Kim, *Patterns of Church Leadership*, pp. 87-99을 보라.
22) James D.G. Dunn, *Unity and Diversity in the New Testament* (London: SCM Press Ltd, 1977), pp. 110-11. 그는 이것을 자세히 설명한다:
어떤 때에도 바울은 두 종류의 크리스챤을 생각하지 않는다 – 성령을 가지고 있는 자들과 가지고 있지 않는 자들, 남에게 사역을 하는 자들과 사역을 받는 자들, 은사들을 드러내는 자들과 그렇지 않은 자들… 간단히 말해, 바울의 교회들에서는 사역이 모든 사람들에게 속했다. 그리고 각각은 그리스도의 몸 안에서의 자신의 삶을 위하여 단지 소수의 몇몇 특별한 사역에 의존하지 않고 그의 모든 동료 교인들의 다양한 사역들에 의존한다.

동의하지 않고 바울의 가정 교회들은[23] 지도자들을 가지고 있다고 주장한다. 그는 야손 (행 17:5 이하),[24] 스데반 (고전 16:15-16), 눔바 (골 4:15)가 그러한 지도자들이라고 제안한다.[25] 그 이유는 아마 집 ('house')/가정('household')이라는 단어가 이 사람들과 함께 이 문단들 속에 나타나기 때문일 것이다. 만약 이것이 사실이라면 논의되고 있지 않는 바울 서신들에 나와 있는 바울 공동체는 지도자들을 가지고 있다. 어쨌든, 스데반은 명백히 하나의 지도자이고 그의 기능을 어떤 '정규적' '카리스마적' '사역'에 연결시키는 것은 어렵다.[26] 아굴라와 브리스가 (고전 16:19), 가이오 (롬 16:23) 그리고 빌레몬 (몬 2)도 역시 그들의 가정 교회들의 지도자들인 것은 사실임에 틀림이 없다.[27]

요점은 이 리더십이 '카리스마의 일상화'에 관련이 되느냐 아니냐

---

[23] 참고. James S. Jeffers, *Conflict at Rome* (Minneapolis: Fortress Press, 1991), pp. 41-2. 그는 로마서 16장에서 최초의 로마 집에서 모이는 교회 5개를 발견한다.

[24] Abraham J. Malherbe, *Paul and the Thessalonians* (Philadelphia: Fortress Press, 1987), pp. 12-7.

[25] Campbell, *The Elders*, pp. 120-31. 그는 몇 사람 더 열거한다. 즉, 에바브로디도, 유오디아, 순두게, 글레멘드 (빌 2:25-30;4:2-3), 루디아 (행 16:14) 그리고 뵈뵈 (롬 16:1-2). Elliott 역시 뵈뵈를 한 그룹의 가정 교회 지도자들 속에 포함한다 (Elliott, *A Home for the Homeless*, p. 190). 그러나 이것은 좀 더 논의되어야 할 문제이다 (Kim, *Patterns of Church Leadership*, pp. 146-49). 아마도 그들은 집 '소유자들' 일 것이다 (참고. Blue, 'Acts and the House Church' , pp. 172-89). 그러나 그 성경 구절들에는 그들의 집들이 교회 건물들로 사용되었다라는 분명한 증거가 없다. 참고. 여성 지도자들을 위해서는 Elisabeth Schüsler Fiorenza, *In Memory of Her* (London: SCM Press LTD, 1983), pp. 175-84를 보라.

[26] *Pace* Dunn, *Unity and Diversity in the New Testament*, pp. 112-13. Kim, *Patterns of Church Leadership*, pp. 87-99을 보라.

[27] 불행히도, Campbell은 이것들을 언급하지 않는다 (Campbell, *The Elders*, pp. 120-31). 참고. Theissen, *The Social Setting*, pp. 87-91. 그는 Titius Justus의 집 (행 18:7)도 역시 가정 교회라고 암시한다; Malherbe, *Social Aspects of Early Christianity*, p. 73. 그는 Crispus(행 18:8)를 가정 교회 지도자로 간주한다.

이다. 가정교회는 단지 '어떤 도시나 지역에서 교회의 시작'에 불과하다는 것을 주목해야 할 것이다.[28] 주택을 교회 건물들로 제공하는 가정들의 가장들이 지도자들이 되는 경향이 있었다.[29] 이들이 지도자가 되는 과정은 자연스럽기 때문에 따로 임명의 절차가 필요 없었을 것이다. 이 리더십 구조 내에서 리더십 계승을 시행한다는 것은 그 주택의 상속자가 그 회중의 새로운 지도자가 된다는 것을 의미한다. 그 상속자가 그 리더십 자리에 적절하지 않을 때는 계승 절차는 문제를 야기할 것이다. 어떤 사람들은 그들의 리더십 구조를 바꾸어야 한다고 느낄 수 있을 것 같다. 바울은 몇 번 가정 교회들에 대해서 언급하지만, 단 한 번도 공식적인 리더십을 나타내는 타이틀을 사용하지는 않는다. 그리고 그들의 리더십을 그들의 가정에 국한시키며 한 도시 전체에 연장시키지는 않는다.[30] 이러한 것들은 이들의 권위가 순전히 일시적인 것이며 지속적인 성격을 띠고 있지 않다는 것을 암시한다. 이것은 다시 말하면 바울 공동체의 카리스마적 권위가 가정 교회 리더십으로 일상화 되지 않았다는 것을 나타낸다.

그러나 이것은 논쟁의 끝이 아니다. 캠벨은 이 '가정' 교회 '지도자들'이 '제 일 세대에서는' 장로(πρεσβύτεροι)가 아니라 감독(ἐπίσκοποι)이라고 불렸지만 '제 이 세대에서는' '집단적으로' 장로(πρεσβύτεροι)라는 타이틀이 주어졌다는 가설을 제시한다.[31] 장로

---

28) Fiorenza, *In Memory of Her*, p. 175.
29) Filson은 '그러한 상황에서의 모든 것은 주인이 그 그룹에서의 가장 두드러지고 영향력 있는 구성원으로 등장하는 데 유리하게 작용했다.' 고 말한다. [Filson, 'The Significance of the Early Household Churches' in *Journal of Biblical Literature* 58 (1939), pp. 105-12(112)]. Weber에 따르면, 이 리더십은 전통적 권위로 지칭될 수 있다 (Weber, Economy and Society I, pp. 226-240).
30) Kim, *Patterns of Church Leadership*, pp. 141-47.

(πρεσβύτεροι)라는 타이틀은 논의되고 있지 않은 바울 서신들에서는 전혀 나타나지 않고 감독(ἐπίσκοποι)이라는 타이틀은 단지 한 구절, 즉 빌립보서 1장 1절에 나타난다. 이 구절은 감독(ἐπίσκοποι)이라는 타이틀이 가정 교회 지도자들에게 사용되었다고 주장할 수 있는 곳이다. 이 구절에 나타나는 리더십 구조는 두 개의 타이틀의[32] 사용 때문에 잘 조직된 것으로 보인다. 그러므로 이 구절에 나와 있는 감독(ἐπίσκοποι)이 가정교회 지도자들이라면 이 가정 교회 리더십이 '카리스마의 일상화'와 어떤 관계가 있다고 주장하는 사람도 생길 수 있다. 그러나 그들은 아래에서 증명이 되겠지만 가정교회 지도자들이 아니다.[33]

c. 도시 교회 리더십

감독(ἐπίσκοποι)과 집사(διάκονοι)라는 용어들이 빌립보서 1장 1절에 아무 설명 없이 나타난다. 이것들은 디모데 전서 3장 1절 이하에 '카리스마의 일상화'와 관련하여 나타나는 타이틀들과 똑같은 단어들이다. 그럼에도 불구하고, 약간의 학자들은 이들이 디모데 전서 3장 1절 이하에 나타나는 감독과 집사와 똑같은 종류의 지도자들이

---

31) Campbell, *The Elders*, pp. 130-31, 204.
32) 참고. 어떤 학자들은 빌립보서 1:1에 나오는 'ἐπίσκοποι καὶ διάκονοι'라는 표현을 '섬기며 감독하는 자들'을 의미한다고 생각한다. 이것은 아래에서 부인될 것이다. 어쨌든, 이 두 용어는 칭호(타이틀)이다.
33) 비록 이들이 가정 교회 지도자들이고 이 가정 교회 리더십이 제도화되었다고 할지라도, 이것은 '카리스마의 일상화'와 관련이 되지 않을 것이다. 왜냐하면, 가정 교회 지도자들은 임명되기보다는 자연적으로 나타나고 도시 교회 지도자들의 임명에 의하여 '카리스마의 일상화'가 얻어질 때까지 잠정적으로 리더십을 수행하기 때문이다 (다음 항목을 보라).

아니라고 주장한다. '카리스마의 일상화'가 빌립보 교회에서 발생했는지 안 했는지를 판단하기 위해서는 긴 토론이 불가피할 것이다.

캠벨은 빌립보 교회에 있는 감독과 집사들이 한 그룹의 '가정' 교회 '지도자들'이라는 제안을 한다.³⁴⁾ 이 제안은 그들은 한 그룹이라는 그의 전제에 근거한다.³⁵⁾ 그는 감독과 집사(ἐπίσκοποι와 διάκονοι)라는 표현이 목회 서신에서와 같이 두 직분을 나타내기보다는 '지도하고 섬기는 자들' 또는 '지도함으로써 섬기는 자들'이라는 함축을 가지고 있는 것으로 간주한다.³⁶⁾ 이런 전제의 근원은 콜레인지와 나중의 호오돈이다.

호오돈은 감독과 집사(ἐπίσκοποι and διάκονοι)라는 표현이 '이미 만들어져 있는 상투적인 문구'이기 때문에 집사 된 감독('bishops who are deacons') 또는 섬기는 감독자('overseers who serve')로 번역되어야 한다고 제안한다.³⁷⁾ 어떤 학자들은 이 의견을 공유하지만 오브리엔은 그들이 이를 증명할 수 없다는 것을 강조하면서 거부한다.³⁸⁾ 그러나 호오돈은 이 표현은 다른 문학, 즉 클레멘트 전서 42:4-

---

34) Campbell, *The Elders*, p. 125. 참고. Roloff는 Campbell과 비슷한 견해를 가지고 있다 [Jürgen Roloff, *Der erste Brief an Timotheus* (Evangelisch-Katholischer Kommentar Zum Neuen Testament XV; Zürich: Benziger Verlag; Neukirchen-Vluyn: Neukirchener Verlag, 1988), pp. 171-74]. 하지만 그의 견해는 그가 ἐπίσκοποι과 διάκονοι을 두 그룹으로 여기며 후자를 전자의 돕는 자로 믿고 있다는 점에서 Campbell의 견해와 다르다.
35) 그러나 그는 같은 페이지에서 A. L. Chapple을 따르면서 애매하게도 '그 때에 감독자들은 교회들의 주인들이고 "집사들"은 그들을 돕는다'라고 말한다. 이것은 그가 이들을 두 그룹으로 생각하고 있다는 것을 의미한다. 그는 이 두 타이틀에 혼동했음에 틀림없다.
36) Campbell, *The Elders*, p. 124.
37) Hawthorne, *Philippians*, pp. 9-10. 그것은 '이미 만들어진 상투적인 문구'처럼 보인다. 그 이유는 아마도 빌립보서 1:1에서는 두개의 타이틀이 나란히 놓였지만, 디모데 전서 3:1 이하에서는 나란히 배치되어 있지 않기 때문일 것이다 (ἐπίσκοπος는 2절에 나타나고 διάκονοι는 8절에 나타난다).

5과 디다케 15:1에서도 역시 '이미 만들어져 있는 상투적인 문구' 로 나타난다고 말하면서 그 자신의 제안을 보강한다.³⁹⁾ 오브리엔은 똑같은 표현 감독과 집사('ἐπίσκοποι와 διάκονοι')가 클레멘트 전서 42:4-5와 디다케 15:1에 나타난다는 사실이 그들의 주장을 증명하지 못한다고 주장하는데 그 이유로 그는 이 표현이 오히려 감독(ἐπίσκοποι)과 집사(διάκονοι)라는 두 직분을 가리킬 수 있다는 것을 든다.⁴⁰⁾

오브리엔이 옳다. 클레멘트는 '계급구조적 사다리 하나님-그리스도-사도-감독-집사'를 제시했다.⁴¹⁾ 다른 말로 하면, 그는 분명히 감독(ἐπίσκοποι)을 집사(διάκονοι)로부터 구분한다. 선지자들과 교사들은 디다케에서 별개의 두 그룹이다.⁴²⁾ 디다케 저자는 디다케 15장 1절에서 선지자와 교사를 감독과 집사와 대조시킨다.⁴³⁾ 그러므로 감독(ἐπίσκοποι)과 집사(διάκονοι)는 역시 디다케에서도 분명히 두개의 그룹이다. 클레멘트 전서 42:4-5와 디다케 15:1는 호오돈을 위한 증거가 아니다. 그와는 정반대로 오브리엔을 위한 증거이다. 더 나아가, 다른 문학에서도 호오돈을 위한 증거는 없다. 그 표현이 '이미 만들어져 있는 상투적인 문구' 라면 단지 빌 1:1에만 나타난다는 것은

---

38) O'Brien, *The Epistle to the Philippians* (The New International Greek Testament Commentary; Grand Rapids: William B. Eerdmans Publishing Company, 1991), pp. 48-9과 각주 21. 참고. Fitzmyer 는 이것들을 두개의 구분되는 직분들로 간주합니다. 그래서, 그의 의견은 O' Brien의 것과 같습니다. (Fitzmyer, *The Acts of the Apostles*, p. 679).
39) Hawthorne, *Philippians*, pp. 9-10.
40) O'Brien, *the Philippians*, pp. 48-9와 각주 21.
41) TDNT, s.v. ἐπίσκοποι' (특별히 p. 620).
42) 디다케 11:1-2(교사들), 7-12 (선지자들).
43) '그리고 나서 **너희 자신들을 위하여** 감독들과 집사들을 선택하라…, 왜냐하면, 그들도 역시 너희를 위하여 선지자들과 교사들의 직무를 수행하기 때문이다'.

매우 이상한 일일 것이다. 이것은 그 표현이 '이미 만들어져 있는 상투적인 문구'가 아닐지도 모른다라는 제안을 가져온다.

콜레인지는 크리소스톰을 언급하면서 감독과 집사(ἐπίσκοποι와 διάκονοι)가 한 그룹이라고 주장한다.[44] 그는 크리소스톰의 견해가 사도들로부터 전승된 전통이라고 믿는 것 같다. 그러나 크리소스톰의 설명은 전통이 아니라 그 자신의 주석이다. 이것을 자세히 살펴보기로 하겠다:

"Συνεπισκόποις καὶ διακόνοις". Τί τοῦτο; ..., καὶ διάκονος ὁ ἐπίσκοπος ἐλέγετο. ..., καὶ οἱ πρεσβύτεροι τὸ παλαιὸν ἐκαλοῦντο ἐπίσκοποι καὶ διάκονοι Χριστοῦ, καὶ οἱ ἐπίσκοποι πρεσβύτεροι... συμπρεσβυτέρῳ ἐπίσκοποι γράφουσι, καὶ συνδιακόνῳ. Λοιπὸν δὲ τὸ ἰδιάζον ἑκάστῳ ἀπονενέμηται ὄνομα,
ὁ ἐπίσκοπος, καὶ ὁ πρεσβύτερος[45]

(동료 감독들과 집사들에게. 이것이 무엇인가? 한 도시에 여러 감독들이 있었는가? 틀림없이 아니다; 그러나 그는 장로들(the Presbyters)을 그렇게 불렀다. 왜냐하면 그때에는 사람들이 아직 그 타이틀들을 교환해서 사용했고 감독은 집사라고 불리었기 때문이다. 이 이유 때문에 디모데에게 편지 쓰는데 있어서, ..., 너의 사역(διακονίαν)을 이행하라, ... 그리고 다시, 디도

---

44) Collange, *the Philippians*, p. 39.
45) *ΧΡΥΣΟΣΤΟΜΟΥ, ΦΙΛΙΠΠΗΣΙΟΥΣ ΚΑΙ ΚΟΛΟΣΣΑΕΙΣ ΚΑΙ ΘΕΣΣΑΛΟΝΙΚΕΙΣ*, 195. A-C. 참고. 크리소스톰은 σὺν ἐπισκόποις를 두개의 단어로 인쇄하는 현대 신약 성경 판들과 다르게 텍스트를 읽고 있다.

에게 쓸 때에 그는 말하기를, …너는 각 성에 장로들을 세워야 한다, …; 이것은 그가 감독에 관하여 말한 것이다. 이것을 말한 뒤에 그는 즉시 다음과 같이 첨가한다. 왜냐하면, 감독은 책망할 것이 없어야 하고, …. 그래서 내가 말했듯이, 장로들(the Presbyters)은 옛날에 감독이라고 그리고 그리스도의 집사들이라고 불리었고, 감독들(the Bishops)은 장로들이라고 불리었다; 그래서 지금도 많은 감독들이 '나의 동료 장로에게', 그리고 '나의 동료 집사에게' 라고 쓴다. 그러나 다른 곳에서는 그 구체적 이름이 감독(Bishop)과 목사(Priest) 각각에게 구별되게 사용된다).[46]

크리소스톰은 위의 인용에서 두개의 전통적 표현들을 소개하고 있지만 주로 주석을 하고 있다. 크리소스톰의 시대는 신약성경의 시대보다 훨씬 뒤라는 사실이 간과되어서는 안 될 것이다. 크리소스톰은 '나의 동료 장로에게' 나 '나의 동료 집사에게' 같은 표현을 사용하는 것은 전통이라고 말한다. 그렇지만, 크리소스톰은 두 용어 감독과 집사가 결합되는 '나의 동료 감독과 집사에게' 라는 표현도 역시 전통이라고 발언하지 않았다. 그러므로 장로(πρεσβύτεροι)가 '감독과 집사' (ἐπίσκοποι와 διάκονοι)라고 불렸다는 생각은 전통이 아니라 그 자신의 주석으로부터 나왔다는 것이다. 그는 '감독은 집사라고 불렸다' 고 주장한다. 그는 한 예로 이것을 증명하려고 한다: 디모데의 사

---

46) J. Chrysostom, *The Homilies of S. John Chrysostom on the Epistles of St. Paul the Apostle to the Philippians, Colossians, and Thessalonians* (A Library of Fathers of the Holy Catholic Church; Oxford: John Henry Parker; London: J.G.F. and J. Rivington, 1843), p. 8 (The Epistle to Philippians. Homily 1. Verse 1).

역이 섬김(διακονία)이라고 불린 사실이다(딤후 4:5). 그러나 섬김(διακονία')이라는 용어는 여기에서 사역('ministry')이라는 의미로 사용되고 있다. 그것은 사도 또는 전도자 또는 교사의 사역에도 사용될 수 있다. 그것은 어떤 사역에도 사용될 수 있다. 그러므로 이 사실은 반드시 디모데가 일반적으로 집사('deacon')라고 불렸다는 것을 의미하지는 않는다. 전통적 표현 'To my fellow-Deacon'에서 'deacon'이라는 용어는 종('servant')이라는 의미로 사용되고 있다. 그러므로 그것은 반드시 장로(presbyter)를 말하지 않고 사도를 포함하여 모든 직분자들을 지칭할 수 있다. 이 전통적 표현 'To my fellow-Deacon'에서 'deacon'이라는 용어는 'bishop'이라는 용어와 함께 사용되지 않음을('To my fellow-Deacon and Bishop'이 아님) 주목할 필요가 있다. 이 일반적 용법은 신약성경에서도 역시 흔히 발견되고 'deacon'이라는 용어가 이런 의미로 사용될 때마다 그것은 논쟁의 소지가 있는 빌립보서 1장 1절을 제외하고 'bishop'이라는 용어와 함께 쓰이지 않고 혼자 나타난다.[47] 이와는 별도로, 크리소스톰은 마지막 문장에서 '그 구체적 이름은 구별되게 감독(bishop)과 목사(priest) 각각에게 사용된다'라고 언급한다. 이 주석은 '그 구체적인 이름', 즉 '감독과 집사 (bishops and deacons)'가 다른 곳에서는(Λοιπόν) '감독(bishops)'과 '장로(presbyters)'라는 두 개의 직분을 지칭한다는 것을 의미한다. 이것은 그가 '감독과 집사(bishops and deacons)'는 단지 빌립보서 1장 1절에서만 한 그룹을 지칭한다고 생각한다는 것을 나타내 준다. 왜 그것이 빌립보서 1장 1절에서만 특이하게 한 그룹을

---

47) Kim, *Patterns of Church Leadership*, pp. 102-03을 보라.

지칭하는가? 이 질문은 크리소스톰 자신에 의해 대답이 되지 않는다. 무엇보다도, 그는 감독이나 장로와는 다른 특정한 집사의 직분이 신약성경에 존재한다는 것을 주목하지 못한다. 딤전 3:1 이하에서 '감독들' 과 '집사들' 은 각각 감독의 직분과 집사의 직분을 지칭한다.[48] 이것은 우리로 하여금 빌 1:1에 나오는 '감독과 집사(ἐπίσκοποι와 διάκονοι)'를 '장로(πρεσβύτεροι)'와 동일시하는 크리소스톰의 주석을 신빙성이 없는 것으로 평가하게 한다. 결론적으로, '감독과 집사 (ἐπίσκοποι와 διάκονοι)' 가 한 그룹이라는 주장은 근거가 없다.

콜레인지와 호오돈의 주장들은 설득력이 없다는 것은 이미 충분히 증명이 되었다. 결론은 그들이 '명백한 두 개의 그룹' 이라고 주장하는 오브리엔에 유리하게 났다.[49] 이것은 우리로 하여금 그들이 한 그룹의 가정교회 지도자들이라고 하는 캠벨의 제안을 거절하게 한다. 그는 자기의 주장을 빌립보서에 언급된 에바브라디도, 유오디아, 순두게 그리고 클레멘트를 가정교회 지도자들의 예로서 나열하면서 지원하려고 한다.[50] 그러나, 이들이 가정교회 지도자들이라는 증거는 없고 더 나아가 어떤 특정한 가정 교회들이 이 빌립보 공동체에 존재한다는 암시마저도 없다.

칭호들(ἐπίσκοποι와 διάκονοι)이 편지의 서두(빌 1:1)에 나타난다는 사실이 에피스코포이와 디아코노이 (ἐπίσκοποι와 διάκονοι)로 불리는 자들이 그 교회에 존재한다는 것을 암시한다. 그들이 바울에 의해 다른 교회 구성원들과 구분되어 있다는 사실은 그들이 '특별

---

48) 참고. Kim, *Patterns of Church Leadership*, pp. 102-03.
49) O' Brien, *the Philippians*, p. 48.
50) Campbell, *The Elders*, p. 124.

한' 사람들, 즉 지도자들이라는 것을 암시한다.[51] 이들이 지도자들이라는 것은 어떤 학자도 의심할 수 없을 것이다. 오브리엔은 이 감독과 집사들은 단지 보통의 교회 구성원들처럼 어떤 지위 없이 이 기능들을 행하는 자들이 아니라, 이 두 개의 칭호들이 특별히 주어졌기 때문에 공식적인 지위를 가진 지도자들이라고 주장한다.[52] 바울은 가정 교회 지도자들을 그 가정에 한정시켰고 단 한 번도 도시 전체의 지도자들로 언급한 적이 없으며, 이렇게 공식적인 칭호들을 붙여준 적도 없었다.[53] 그러므로 이들을 가정 교회 지도자들로 볼 수 없다. 이 지도자들을 특정하게 고린도 전서 12장에 나타나는 열네 개의 영적 은사들의 어느 한 개와 연결시키는 것은 어렵다.[54] 왜냐하면, 이들 은사들이 바울에게는 모두 똑같이 중요하고[55] 이중 어느 한 개도 리더로

---

51) Hawthorne, *Philippians*, p. 7; Dunn, *Jesus and the Spirit*, p. 288; O' Brien, *the Philippians*, p. 48.
52) O' Brien, *the Philippians*, p. 48.
53) Kim, *Patterns of Church Leadership*, pp. 141-47.
54) *Pace* Dunn, *Jesus and the Spirit*, p. 289.
55) 고전. 12:21이하. 참고. Siegfried S. Schatzmann, *A Pauline Theology of Charismata* (Peabody: Hendrickson Publishers, 1987), p. 85; Ralph P. Martin, *The Spirit and the Congregation* (Grand Rapids: William B. Eerdmans Publishing Company, 1984), pp. 25-6. *Pace* Gordon D. Fee, *The First Epistle to the Corinthians* (Grand Rapids: William B. Eerdmans Publishing Company, 1987), p. 609. 그는 몸의 설명에서 '우월성' 과 '계급구조' 라는 용어들을 사용한다 (고전 12:21-26). *Pace* F. F. Bruce, *1 and 2 Corinthians* (New Ventury Bible; London: Oliphants, 1971), p. 119. 그는 '아홉 가지 형태의 영적 "표현" 이 아마도 가치의 순서대로 열거되어 있다' 고 진술한다. 이것은 '네 번째' (δυνάμεις) 와 '다섯 번째' (χαρίσματα ἰαμάτων) '항목들이 앞선 목록과 반대의 순서로 나온다' 는 것을 발견한 Fee에 의해 부인될 것이다 (Fee, p. 619). *Pace* C. E. B. Cranfield, *A Critical and Exegetical Commentary on The Epistle to the Romans* II (The International Critical Commentary; Edinburgh: T. & T. Clark Limited, 1979), p. 619. Cranfield는 '은사들이 품위에 있어서는 다르다고 할지라도 수령인의 인격들은 -믿음의 분량에 의해- 동일한 품위이다' 라고 말한다. *Pace* Joseph A. Fitzmyer S.J., *Romans* (The Anchor Bible 33; London: Geoffrey Chapman, 1993), p. 647. 그는 말한다: 예언은 '고전. 12:10-11에서 분

여겨질 수 없기 때문이다.[56] 다른 말로 하면, 그들은 목회 서신에 있는 두 그룹으로 구분될 수 있는 제도화된 지도자들, 즉 감독(에피스코포이)와 집사(디아코노이)처럼[57] 그 교회에서 통상적으로 감독과 집사로 불리는 두 그룹의 지도자들이다.[58] 사실, 이것은 혁명적 진술이라고 할 수 있을 것이다.

이 리더십 구조는 타이틀이 사용되고 두 개의 지위, 즉 지도자들[59]과 보조자들[60]이 그 안에 존재한다는 점에서 체계적인 것으로 간주될

명히 성령의 선물로 말해지고 있는 카리스마들(charismata) 사이에서 자리의 우월성이 주어진다'. 그러나 '우월성' 이라는 단어는 여기에서 적절하지 않다. 바울은 롬 12:6-8에서 예언의 은사를 먼저 언급하지만, 이것은 '우월성' 이 이 은사에 주어진다는 것을 의미하지는 않는다. 이것은 예언의 은사가 단지 중간에 나타나는 고전 12:7-11에 의해 증명이 된다.

56) 참고. Hans von Campenhausen, *Ecclesiastical Authority and Spiritual Power in the Church of the First Three Centuries* (tr. J. A. Baker; London: Adam & Charles Black, 1969), p. 76. 그는 '그런 인식이 나아갈지도 모릅니다… 은사들을 소유하고 있는 자들에 의해; 그러나 그것은 보통의 교인들의 것보다 우월한 어떤 인격적 권위를 자동적으로 세워주지는 않습니다. 그리고 한 신자의 다른 신자에의 어떤 복종을 세워주지도 않습니다' 라고 언급한다.

57) 참고. Macdonald, *The Pauline Churches*, pp. 59-60. 그녀의 진술에서 그녀는 이 견해를 공유하고 있다는 것이 암시되어 있다: '나중의 세대들에서는 똑같은 용어들이 감독(ἐπίσκοπος)과 집사(διάκονος)라는 공식적인 교회의 직분들에 적용될 수 있었다'.

58) 참고. Jügen Roloff, *Der erste Brief an Timotheus* (Evangelisch-Katholischer Kommentar Zum Neuen Testament XV; Zürich: Benziger Verlag; Neukirchen-Vluyn: Neukirchener Verlag, 1988), pp. 172-74. 그는 그들이 확실하게 '규정된 그룹들' 이라고 믿는다는 게 그의 설명에 암시되어 있다. 그러나 그들이 누구인가에 대한 그의 설명은 증명된 논쟁이라기보다는 하나의 가설이다.

59) 이것은 'ἐπίσκοποι' 라는 단어가 '감독자' 의 의미를 가지고 있다는 사실에 의해 쉽게 추론된다 [Holmberg는 이 방법을 이미 사용했다, Bengt Holmberg, *Paul and Power: The Structure of Authority in the Primitive Church as Reflected in the Pauline Epistles* (Coniectanea Biblica New Testament Series 11; Lund: CWK Gleerup, 1978), p. 101을 보라]. 참고. BAGD, s.v. 'ἐπίσκοπος'. 이 단어의 신약성경 밖에서의 사용법을 위해서는, TDNT, s.v. 'ἐπίσκοποι' (특히 608-15) 을 보라.

60) 이것은 'διάκονος' 라는 디아틀의 의미, 종 또는 돕는 자,와 관계될 것이다 (BAGD, s.v.

수 있다. 맥도널드는 고정된 'title'은 하나의 '제도화' 절차의 결과라고 생각한다.[61] 내 견해로는 가정교회 리더십이 이와 같은 체계적 구조를 가지는 것은 생각할 수 없다. 그들은 목회 서신에 있는 감독과 집사와 같은 종류의 바울이 후계자들로 임명한 도시 교회 지도자들임에 틀림없다. 그러므로 빌립보 교회의 리더십은 목회 서신에 있는 그것과 같이 제도화된 것이라고 보아야 할 것이다.[62] 이와 같은 제도화는 '적절한 후계자 계승을 확보하기 위하여' 일어난 '카리스마의 일상화'[63]의 한 형태이다.

이 결론은 바울의 '카리스마의 일상화'에 관한 사도행전 14장 21절 이하에 나오는 누가의 묘사가 누가의 시대착오가 아니라면, 이 묘사에 의하여 보강된다. 사도행전 20장 17절 이하에, 두 개의 다른 칭호가 똑같은 지위, 즉 지역 교회 리더십을 지칭하는 데 사용되고 있다. 누가의 서술에 따르면, 바울은 감독('ἐπίσκοποι')이라는 타이틀을 사용하고(28절) 누가 자신은 장로('πρεσβύτεροι')라는 타이틀을 사용한다(17절). 이것은 비록 바울은 감독이라는 타이틀을 선호하고 누가는 장로라는 타이틀을 선호한다고 보는 것이 가능할지라도, 지위에 관한한 감독과 장로는 똑같다는 것을 암시한다. 그러므로 누가가

διάκονος'). 이 단어의 기독교 밖에서의 사용법을 위하여는, TDNT, s.v. 'διάκονος' (특히 pp. 91-2)을 보라. 참고. Gordon D. Fee, *Paul's Letter to the Philippians* (The New International Commentary on the New Testament; Grand Rapids: William B. Eerdmans Publishing Company, 1995), pp. 68-9; Marvin R. Vincent, *The Epistles to the Philippians and to Philemon* (The International Critical Commentary; Edinburgh: T. &T. Clark,1897), p. 42.
61) Macdonald, *The Pauline Churches*, p. 59. 주의. 이 추정이 여기에서 맞다고 하더라도, '고정된 타이틀들'은 언제나 '카리스마의 일상화'를 암시하지는 않는다.
62) 도입 부분을 보라.
63) Weber, *Economy and Society* I, p. 249.

사도행전 14장 21절 이하에서 논쟁 되지 않는 바울 서신들에 나타나지 않는 장로('πρεσβύτεροι')라는 타이틀을 사용하고 있다는 사실을, 그 묘사가 누가의 시대착오라는 것을 의미한다고 해석할 필요는 없다. 누가가 사도행전 14장 21절 이하에서 정말로 바울의 '카리스마의 일상화' 활동을 묘사하고 있다고 보아도 문제는 없다.

3. 결론

베버에 따르면, '권위'의 '카리스마적' '형태'는 오랫동안 지속될 수가 없고 일상화된다.[64] 바울 공동체에서도 이것은 마찬가지일 것이다. 세 가지 리더십 패턴들이 논의되고 있지 않는 바울 서신들에 나타난다. 그 첫째는 카리스마적 교회 리더십이다. 카리스마적 교회 지도자들은 성령께로부터 영적 은사들을 받은 뒤에 등장한다. 만약 어느 공동체가 여러 세대를 거쳐 계속해서 이런 종류의 지도자들을 가지기를 원한다면 그 공동체는 새로운 카리스마적 지도자들이 등장할 때까지 기다려야만 할 것이다. 이러한 리더십을 지속적인 권위의 형태로 체계화시키기는 어렵다. 그러므로 바울 공동체에서 카리스마적 형태의 권위가 이런 형태로 일상화되지 않았다. 그 둘째는 가정교회 리더십이다. 가정 교회에서는 교회 건물로 사용하고 있는 그 집의 가장이 자연스럽게 리더십을 갖지만, 이가 반드시 권위를 갖기에 적절한 인물이라는 보장이 없다. 그리고 그 리더십이 그 가정 교회에 국한되어

---

64) Weber, *Economy and Society* I, p. 246

그 도시 전체에 미치지 못하며 선교 초창기에 생겨난 일시적인 형태의 교회이므로 '지속적 관계'의 '성격'을 '띄기' 위하여 발생하는 '카리스마의 일상화'[65]와 관련을 맺을 수 없었다. 그 셋째는 도시 교회 리더십이다. 빌립보 교회는 이 리더십을 가지고 있다. 달리 표현하면, 그 교회는 감독(ἐπίσκοποι)을 그 교회 지도자로 가지고 있다. 이들은 사도행전 20장 17절 이하에 나오는 감독처럼 바울에 의하여 임명되었을 것이다. 이것은 베버가 제안하는 많은 '후계자 문제' '해결 방식' 중의 하나이다.[66] 이 감독들은 디모데 전서 3장 2절 이하에 제시된 자격 요건들과 같은 지침을 따라 다른 사람들을 그들의 후계자로 감독의 지위에 임명할 수 있을 것이다. 이 리더십은 공식적으로 지속적 관계로 체계화된 리더십이다. 이것은 바울 공동체의 카리스마적 권위가 이와 같은 권위로 일상화된 것을 뜻한다.

결론적으로, 바울은 그의 공동체를 안전하게 보존하기 위해서[67] '후계자를 조달하고자' 하였고 이러한 '동기에서' '카리스마의 일상화'를 추진했다.[68] 그의 방법은 합리적이라고 할 수 있게 그의 공동체에 이미 등장했던 일시적인 지도자들, 즉 카리스마적 지도자들이나 가정교회 지도자들과 같은 종류에 의존하기보다는 새로운 지도자들, 즉 감독(장로)을 임명하여 지속적인 합법적 지배체제[69]를 갖추는 것이었다.

---

65) 설명을 위하여는 첫 페이지에 나오는 베버의 주장을 보라.
66) 이것은 타입 c이다 (각주 5를 보라).
67) 참고. Weber, *Economy and Society* I, p. 252.
68) 베버, 경제와 사회 I, pp. 460, 465.
69) 참고. 베버, 경제와 사회 I, pp. 412-13.

Chapter • 2

현대 목사직의 성경적 근거

목사는 어디에서 나왔는가? 라는 질문은 기독교에서 반드시 물어져야 할 질문임에도 불구하고 현대 학자들 사이에서 거의 토론되지 않으며[1] 심지어 목사들 자신들에 의해서도 거의 토론되지 않아 왔다. 따라서, 필자가 이 문제를 제기하는 것이며 토론 과정에서 최근의 학자들은 도외시하고 옛날사람 존 칼빈의 연구를 살펴보게 되는 것이다.

그는 감독(bishops), 장로(presbyters), 목사(pastors) 그리고 사역자(ministers)라는 칭호들을 성경적으로 설명하려고 했다:

> 그러나 내가 교회를 다스리는 자들을 감독, 장로, 목사 그리고
> 사역자라고 무차별적으로 부르는 것은[2] 이 용어들을 교환하여
> 쓰는 성경의 용법을 따른 것이다. 왜냐하면 말씀의 사역을 수

---

[1] 예를 들어, 심지어 J. B. Lightfoot, R. C. Moberly, R. Alastair Campbell, T. F. Torrance 도 이것을 다루지 않았다.

[2] 칼빈은 성경에 나오는 무슨 단어를 'ministers'로 번역하는지 말하지 않는다. 그는 '디아코노이(διάκονοι)'를 일반적 용어로 규정하면서 'ministers(미니스터)'로 번역하지 않고 'Deacons(디컨)' 으로 번역한다 (Calvin, *Institutes*, IV. III. 9).

행하는 모든 자들에게 말씀은 감독이라는 타이틀을 부여하기 때문이다. 그래서 바울의 경우를 보면, 그가 디도보고 각 성에 장로를 임명하라고 명했을 때 거기에 다음과 같은 말이 즉시 뒤 따른다: '왜냐하면 감독은 책망할 것이 없으며…'(딛 1:7; 참고. 딤전 3:1) 등. 다른 곳에서 그는 한 교회의 많은 감독들에게 문안한다 (빌 1:1). 그리고 사도행전에서 그는 에베소 장로들을 소집했다라고 되어 있는데(행 20:17), 그는 그들을 그의 설교에서 감독이라고 부른다(행 20:28).[3]

이 칭호들은 아직도 현대 목사들의 직분을 지칭하기 위하여 교회들에서 사용된다. 위 인용문에 따르면, 칼빈은 에피스코포이(ἐπίσκοποι)들이 신약 교회들에서 말씀에 봉사했기 때문에 에피스코포이의 직분은 현대 목사들의 한 근거였다고 믿었음에 틀림없다. 그는 이들이 감독 교회(예를 들면, 성공회)들의 감독들과 비슷했던 군주적 감독(monepiscopoi)들이 아니었다는 것을 인식하는 것 같다. 이것은 한 명 이상의 에피스코포이가 빌립보 교회에 존재했었다는 그의 언급으로부터 추론 된다. 즉, 군주적 감독은 한 교회에 여러명 존재할 수 없는데, 한명 이상의 에피스코포이가 한 교회에 존재했다는 것은 이들이 군주적 감독이 아니라는 뜻이다.

칼빈은 프레스뷔테로이(장로)와 에피스코포이(성경에서 감독이라고 번역됨)이라는 칭호들이 디도서 1장 5절 이하에서 상호 교환적으로 사용되고 있다라고 설명한다. 그리고 칼빈은 사도행전 20:17,28에서 바울이 감독이라는 칭호를 장로들을 가리키기 위하여 사용했다고

---

3) Calvin, *Institutes*, IV. III. 8.

하는데 이를 언급한 것으로 보아 칼빈은 장로의 직분을 목사직의 또 하나의 근거로 여기고 있다는 것이 추론 된다. 칼빈은 에피스코포이, 프레스뷔테로이, 포이메네스 (성경에서 목사라고 번역됨), 사역자라는 용어들이 성경에서 상호 교환적으로 사용되었다고 진술한다. 그러나 그는 포이메네스나 사역자라는 용어와 다른 용어들의 상호 교환성을 증명하는 데 실패했다. 그는 포이메네스를 다음과 같이 설명한다. 포이메네스라는 칭호는 에베소서 4장 11절에 나타난다. 이 직분은 교회에 영원히 존재할 필요가 있다. 포이메네스의 사역은 '권징', '성례', '양무리'를 세워나가는 것, 그리고 '성경 해석' 등이다.[4] 그는 이 설명이 이 구절에 있는 포이메네스가 목회 서신의 에피스코포이(프레스뷔테로이)와 동일하다는 것을 보여주기에 충분하다고 여겼던 것 같다. 그는 사역자라는 용어를 언급하지만 사실상 그것의 성경적 근거나 그것의 존재에 관한 어떤 설명도 제시하지 않는다.

어쨌든, 칼빈은 성경의 에피스코포이, 프레스뷔테로이, 포이메네스 그리고 사역자를 현대 목사의 근거로 간주했다.

포이메네스라는 용어는 신약성경에서 교회 일꾼들을 가리키기 위하여 사용되지만, 단지 한 번 사용된다(엡 4:11). 이것은 이 용어가 일세기에는 교회 일꾼들에게 거의 사용되지 않았다는 사실과 관련이 된다.[5] 다시 말하면, 이 사실은 다음과 같은 점에 관련이 된다는 것이다. 엡 4:11에 다섯 개의 용어들이 나타난다: 아포스톨로이 (ἀπόστολοι; 사도라고 번역됨), 프로페타이(προφῆται; 선지자라고 번역됨), 유앙

---

4) Calvin, *Institutes*, IV. III. 4. 그는 여기에서 목사 (pastors)를 교사와 구분하고 교사를 단지 '성경의 번역'의 기능을 수행하는 자들로 해석한다.
5) 이 정보는 T.L.G. 로부터 얻어진다.

젤리스타이 (ϵὐαγγϵλισταί ; 전도자라고 번역됨) 그리고 '포이메네스와 디다스칼로이" ('ποιμένϵς와 διδάσκαλοι' ; 디다스칼로이는 교사로 번역됨). 이상하게도, 다른 용어들은 그렇지 않은데 마지막 두개의 용어는 하나의 정관사로 연결되어 있어서 하나의 직분처럼 표현되어 있다.

이 문단은 다른 일꾼들을 포함하여 포이메네스 (ποιμένϵς) 들이 영적 은사에 근거를 두고 있다고 강조한다; 그러나, 칭호 프레스뷔테로이(πρϵσβύτϵροι)나 에피스코포이(ἐπίσκοποι)를 가지고 있는 문단들은 (딤전 3:1 이하 그리고 딛 1:5 이하), 영적 은사들을 언급하지 않고 단지 인간들에 의한 선택이나 임명만을 말한다. 이것은 우리로 하여금 포이메네스가 정말로 프레스뷔테로이(에피스코포이)와 같은지 의심하게 한다.

이상을 고려해 보건대, 칼빈이 많은 학자들의 경우에서 그렇듯이 신약성경의 다양한 용어들에 혼돈했을 거라고 추정된다. 그래서, 포이메네스, 프레스뷔테로이, 에피스코포이 디아코노이 라는 칭호들을 우리가 직접 조사해 볼 필요가 있다는 것이다.

1. 포이메네스(ποιμένϵς; 성경에서는 목사라고 번역됨)

이 용어는 성경에서 목사라고 번역되었으나 아래에서 증명이 되듯이 오늘날의 목사와 다르므로 목자로 번역되는 게 더 타당하다고 본다. 이 포이메네스는 성령으로부터 은사를 받은 뒤에 등장하는 자들인가? 엡 4:11에 있는 사도, 선지자, 전도자 그리고 '포이메네스와 디다스칼로이'는 그들이 받은 은사들에 따라 그들의 기능들을 수행한다 [그리스도의 선물들(τῆς δωρεᾶς τοῦ Χριστοῦ),[6] 선물들(δόματα)[7]]

그러나 슈나켄버그의 견해는 다르다. 그는 에베소서 4장 11절에 있는 사도, 선지자, 전도자 그리고 '포이메네스와 디다스칼로이'를 은사 (χαρίσματα)에 연결시키지 않는다.[8] 다음은 그의 주장이다:

> 그러므로 이 목록은 고전 12:8-11과 롬 12:6-8에 있는 은사의 목록과는 다른 또 하나의 의미를 가지고 있다. 방언, 치료의 능력 그리고 기사를 수행할 수 있는 능력 (이것들은 사라질 수 있음)이나 사회적 또는 자선적 책임을 수행하는 자리들(필요한 것으로 남아 있음) 어떤 것도 언급되지 않고 있다; 모든 것이 설교, 인도, 가르침에 집중되어 있다. 더 나아가 이런 기능들은

---

6) 엡 4:7 ('Ἑνὶ δὲ ἑκάστῳ ἡμῶν ἐδόθη ἡ χάρις κατὰ τὸ μέτρον τῆς δωρεᾶς τοῦ Χριστοῦ).
7) 엡 4:8c (ἔδωκεν δόματα τοῖς ἀνθρώποις).
8) 참고. 웨버의 '카리스마'의 정의는 카리스마(χάρισμα)라는 용어의 성경에서의 용법과 다르다. 카리스마(χάρισμα)라는 용어는 신약 성경에서 단지 선물의 의미로 사용되고 있다. 웨버의 정의는 다음과 같다:
   카리스마라는 용어는 한 개인의 인격의 어떤 특질에 적용될 것이다. 그는 그 특질에 의하여 비범한 자로 여겨지고 초자연적인, 초인간적인 또는 적어도 특수하게 예외적인 능력이나 특질들이 부여된 것으로 여겨진다. 이러한 것들은 보통 사람이 접근할 수 있는 그러한 것들이 아니며 신적인 기원을 가진 것으로 또는 예외적인 것으로 여겨진다. 그리고 해당된 개인은 그것들에 기초하여 '리더'로 여겨진다. 원시적 환경에서 이 특이한 종류의 특질은 마술적 힘에 근거하는 것으로 여겨진다. 그 힘이 선지자들로부터 나오든지 치료 또는 법적인 지혜의 명성을 가진 사람들로부터 나오든지 아니면 사냥의 지도자들로부터 나오든지 아니면 전쟁의 영웅들로부터 나오든지 이들의 마술적 힘에 근거하는 것으로 여겨진다는 것이다. [Max Weber, *Economy and Society* I (eds. Guenther Roth and Claus Wittich; NewYork: Bedminster Press, 1968), p. 241].

특정하게 '영적 은사들'로 나타나지 않고(χαρίσματα 고전 12:4 등; 롬 12:6; πνευματικά 고전 14:1; 참고 12:1)비록 에 베소서에서도 우리는 그들의 효과를 성령에 의해서 중재된 것이 아닌 다른 것으로 생각할 수 없다 할지라도(참고 4:4a) 주께서 몸의 머리로서 그의 교회에 주는 선물들로 나타난다.[9]

슈나켄버그의 견해에 대해서 유보해야 될 사항들이 있다. 첫째, 에 베소서 4장 11절에는 단지 칭호들만 열거되어 있는 반면, 고전 12장에는 칭호들과 다른 용어들이 함께 나타난다. 그러나 이런 차이는 단지 은사의 현상들이 묘사되는 각도의 차이로부터 발생된다. 전자에서는 초점이 '한 몸'[10]의 형성에 주어진다. 왜냐하면 모든 구성원 (그들 중 약간은 어떤 칭호도 가지고 있지 않다)이 자기 자신의 기능을 가지고 있기 때문이다. 반면에 후자에서는 초점이 그 칭호들에 의하여 불리는 사람들이 어린 구성원들을 자라도록 돕는 바로 그 목적인[11] '그리스도의 몸의 성장'[12]에 주어진다. 결과적으로, 몇몇의 은사들이 엡 4:11에는 빠져 있다고 추정하는 것이 가능하다;[13] 그러나, 이 구절에 있는 사도, 선지자, 전도자 그리고 '포이메네스와 디다스칼로이'는 그들이 (똑같은 칭호들에 의하여 증명이 되듯이) 똑같은 기능을 수행한다는 점에서 그리고 그들이 성령에 의하여 영적 은사들을 받은 뒤

---

9) R. Schnackenburg, *Ephesians* (tr. H. Heron; Edinburgh: T & T Clark, 1991), p. 180.
10) 고전 12:12c.
11) 엡 4:12a.
12) 엡 4:12b.
13) 이것은 약간의 다른 선물들이 존재하지만 여기에서 저자에 의하여 언급되지 않고 있다는 것을 의미한다.

에 등장한다는 점에서 본질상 고전 12장(또는 행전 13:1)¹⁴⁾에 있는 사도, 선지자 그리고 교사 (디다스칼로이)와 똑같다.

둘째로, 슈나켄버그는 에베소서 4장 8-11절의 구절을 다음과 같이 해석한다. 보통의 교회 구성원들은 '특정한' 직분자들을 필요로 한다. 이것이 그리스도로 하여금 몇 사람들을(엡 4:11에 열거된 일꾼들) '선물'로 이 보통의 구성원들에게 주도록 한다. 이 구절은 사람들이 그리스도로부터 '영적 은사들'을 받고 여기에 열거된 일꾼들이 된다는 그러한 의미가 아니다.¹⁵⁾ 이와 같은 슈나켄버그의 개념은 그 구절에 대한 자신의 번역으로부터 온다: '그는 (한편) 사도들을 (다른 한편) 선지자들, 전도자들을 주었고 …'. 그가 '보통의 번역'을 받아들인다면: '그가 어떤 사람은 사도로 어떤 사람은 선지자로 주었고 등등'¹⁶⁾, 그는 다음과 같이 생각할 것이다. 이 보통의 번역은 그리스도가 어떤 사람들은 사도로 어떤 사람들은 선지자로 (…등등) 만들었다는 것을 의미하고 따라서 저자가 여기에서 말하려고 하는 것은 어떤 사람들은 '영적 은사들'을 받고 사도나 선지자 등이 되었다는 것이

---

14) 행 13:1에는 단지 선지자 (προφῆται)와 교사 (διδάσκαλοι)만 나타난다.
15) 저자가 엡 4:8d에서 어떤 사람들이 선물을 받은 다음에 그러한 기능들을 행한다기보다는 그들 자신이 '교회의 선물들'이라고 말하고 있다고 그는 주장한다:
그것은 저자가 왜 끝에 성경 인용(8절)을 소개하고 있는지에 대한 이유이다. 그는 그 성경 인용을 주께서 그의 교회에 '선물들'로 준 그러한 사람들을 언급하는 것으로 해석한다(9-11절). … 7절에서 은혜는 그리스도의 선물로 각 개인에게 주어진다. 반면에 8-11절에 따르면 '직분자들' 자신이 (사람으로서) 교회를 위한 선물들로 선포되고 있다 (Schnackenburg, *Ephesians*, p. 175).
일반적으로 말하면, 우리는 모든 교회 일꾼을 '교회를 위한' 선물로 여길 수 있다. 그러나, 이것은 저자가 여기에서 염두에 두고 있는 것이 아니다 (이것은 아래에서 논의된다).
16) Schnackenburg, *Ephesians*, p. 180. 그는 '보통의 번역'이 '가능하다 (참고. 고전 12:28)'고 말한다.

다. 이것은 영적 은사들을 설명하는 고린도 전서 12장에 있는 사도, 선지자, 교사들에게 해당되는 바로 그 경우이다. 문맥에 따르면, 바울은 그리스도가 어떤 사람들은 사도로 어떤 사람들은 선지자들로 그리고 어떤 사람들은 교사들로 만들었다는 것을 설명하고 있다.[17] 이 유비는 보통의 번역이 슈나켄버그 자신의 번역보다 더 선호할 만하다고 제안한다. 그 외에, 슈나켄버그 자신의 번역은 같은 토픽, 즉 은사들[δωρεᾶς(v. 7), δόματα(v. 8)], 을 가지고 있기 때문에 같은 문맥(문단) 안에 들어 있는 7절과 8절을 부자연스럽게 단절해 버린다.[18] 다른 말로 하면, 그의 해석은 일관성 또는 조리가 부족하다. 그가 보통의 번역을 받아들이면 7절은 합리적으로 다음과 같이 8절에 연결될 것이다. '7절에서 은혜는 각 개인에게 그리스도의 선물로 주어진다'. 그리고 그것은 계속적으로 그리고 구체적으로 8-11절에서 설명이된다: 은혜는 어떤 사람에게 사도로 주어지고 다른 이들에게는 선지자들로 (…등등) 주어진다. 무엇보다도, 보통의 번역이 문법적으로 맞다.[19]

셋째로, 그리스도의 몸의 기본 원칙에 따르면, 모든 사람이 자기 자신의 기능을 가지고 있고 모든 기능이 중요하기 때문에 그리스도의

---

17) 또 다른 비슷한 구절, 즉 롬 12장 6절 이하가 있다는 것은 주목할 만하다. 이 구절들은 분명히 그들의 기능을 수행하기 위하여 다른 일꾼들뿐만 아니라 사도들, 선지자들 그리고 교사들이 주께로부터 영적 은사들을 받는다고 설명하고 있다.
18) '7절에서 은혜는 각 개인에게 그리스도의 선물로 주어진다. 반면에 8-11절에 따르면 "직분자들"은 그 자신이 (사람으로서) 교회를 위한 선물로 선포된다' (Schnackenburg, *Ephesians*, p. 175). 여기에서 7절과 8-11절 사이에 완전한 불연속은 아니더라도 불연속이 분명히 나타나고 있다.
19) 참고. Blass and Debrunner, *A Greek Grammar*, p. 131; Nigel Turner, *A Grammar of New Testament Greek* III. *Syntex* (Edinburgh: T. & T. Clark, 1963), p. 36.

몸의 몇몇 구성원들이 다른 구성원들의 선물이 된다는 그의 생각은 이상하다.[20] 왜 단지 엡 4:11에 열거되어 있는 기능들만이 몸의 다른 구성원들을 위한 선물로 여겨지는가? 여기에 열거되어 있지 않지만 다른 구성원들이 가질 수 있는 다른 기능들도 역시 '교회를 위한' 선물일 수도 있다.[21]

요약하면, 이 세 개의 유보 사항들은 이 일꾼들의 기능들 자체가 영적 은사들이라는 결론으로 나아간다. 엡 4:11에 있는 사도, 선지자, 전도자 그리고 '포이메네스와 디다스칼로이' 는 은사($\chi\alpha\rho\acute{\iota}\sigma\mu\alpha\tau\alpha$)에 의존한다. 예를 들면, 아무도 예언의 은사를 받지 않는 한 예언의 기능을 '행할' 수 없다(참고. 벧후 1:21). 그들 중 약간은 이 기능을 꾸준하게 행할 수 있어서 교회에 의하여 선지자들로 인정이 된다.[22] 그들이 인간들에 의하여 그 '자리' 에 임명된 뒤부터 그들의 '기능들' 을 '수행' 하기 시작하는 것 같지는 않다.[23] 마찬가지로, 그 구절

---

20) 이것은 심지어 에베소 교인들에게 보내는 편지에서도 사실이다. 특별히 같은 구절에 있는 엡 4:16을 보라 ('그로부터 전체의 몸이, … 자라나고 몸의 각 부분이 각자의 일을 함에 따라 몸 자체를 사랑 안에서 세운다.'); J. K. McVay, *Ecclesial Metaphor in the Epistle to the Ephesians from the Perspective of a Modern Metaphor* (Sheffield: Ph. D. Thesis, 1994), p. 95. 참고. 고전 12 [특별히 23절a ('그리고 우리가 덜 귀하다고 생각하는 부분들을 우리는 특별한 존중을 가지고 대한다')]; Dunn, *Unity and Diversity in the New Testament*, p. 110.

21) 참고. McVay, *Ecclesial Metaphor*, pp. 75, 76, 93, 94; 고전 12:25('몸 안에 분열이 없고 몸의 부분들이 서로에게 똑같은 관심을 갖기 위하여'). 고린도 전서에서 사용되고 있는 그리스도의 몸의 비유는 에베소서의 비유와 정확하게 똑같지 않다; 그러나, 그것들은 이점에서 다르지 않다. 그래서 비교될 수 있다.

22) David E. Aune, *Prophecy in Early Christianity and the Ancient Mediterranean World* (Grand Rapids: William B. Eerdmans Publishing Company, 1983), pp. 200-01.

23) David Hill, *New Testament Prophecy* (London: Marshall, Morgan & Scott,1979), pp. 120-21. 참고 A. T. Lincoln, *Ephesians* (Word Biblical Commentary 42; Dallas: Word Books, Publisher, 1990), p. 252.

에 있는 '포이메네스와 디다스칼로이'를 포함한 모든 그룹들이 인간의 임명 절차 없이 성령으로부터 영적 은사들을 받은 뒤에 '등장'한다.

유세비우스의 교회 역사(The Ecclesiastical History)라는 책에 포이메네스가 나타나는 데 이들은 전도자(εὐαγγελιστής)에 의하여 새 신자들을 돌보기 위하여 임명이 된다.[24] 그러므로 엡 4:11에 있는 포이메네스는 새 신자들을 돌보는 역할을 했을 것이다.

하나의 비슷한 리더십 구조가 사도행전 13장 1절에 나타난다. 이 구절에서 약간의 선지자와 교사 (디다스칼로이)가 목록에 올라 있다: 바나바, 시므온, 루시우스, 마나엔 그리고 사울. 이 교회는 두 개의 확립된 자리를 가지고서 어떤 사람들에게는 선지자의 자리를 그리고 다른 사람들에게는 교사의 자리를 줄 수 있다, 예를 들면:

선지자의 자리: 시므온, 루시우스, 마나엔
교사의 자리: 바나바와 사울

또는

선지자의 자리: 시므온, 바나바와 마나엔
교사의 자리: 루시우스와 사울

만약 이들의 자리가 임명되는 자리라면 교사는 분명히 위의 예에서 보인 것처럼 선지자들로부터 구분될 것이다.

---

24) Eusebius, *The Ecclesiastical History*, III. 37. 2.

그러나, 선지자와 교사들은 사도행전 13장 1절 본문에서 분명하게 구분되어 있지 않다. 이들 중 약간은 두 가지 기능 모두를 수행하고 있었기 때문에 그들을 두 개의 분명히 구분되는 그룹으로 나누는 것이 어려웠던 것 같다. 위에서 제안되었듯이 이것은 그들이 교회에 의하여 임명되지 않았다는 것을 의미하는 것으로 해석되어야 한다. 만약 그들이 교회에 의해서 임명되지 않았다면 성령으로부터 은사를 받은 뒤에 등장한 게 사실임에 틀림이 없다는 것이다.

고린도 전서 12장도 역시 사도, 선지자 그리고 교사를 은사들을 받은 뒤에 등장하는 자들로 묘사한다. 바울은 고전 12장에서 다양한 은사들을[25] 설명한다: 지혜의 말씀, 지식의 말씀, 믿음, 병 고치는 은사, 능력 행함, 예언, 영분별, 방언 말함, 방언 통역 (8~10절), 사도, (선지자), 교사, 능력, (병 고치는 은사), 서로 돕는 것, 다스리는 것, (방언하는 것), ('통역하는 자들') (vv. 28~30).[26] 성령께서는 이 모든 은사를 사람들에게 분배한다.[27] 만약 어떤 사람이 예언의 은사를 받으면 그 사람은 예언의 기능을 행사하고 만약 가르침의 은사를 받으면 그 사람은 가르침의 기능을 수행한다.[28] 이것은 다른 은사들의 경우에도 마찬가지이다. 바울은 여기에서 교회에서의 임명의 절차를 통하여 사람들이 얻을 수 있는 공식적인 자리들('직분들')을 설명하고 있는 것 같지 않

---

25) 바울은 고전 12:4,31에서 'χαρίσματα' 라는 용어를 사용한다.
26) 영적 은사의 분류를 위해서는 ('네 가지 유형의 은사들: 영감된 언어, 식별, 리더십 그리고 믿음'), E. Earle Ellis, *Pauline Theology* (Lanham; New York; London: University Press of America, Inc.,1997), pp. 37-40을 보라.
27) 고전 12:11b ('..., 그리고 그는 그것들을 각자에게 주신다, ...'); 고전 12:7 ('이제 공동의 이익을 위하여 각자에게 성령의 나타남이 주어진다'.)
28) 롬 12:6 ('우리는 우리에게 주어진 은혜에 따라 다른 선물들을 가지고 있다'.)

다.29) 이것을 증명하는 것은 불가능하지 않다.30) 위의 용어들이 '직분'들을 가리킨다면, 아주 많은 공식적 자리들, 14 직분들'이 고린도 회중에 존재할 것이다.31) 은사들은 특별한 직분자들에게 점령되지 않고 '모든 구성원'에게 분배되고32) 사도, 선지자 그리고 교사들을 포함하여 그들 모두는 인간들에 의한 임명의 절차를 통하여 그들의 기능들을 수행하기 시작하기보다는 은사들을 받은 후에 자연적으

---

29) Gordon D. Fee, *The First Epistle to the Corinthians* (Grand Rapids: William B. Eerdmans Publishing Company,1987), p. 619. 그는 주장한다:
> 잘해야 우리는 다음과 같이 말할 수 있다. 처음 세 개는 세 개의 사역을 행사하는 사람들을 강조하고 나중의 다섯 개는 사역 자체를 강조한다. … 그러나, 사실상 그는 선물들과 행위들을 열거하고 사람들은 열거하지 않는다. 이것은 다음과 같은 것을 제안할 것이다. 처음 세 개의 항목은 지역 교회에서 어떤 사람들에 의하여 간직된 '직분'으로 여겨져서는 안 되고 오히려 다양한 사람들에게서 발견되는 사역으로 여겨져야 한다; 마찬가지로 다음의 '선물들'은 사람들과는 별개로 교회에서 표현되는 게 아니라 무엇보다도 상호 세움을 위하여 교회에서 다양한 사람들에게 주어지는 성령의 은혜로운 기증이다.

30) *Pace* Joseph A. Fitzmyer, *Romans* (The Anchor Bible 33; London: Geoffrey Chapman,1993), p. 647. 그는 우리는 '바울의 글들을 근거로' 롬 12:6이하에서 열거된 선물(χαρίσματα)이 '구체적 직분들' 인지 '대답할 수 없다'고 말한다.

31) 참고. C. K. Barrett, *A Commentary on the Epistle to the Romans* (Black's New Testament Commentaries; London: Adam & Charles Black,1962), p. 237. 그는 '바울에게 성령은 직분보다는 주로 기능과 활동을 제안한다'고 말한다.

32) 이러한 교회 상황을 묘사하기 위하여는 '현상' 이라는 용어가 '정부' 라는 용어보다 더 나을 것이다. 참고. C. E. B. Cranfield, *A Critical and Exegetical Commentary on the Epistle to the Romans* II (The International Critical Commentary; Edinburgh: T. & T. Clark Limited, 1979), p. 619; C. K. Barrett, *A Commentary on the First Epistle to the Corinthians* (Black's New Testament Commentaries; London: Adam & Charles Black, 1968), p. 283; James D. G. Dunn, *Romans* 9-16 (Word Biblical Commentary 38b; Dallas: Word Books, Publisher, 1988), p. 734. 던은 다음과 같이 주장한다:
> 바울이 로마 교회의 모든 멤버를 (적절히 말해) 카리스마적으로 생각하는 것은 역시 명백하다. 5절의 '많은 사람들'은, 그 구절이 아무리 더 광범위하더라도, 로마 가정 그룹들의 어떤 멤버를 빼지 않는다. 바울은 분명히 카리스마를 받은 사람들과 카리스마를 받지 않은 사람들로 구성된 회중을 생각하지 않고 있다. 모두 카리스마를 가진 자들이다. 왜냐하면, 그것이 그리스도 안에서 한 몸의 지체가 되는 것의 뜻하는 바이기 때문이다.

로 등장한다는 것이다.³³⁾

우리의 주장은 디다케에 의해서도 지지된다. 디다케는 어떻게 거짓 사도(디다케 11:5,6)와 선지자(디다케 11:8-12)를 진짜 사도와 선지자로부터 구분하는지를 가르친다. 이것은 그들이 공식적으로 교회에 의하여 임명되지 않는다는 것을 의미한다. 그들이 임명된다면, 그들은 어떤 사람들에 의해 조사될 필요가 없을 것이다. 왜냐하면 교회는 임명된 자들의 이름이 있는 목록을 가질 것이기 때문이다.³⁴⁾

2. 프레스뷔테로이 (πρεσβύτεροι)/ 에피스코포이 (ἐπίσκοποι)

한글 성경에서 프레스뷔테로이는 장로라고 번역되고 에피스코포이는 감독이라고 번역된다. 성경의 프레스뷔테로이와 오늘날의 장로가 이름이 같다고 해서 반드시 동일한 존재라고 할 수는 없고 성경의 에피스코포이와 오늘날의 감독도 마찬가지이다. 프레스뷔테로이는 영어로는 엘더(elder)라고 번역되고 에피스코포이는 비숍(bishop)으로 번역되고 있다. 이 프레스뷔테로이와 에피스코포이도 역시 성령으로부터 은사들을 받고 등장하는가? '프레스뷔테로이'와 '에피스코포이'라는 칭호들은 신약에서 여러 번 그리고 여러 문맥에 나타난다.

---

33) James D. G. Dunn, 'The Spirit in the Pauline Letters' in *The New International Dictionary of New Testament Theology* III (ed. Colin Brown; Exeter: The Paternoster Press, 1978), pp. 700-03(703). 그는 '성령의 이러한 나타남은 바울에게는 주어진 것으로서 (인간에 의해 달성되는 것이 아닌), 하나님의 에너지의 표현으로서 (인간의 잠재력이나 재능이 아닌) 특징지어진다, …'라고 설명한다.
34) 주의. 이 사도들은 물론 12사도들이 아니다.

그러므로, 위의 질문을 대답하기 전에 그들의 용법을 탐험하는 게 필요하다.

a. '프레스뷔테로이' 라는 용어

i. '프레스뷔테로이' 라는 용어는 노인들을 위하여 사용된다.[35] 특히, 단수 용어 '프레스뷔테로스'는 딤전 5:1, 벧전 5:5에서 노인을 위하여 타이틀이 아닌 것으로 사용된다. 그리고 복수 용어 '프레스뷔테라스'는 딤전 5:2에서 노인 여자들을 위하여 사용된다.

ii. 프레스뷔테로이' 라는 용어는 행전 11:30, 14:23, 15:2, 4, 6, 22, 23, 16:4, 20:17, 21:18, 딤전 5:17, 딤전 5:19 (단수 타이틀 '프레스뷔테로스'),[36] 딛 1:5,[37] 약 5:14, 벧전 5:1a[38]에서 지역 교회 지도자들을 지칭하는 데 사용된다. 이 그룹은 말씀과 교리에 봉사하는 자들뿐만 아니라 실제로 단지 다스리는 기능만을 수행하는 자들도 포함한다고 추측하는 것이 가능하다.

---

35) 예레미아스는 이 용어는 목회서신에서 언제나 노인들이라는 의미로 사용된다 라고 주장한다. 그러나, 이것은 학자들에 의하여 일반적으로 받아들여지지 않고 있다.
36) *Pace* Campbell, *The Elders*, p. 130. 그는 '고대 이스라엘에서나 1세기의 그리스 또는 유대 세계에서도 우리는 직분자의 칭호로서 단수로 그 단어를 사용하는 경향을 발견하지 못한다' 라고 진술한다.
37) *Pace* A. E. Harvey, 'Elders' in *The Journal of Theological Studies* 25 (1974), pp. 318-32 (330-31). 그는 이러한 장로들을 '나이 많은 멤버들' 로 여긴다. 그의 견해는 로버츠에 의해 설득력 있게 비판된다 [C. H. Roberts, 'Elders: A Note' in *The Journal of Theological Studies* 26 (1975), pp. 403-05(404)].
38) 참고. 크리스천 프레스뷔테로이의 직분의 기원을 위하여 그리고 이 용어의 나이 함축과 직분 함축을 연결하는 가설을 위해서는 Harvey, 'Elders', pp. 318-32을 보라.

iii. 단수 용어 '프레스뷔테로스'는 벧전 5:1b,[39] 요한 2서 1절, 요한 3서 1절에서 사도에 관하여 사용된다.

사실상, 요한 2서 1절과 요한 3서 1절에서의 용어 '프레스뷔테로스'의 용법은 논쟁의 여지가 있다. 여기에서 이 용어는 타이틀로서 저자를 지칭하기 위하여 사용된다. 각 구절은 각 서신의 시작이라는 것이 주목될 것이다. 보통, 신약 서신들의 저자들은 수신자들에게 서신의 첫머리에서 그들의 지위를 알게 한다(롬 1:1, 고전 1:1, 고후 1:1, 갈 1:1, 엡 1:1, 골 1:1, 딤전 1:1, 딤후 1:1, 딛 1:1, 벧전 1:1, 벧후 1:1). 그러므로 '장로'라는 이 칭호도 역시 여기에서 나이의 내포가 아니라 지위의 내포로 사용되었을 것이다.

이것은 저자가 사도라면[40] 겸손한 표현이다.[41] 이 경우는 용어 '쉼

---

39) 엄밀히 말하면, 용어 'συμπρεσβύτερος'가 여기에서 사용되고 있다.
40) Brooke Foss Westcott, *The Epistles of St. John* (new ed.; Appleford: Marcham Manor Press, 1966; orig. ed. 1883), pp. liii-lvi; J. R. W. Stott, *The Epistles of St. John* (The Tyndale New Testament Commentaries; London: The Tyndale Press, 1964), p. 26; B. H. Streeter, *The Four Gospels* (rev. ed.; London: Macmillan, 1936), pp. 458-61. 참고. 브라운은 그 복음서와 그 첫번째 서신이 똑같은 사람에 의해 쓰여졌다고 믿는 자들을 소개한다: Abbott, Bacon, Baumgartner, Bernard, F.-M. Braun, Brooke, Burney, Chaine, Charles, **Clemen**,de Ambroggi, Feuillet, Findlay, Gaugler, Grimm, **Harnack**, Hauck, Headlam, Hilgenfeld, Howard, Jacquier, Jüicher, Law, Lepin, T. W. Manson, Marshall, W. Michaelis, Michl, Nunn, Percy, Schneider, Stott, Streeter, Turner, Vrede, B. Weiss, Wendland, Wernle, Westcott, Williams, and Wrede. (Brown, *The Epistles of John*, p. 20). 주의. 브라운은 이들 중 두 사람, **Clemen**과 **Harnack**,을 요한 1서의 저자와 요한 2서, 3서의 저자를 일치시키지 않는 자들 안으로 포함시킨다 (Brown, *The Epistles of John*, p. 14 and n. 26)그리고 이것은 이 두 사람이 요한 2서와 3서의 저자를 사도 요한으로 여기지 않는다는 것을 의미한다.
41) 참고. Raymond E. Brown, *The Epistles of John* (the Anchor Bible; London: Geoffrey Chapman, 1982), p. 15 각주 29. 여기에서, 그는 이 겸손한 표현의 존재를 인식하지 못한다: '보내는 자의 신원의 확인을 요구하는 요한 2, 3서와 같은 진짜 서신들의 저자는 만약 자기가 사도라면 자신을 "장로"라고 하지는 않을 것이다는 주장에는 어느 정도 타당성이 있다.'

프레스뷔테로스'가 베드로를 지칭하기 위하여 그리고 베드로를 장로들 중의 하나로 간주하기 위하여 사용되는 벧전 5:1에서 보인다.[42]

학자들은 장로를 사도 요한과 일치시키는 것에 찬성하는 쪽으로 주장하기도 하고 또는 반대하는 쪽으로 주장하기도 한다. 그들의 주장들은 특히 '문체', '사상' 그리고 '삶의 정황'의 관점에서 복음서와 서신들의 비교에 초점을 맞춘다.[43] 그러나 비록 그것들이 같은 저자에 의해서 쓰여졌다고 할지라도 이러한 관점들에서 차이가 복음서와 서신들 사이에서 발견될 수 있다고 추정하는 것은 불가능하지 않다. 왜냐하면, 한 사람의 '문체', '사상' 그리고 '삶의 정황'이 시간이 감에 따라 변할 수 있기 때문이다.[44] 그러므로 이러한 점들의 '유사성' 또는 '차이점'[45]들은 결정적 증거로 여겨질 수 없다. 바로 이 요인이 브루스를 요한 서신들의 '저자의 다양성을 위한 주장들이 공동 저자의 내외적 증거를 무너뜨리기에 충분하다고 말할 수 없다'[46]고 결론 짓게 한다.

하나의 신선한 제안이 다음과 같이 리더십 구조의 관점에서 만들어질 수 있다.[47] 그는 요한 2서 12절 요한 3서 9절 13~14절에서 증명

---

42) 참고. 캠벨은 이것을 위하여 '공손함'이라는 표현을 사용한다 (Campbell, *The Elders*, p. 207). 저자가 사도 베드로를 지칭하기 위하여 이 단어를 배치하기 때문에 이것은 이 서신의 저자가 베드로가 아니라고 믿는 사람들에게도 사실이다. 이 경우에 저자는 그 자신을 지칭하는 것이 아니고 아마 베드로가 겸손할 거라고 가정하면서 'συμπρεσβύτερος' (동료 장로) 라는 용어로 베드로를 지칭하고 있다 (pace Campbell, *The Elders*, p. 207). 어쨌든, 이것은 사도가 자신을 장로라고 지칭할 수 없는 이유는 없다는 것을 암시한다.
43) 참고. Brown, *The Epistles of John*, pp. 19-30.
44) 예를 들면 20년 전의 내 글의 '문체'와 '사상'은 지금하고 다르다. 이것은 내 '삶의 정황'의 경우에도 마찬가지이다.
45) 나는 이 용어들을 브라운에게서 빌린다.
46) F. F. Bruce, *The Epistles of John* (London: Pickering & Inglis Ltd., 1970), p. 31.
47) 다음은 내 자신의 제안이다.

되듯이 공동체 밖으로부터 서신들(요한 2, 3서)을 보내고 있다. 이것은 그가 지역 교회 지도자가 아니라 순회 사역자라는 것을 의미한다. 그는 '디오드레베가 하고 있는 것을 주시하기' 위하여 그 공동체에 올 것이다 (요한 3서 10절).[48] 이것은 바울과 베드로의 경우와 매우 유사하다.

그러나 사도 요한에 의하여 임명된 장로들은 순회 사역자들이라기보다는 각각의 (자기들의) 도시에 있는 양무리 들을 돌보기로 되어 있는 지역 교회 지도자들일 것이다.

이것은 순회 지도자인 장로(요한 2서 1절과 요한 3서 1절)는 장로 요한이 아니라 사도일 것이다라는 주장으로 나아간다.[49]

결론적으로, 위의 설명은 (i, ii, iii) '장로들' 이라는 용어가 신약에서 일반적 용어로 사용된다는 것을 보여준다.[50] 지역 교회 지도자들

---

48) 참고. 이 그림은 클레멘트의 사도 요한에 대한 묘사와 매우 유사하다:
ἀλλὰ ὄντα λόγον περὶ Ἰωάννου τοῦ ἀποστόλου παραδεδομένον καὶ μνήμη πεφυλαγμένον. ἐπειδὴ γὰρ τοῦ τυράννου τελευτήσαντος ἀπὸ τῆς Πάτμου τῆς νήσου μετῆλθεν ἐπὶ τὴν Ἔφεσον, ἀπῄει παρακαλούμενος καὶ ἐπὶ τὰ πλησιόχωρα τῶν ἐθνῶν, ..., ὅπου δὲ ὅλας ἐκκλησίας ἁρμόσων, [그러나 전해져 내려오고 기억 속에 보존 되어 온 사도 요한에 대한 진짜 설명. 그 독재자의 죽음 뒤에 그가 밧모섬으로부터 에베소로 이동했을 때, 그는 요청에 의해 이방인들의 이웃 지역에 여행하곤 했다…다른 곳에서는 전 교회를 통제하기 위하여 (Clement of Alexandria, *The Rich Man's Salvation*, 42(959 p), Loeb translation),].
49) *Pace* Lieu, *The Second and Third Epistles of John*, p. 153. 그녀는 자신이 왜 장로를 사도 요한과 일치시키지 않는지 그 이유 둘을 제시한다: '명백한 실질적 지원과 함께 디오드레베의 행동의 거대함 그리고 장로의 반응의 주저함은 역시 저자가 그러한 크기의 사람일 거라는 생각에 대해 거스려 말한다.' 그러나 바울의 경우에서 증명이 되듯이 사도들이라고 해도 언제나 모든 사람에 의해 복종되거나 따라지는 것이 아니기 때문에, 이러한 것들은 결정적인 증거가 될 수 없다 (고전 3:1 이하; 4:18 이하).
50) 참고. TDNT, s.v. 'πρέσβυς' (특히 p. 654). 보른캄은 '유대교와 기독교에서', '장로' 라는 용어는 '나이의 지칭으로서 그리고 또한 직분의 칭호로서' 사용된다고 말한다.

을 장로들이라고 부르는 것은 그 용법의 하나이다. 그러나 신약에서는 그것이 집사들(디아코노이, διάκονοι)과 상호 교환적으로 사용되었다라는 증거가 없다.[51]

b. 에피스코포이 (ἐπίσκοποι)라는 용어

i) 에피스코포이라는 용어는 행 20:28, 빌 1:1, 딤전 3:2, 딛 1:7에서 지역 교회 지도자들을 가리킨다. 또한 이 그룹은 말씀과 교리에 봉사하는 자들뿐만 아니라 단지 다스리는 기능만을 수행하는 자들도 역시 포함할 것이다라고 추측하는 게 가능하다.

ii) 프레스뷔테로이라는 용어는 사도를 위하여 사용되지만 용어 '에피스코포스'(ἐπίσκοπος)는 절대로 신약에서 사도에 관하여 사용되지 않는다.[52]

iii) 용어 '에피스코포스'는 벧전 2:25에서 예수님을 위하여 사용된다; 여기에서 이 용어는 교회 '직분'의 암시가 아니라[53] 그의 기능을 표현하는 은유로서 사용된다.

c. 이 두 용어의 비교

비록 용어 '프레스뷔테로이'가 더 일반적 용어이긴 하지만 모벌리

---

51) pace Fee, *1 and 2 Timothy, Titus* (A Good News Commentary; San Francisco; Cambridge; Hagerstown; New York; Philadelphia; London; Mexico City; São Paulo; Singapore; Sydney: Harper & Row, Publishers, 1984), p. xxxiii. 그는 "'장로들'이라는 용어가 아마도 감독과 집사 모두 망라하는 용어일 것이라고' 말한다.
52) TDNT, s.v. 'ἐπίσκοποι' (특히 p. 615).
53) TDNT, s.v. 'πρέσβυς' (특히 p. 666).

가 지적하였듯이[54] 신약에서 두 용어 모두 같은 자리, 지역 교회 리더십,을 지칭하기 위하여 사용된다.[55] 다른 말로 하면 사도행전 20장 17, 28절과 목회 서신에서 보이듯이 그것들은 이 자리를 위하여 상호 교환적으로 사용될 수 있다.[56]

특별히, 사도행전 20장 17, 28절에서의 그들의 용법은 주목할 만하다. 바울은 이 자리를 위하여 칭호 '에피스코포이'를 사용하지만 (28절) 칭호 '프레스뷔테로이'를 사용하지는 않는다. 그러나 누가는 이 에피스코포이를 위하여 칭호 '프레스뷔테로이'를 사용한다. 이것은 두 칭호들이 누가에 의하여 상호 교환적으로 사용된다는 것을 의미한다.

빌립보서에서는 단지 칭호 '에피스코포이'가 사용된다(빌 1:1). 두 개의 칭호들 '프레스뷔테로이'와 '에피스코포이'는 빌립보서가 쓰여졌을 때 빌립보 교회에서 상호 교환적으로 사용되지 않았다고 생각할 만하다. 이것이 사실이라면, 그 이유는 다음과 같을 것이다. 처음에

---

54) 그는 말한다: '그들은 아마…직분의 다른 면들을 표현한다. 즉, 그 두 개의 표현들은 다른 역사를 가지고 있다는 것을; 그러나 그것은 신약 언어에서 그 두 개의 개념들은 하나의 크리스천 직분에서 아주 많이 동일시되기 때문에 모든 "에피스코포이"가 또한 "프레스뷔테로이"라고 불려진다는 것을 의미한다.' [R. C. Moberly, *Ministerial Priesthood* (London: John Murray, 1905), p. 144].

55) *Pace* Oden, *First and Second Timothy and Titus*, pp. 140-41. 그는 목회서신이 쓰여졌을 때에 그 두 개의 칭호들 '에피스코포이'와 '프레스뷔테로이'가 정확하게 똑같은 직분을 가리키지 않았다고 주장한다. 그가 설명하기를 이것은 '에피스코포이'라는 칭호가 '감독하는 기능'의 암시를 가지고 있으나 '프레스뷔테로이'라는 칭호는 '관장하는 기능'의 암시를 가지고 있다는 사실에 의해 알려진다. 그러나, 한 회중을 감독하는 자들과 관장하는 자들 사이의 구분은 어떤 것도 신약에 나타나지 않는다. '에피스코포이'라는 칭호는 기능적 용어이지만 '프레스뷔테로이'라는 칭호는 기능적 용어가 아니라는 게 주목될 것이다. '프레스뷔테로이'라는 칭호 자체는 어떤 기능적 내포를 가지고 있지 않다(참고. BAGD, s.v. 'πρεσβύτερος').

56) 여기에 관한 논의는 아래를 보라.

'이방 기독교'(바울의) 공동체들에서 지역 교회 지도자들을 지칭하기 위하여 칭호 '에피스코포이'가 사용되었고 칭호 '프레스뷔테로이'는 '유대-기독교' 공동체들에서 지역 교회 지도자들을 지칭하기 위하여 사용되었다.[57] 그러나 이것은 사실 단지 칭호의 문제이다. 지위에 관한한, 그들 모두는 똑같은 자리, 즉 지역 교회 리더십을 가지고 있다. 어쨌든, 목회 서신은 목회 서신이 쓰여졌을 때 그 공동체들에서 두 칭호가 아래에서 증명되듯이 상호 교환적으로 사용되었다는 것을 보여준다.

신약에서는 단지 말씀과 교리에 봉사하는 프레스뷔테로이(장로들)만이 에피스코포이(감독들)로 불린다는 증거가 없다.[58] 다른 프레스뷔테로이, 즉 실제로 단지 다스리는 기능만을 수행하는 자들도 역시 에피스코포이라고 불렸을 것이다. 이 두 용어는 이 논문에서 지역 교회 리더십이라는 내포로 그리고 상호 교환적으로 사용된다. 이 상호 교환성은 아직 더 토론 될 필요가 있다는 것을 알아차리는 게 어렵지 않을 것이다. 목회 서신에서 이 두 칭호의 상호 교환성은 아직 더 증명되어야 한다. 저자는 디도서 1장 5절 이하에서 '또 하나의' '직분'을 가리키기 위하기보다는 장로들을 지칭하기 위하여 칭호 '에피스코포스'(7절)를 사용한다.[59] 캠벨은 이것에 동의한다.[60]

---

57) Campenhausen, *Ecclesiastical Authority and Spiritual Power*, p. 77.
58) *Pace* Fee, *1 and 2 Timothy, Titus*, pp. xxxiii-xxxiv.
59) Marshall, *The Pastoral Epistles*, p. 159; Knight III, *The Pastoral Epistles*, p. 291.
60) 그는 설명한다:
    그러나 이 서신이 각 도시에서 (κατὰ πόλιν) 장로들의 임명을 합법화하기 위하여 이렇게 쓰여졌다고 생각할 만하다. 그런데, 그들에게 에피스코포스라는 칭호가 주어지고 있다 (Campbell, *The Elders*, p. 198).

다음은 이 주장을 뒷받침하는 이유들이다. 첫째로, 저자는 6절에서 프레스뷔테로이(πρεσβύτεροι)의 자격 조건을 묘사하고 있고 에피스코포이(ἐπίσκοπος)의 자격 요건들은 7절 이하에서 묘사하고 있다. 용어들 '프레스뷔테로이'와 '에피스코포스'가 여기에서 상호 교환적으로 사용되지 않았다면, 프레스뷔테로이들의 자격 요건들은 매우 적을 것이다(단지 3개).[61] 그리고 프레스뷔테로이(장로들)를 위한 자격 요건들은 (6절) 단지 가족에 관련이 되고 에피스코포스(감독)를 위한 자격 요건들은 (7, 8절) 단지 인격에만 관련될 것이고 이것은 이상할 것이다. 둘째로, 에피스코포이를 위한 자격 요건들이 디모데 전서 3장 2절 이하에서 제시된다. 가족에 관련된 자격 요건들이 여기에서 발견이 된다: '단지 한 아내의 남편'(2절) 그리고 '그는 자기 자신의 가족을 잘 다스려야 하고 그의 자녀가 그를 합당한 존경심을 가지고 복종하도록 해야 한다'(4절). 이 자격 요건들은 프레스뷔테로이(장로들)의 자격 요건을 다루는 디도서 1:6에서도 나타난다: '단지 한 아내의 남편, 자녀들이 믿으며 사납고 불순종하다는 비난에 빠지지 않은 자'. 그러나 이 자격 요건들은 에피스코포이(감독)의 자격 조건들을 설명하는 디도서 1:7 이하에는 나타나지 않는다. 만약 프레스뷔테로이(장로들)의 직분이(5절) 에피스코포이(감독들)의 직분(7절)과 다르다면, 디도서의 저자는 디도서 1:7 이하에서 그러한 자격 요건들을 반복할 것이다. 셋째로, 우리가 7절 상반부를(δεῖ γὰρ τὸν ἐπίσκοπον ἀνέγκλητον εἶναι) 보면 우리는 저자가 7절을 6절에 접속사 가르

---

61) 다음의 3가지 자격 요건들은 디도서 1:6에 쓰여져 있다: '비난할 게 없고', '단지 한 아내의 남편이며' 그리고 '자녀가 믿고 방탕하다거나 불순종하다는 비난을 받지 아니하는 사람'.

('γὰρ')을 가지고 연결시키고 있다는 것을 깨달을 것이다.[62] 왜냐하면 이 용어는 원인, 추론, 계속을 표현하기 위하여 또는 설명하기 위하여 사용되기 때문이다.[63] 7절이 6절에 연결되어 있다는 사실은 저자가 7절에서 또 하나의 직분을 언급하기보다는 똑같은 직분을 계속 설명한다는 것을 암시한다.[64]

그러므로 용어들 '에피스코포이' 와 '프레스뷔테로이' 가 디도서 1:5 이하에서 상호 교환적으로 사용된다는 것은 사실임에 틀림없다.[65] 이 결론에 대한 반응으로, 하나의 질문이 제기될 수 있다. 왜 저자는 자격 요건 '비난을 받지 않아야' (6, 7절)를 반복하는가? 그 구절이 7절을 6절에 연결시키는 역할을 하는 것 같지는 않다.[66] 왜냐하면, 접속사 'γὰρ' 가 이미 이 역할을 하기 때문이다. 이것은 단지 그가 '비난 받지 않는' 자들만이 프레스뷔테로이(에피스코포이)의 자리에 후보자일 수 있다는 것을 확신하거나 강조하기를 원하기 때문이거나[67] '그 두 지칭어의 동등함이 7절에서 "책망할 것이 없고" ($\dot{\alpha}\nu\acute{\epsilon}\gamma\kappa\lambda\eta\tau\sigma\varsigma$)라는 자격 조건의 반복을 요구하기' 때문이 아니다.[68] 이것은 또한 그가 이 자격 요건을 두 종류로 나누기 때문이기도 한 것이다:

---

62) Macdonald, *The Pauline Churches*, p. 218; Marshall, *The Pastoral Epistles*, p. 160 (특히, 각주 34).
63) BAGD, s.v. 'γάρ'.
64) Margaret Davies, *The Pastoral Epistles* (Epworth Commentaries; London: Epworth Press, 1996), p. 95; Barrett, *The Pastoral Epistles*, p. 129.
65) 참고. Kelly, *the Pastoral Epistles*, pp. 13, 74.
66) *Pace* Kelly, *the Pastoral Epistles*, p. 231. 켈리는 여기에서 이 '반복' 은 7절을 6절에 연결하는 역할을 한다고 단언한다.
67) 참고. Macdonald, *The Pauline Churches*, p. 211. 그녀는 '그 특질의 반복은 그것이 아마도 교회 리더십의 근본적인 자격 요건으로 여겨졌다는 것을 가리킨다' 고 말한다.
68) Marshall, *The Pastoral Epistles*, p. 160.

가족 관계에 있어서 책망할 것이 없음 (6절)
그리고
그 자신의 성격에 있어서 책망할 것이 없음 (7절)

우리는 두 칭호 '프레스뷔테로이'와 '에피스코포이'의 상호 교환성을 위의 긴 토론들을 통하여 증명했다.

d. 결론

이제 이 부분의 처음에 제기되었던 질문을 토론하는 게 가능하다: 프레스뷔테로이(에피스코포이)도 역시 성령으로부터 은사들을 받고 등장하는가? 디도는 프레스뷔테로이(에피스코포이)를 임명하도록 명령을 받는다. 그리고 그 자격 요건들은 딛 1:5 이하에 규정되어 있다. 행 14:23에 따르면, 프레스뷔테로이는 인간들에 의하여 임명된 자들로 소개되고 있다. 프레스뷔테로이(에피스코포이)의 자격 요건들은 딤전 3:1이하에도 역시 제시되어 있다. 이것은 그들이 인간들에 의하여 임명된다는 것을 암시한다.[69] 만약 우리가 그 자격 요건들을 조심스럽게 살펴보면, 은사들이 언급되어 있지 않다는 것을 깨달을 수 있다. 프로이스테미(προϊστημι)라는 단어가 롬 12:8에 나타나는데 딤전 3:4에도 보인다. 다른 말로 하면, 이 단어는 감독들의 자격 조건들 중의 하나로 제시된다(딤전 3: 2-7). 이 점에서 로마서에 나오는 호 프로이스타메노스(ὁ προϊσταμενος)가 은사적 일꾼이듯이 에피스코포이가 은사적

---

69) E. Earle Ellis, *Pauline Theology* (Lanham; New York; London: University Press of America, Inc., 1997), p. 102. 그는 교회 지도자들이 그 '자격 요건'에 따라 '임명된다고' 설명한다.

지도자라고 주장될 수 있을 것이다.[70] 그러나 딤전 3:4이 용의주도하게 관찰된다면 이 주장은 피상적이라는 것이 밝혀질 것이다.[71] 롬 12:3 이하는 그리스도의 몸 안에 존재하는 많은 기능들을 다루는 반면에 이 구절은 가족을 다스리는 개인적 능력을 다룬다.[72] 개인적 가족 통제와 그리스도의 몸을 위하여 그리스도로부터 오는 영적 은사를 딤전의 저자가 일치시키지 않는 한 우리는 일치시킬 수 없다. 만약 어떤 사람이 그리스도로부터 영적 은사를 받는다면 그 사람은 그리스도의 몸을 위하여 그 기능을 잘 수행할 수 있다. 그러나 천부적 능력이나 인간의 노력도 어떤 사람이 자기 가족을 잘 다스리는 것을 가능하게 만들 수 있다. 딤전 3:5[어떤 사람이 자기 가족을 다스릴(προϊστημι) 줄 모른다면, 어떻게 그가 하나님의 교회를 돌볼 수 있으리요?]에서 저자는 인간의 '능력'을 염두에 두고 있는 게 나타난다.[73]

어쨌든, 이 구절은 프레스뷔테로이(에피스코포이)가 되기를 원하는 자들은 성령으로부터 영적 은사들을 받아야 한다라고 진술하지 않는다. 이것은 그들이 수행하는 기능들은 특별히 은사에 의존하지 않는다는 것과 아무도 교회에 의하여 임명/임직되기 전에 등장해서 프레스뷔테로이(에피스코포이)의 기능을 수행할 수 없다는 것을 의미한다.

---

70) George W. Knight III, *The Pastoral Epistles* (The New Iernational Geek Tstament Cmmentary; Gand Rpids: Wlliam B. Edmans Pblishing Company; Carlisle: The Paternoster Press, 1992), p. 31.
71) '자기 집을 잘 **다스려**(προϊστημι) 자녀들로 모든 단정함으로 복종케 하는 자라야 할지며.'
72) 특히 로마서 12:5를 보라.
73) Thomas C. Oden, *First and Second Timothy and Titus* (Interpretation A Bible Commentary for Teaching and Preaching; Louisville: John Knox Press, 1989), p. 142. 참고. 그의 표현 '잠재적 지도자가 아직 어떻게 자기 배우자와 자녀들을 돌보는 것을 배우지 않았다는 것을 생각해보라'.

3. 디아코노이 (διάκονοι)

신약에서 디아코노이라는 용어는 집사들뿐만 아니라 또한 프레스뷔테로이(에피스코포이)를 포함하여 모든 교회 일꾼을 가리키기 위하여 사용된다. 후자의 경우에 일반적 용어로서[74] 디아코노이라는 용어의 내포는 직분자가 아니라 '봉사하는 자' 또는 '종' 이다.[75] 이 용법에 대한 많은 예들은 신약에서 발견이 된다: 롬 15:8, 16:1,[76] 고전 3:5, 고후 3:6, 6:4, 11:15, 11:23, 엡 3:7, 6:21, 골 1:7,23,25, 4:7, 딤전 4:6.[77]

---

74) Moberly, *Ministerial Priesthood*, p. 140.
75) 참고. Jean-François Collange, *The Epistle of Saint Paul to the Philippians* (tr. A. W. Heathcote; London: Epworth Press, 1979), p. 40.
76) 어떤 사람들은 그 용어가 여기에서 '직분', 즉 '집사' 의 내포로 사용되고 있다고 주장하지만 다른 사람들은 '종' 의 의미로 사용되고 있다고 주장한다 [Douglas J. Moo, *The Epistle to the Romans* (The New International Commentary on the New Testament; Grand Rapids; Cambridge: William B. Eerdmans Publishing Company, 1996), pp. 913-14]. 이것은 아래에서 더 논의될 것이다.
77) 참고. TDNT, s.v. 'διάκονος'; Moo, *the Romans*, p. 913 그리고 각주 7. 빌립보서 1:1에서 '디아코노이' 라는 용어가 '감독' 이라는 용어와 함께 나타난다: '에피스코포이와 디아코노이'. 어떤 사람들은 '디아코노이' 라는 용어가 여기에서 종의 의미로 사용되고 있다고 해석한다[ΙΩΑΝΝΟΥ ΤΟΥ ΧΡΥΣΟΣΤΟΜΟΥ ΥΠΟΜΝΗΜΑΤΑ, ΕΙΣ ΤΑΣΠΡΟΣ ΦΙΛΙΠΠΗΣΙΟΥΣ ΚΑΙ ΚΟΛΟΣΣΑΕΙΣ ΚΑΙ ΘΕΣΣΑΛΟΝΙΚΕΙΣ ΕΠΙΣΤΟΛΑΣ (ΕΚΔΟΣΙΣ ΚΑΙΝΗ: ΕΚ ΠΑΛΑΙΩΝ ΑΝΤΙΓΡΑΦΩΝ ΔΙΟΡΘΩΘΕΙΣΑ, no date), 195. A-C; Collange, *the Philippians*, p. 39; Gerald F. Hawthorne, *Philippians* (Word Biblical Commentary 43; Waco: Word Books, Publisher, 1983), pp. 9-10]. 다른 사람들은 '디아코노이' 라는 용어가 종의 내포가 아니라 특정한 그룹의 직분자라는 내포를 가지고 있다고 주장한다[Lightfoot, *the Philippians*, p. 191; Peter T. O'Brien, *The Epistle to the Philippians* (The New International Greek Testament Commentary; Grand Rapids: William B. Eerdmans Publishing Company, 1991), p. 48; Gordon D. Fee, *Paul's Letter to the Philippians* (The New International Commentary on the New Testament; Grand Rapids: William B. Eerdmans Publishing Company, 1995), p. 69]. 이것은 아래에서 더 논의될 것이다.

디아코노이는 영어로는 deacon (디컨)으로 번역된다.

그러나, 로마서 16장 1절은 논쟁의 소지가 있다. 뵈뵈는 이 구절에서 디아코노스(디아코노이의 단수 형태) 라고 불린다: διάκονον τῆς ἐκκλησίας τῆς ἐν Κεγχρεαῖς. 그녀는 교회의 직분자인 집사가 아닌 것 같다. 그녀는 1절에서 디아코노스로 2절에서 프로스타티스 (προστάτις)로 묘사된다. 프로스타티스라는 용어가 여기에서 교회 직분자를 지칭하지 않는다는 것은 그것이 바울 공동체에서 뿐만 아니라 다른 초대 기독교 공동체에서도 교회의 직분을 위하여 사용된 적이 없기 때문에 의심할 여지없이 받아들여진다.[78] 프로스타티스와 디아코노스의 병치는 이 디아코노스도 역시 교회 직분자를 지칭하지 않는다는 가능성을 암시한다. 이 가능성은 주목할 만하지만 이 디아코노스가 교회 직분자를 가리키지 않는다는 주장을 사람들이 믿도록 설득시키기 위해서는 더 많은 증거를 찾는 게 필요하다. 몇몇 학자들은 디아코노스라는 용어가 여기에서 '직분' 의 내포로 사용되었다고 생각한다.[79] 한편, 던 (Dunn)은 그것이 하나의 '인식된 사역' 또는 '책임의 자리' 이지만 '집사 직이라는 확립된 자리' 가 아닌 것을 지칭한다고 주장한다. 그는 그 이유를 다음과 같이 제시한다: '마치 책임과

---

78) 참고. Whelan, 'Amica Pauli: The Role of Phoebe in the Early Church', pp. 68-9 그리고 각주 5.
79) F. F. Bruce, *The Epistle of Paul to the Romans* (The Tyndale New Testament Commentaries; Leicester: Inter-varsity Press; Grand Rapids: William B. Eerdmans Publishing Company; 1963), p. 270; C. H. Dodd, *The Epistles of Paul to the Romans* (The Moffatt New Testament Commentary; London: Hodder and Stoughton Limited ,1932), p. 235; E. Käsemann, *Commentary on Romans* (tr. and ed. Geoffrey W. Bromiley; London: SCM Press Ltd, 1980), pp. 410-11. 그러나 그들은 '디아코노스' 라는 용어의 두개의 내포를 고려하는 데 실패한다: '종' 과 '집사' (이 단락의 아래를 보라). 참고. Whelan, 'Amica Pauli: The Role of Phoebe in the Early Church', pp. 69-70.

권위의 역할이 (적절히 임명된 계승과 함께) 이미 동의된 것처럼 확립된 직분의 집사 직을 말하는 것은 아직 이를 것이다'.[80] 그의 주장은 더 많은 설명을 필요로 한다. 바울 공동체에서 그 용어는 '종'과 '집사'라는 두 개의 내포로 사용된다는 것이 기억되어야 한다. 그것이 전자의 내포로 사용될 때, 위에서 토론되었듯이 그것은 모든 기독교 일꾼에게 적용될 수 있다. 에피스코포이라는 용어는 때로 혼자 나타나기도 하지만[81] 초대 교회에서 디아코노스라는 용어가 교회 직분을 지칭하기 위하여 사용될 때에는 보통 에피스코포이라는 용어와 함께 사용된다는 것은 주목할 만하다.[82] 그 이유는 직분자로서의 디아코노이는 에피스코포이를 돕는 목적으로 존재한다는 것이다. 그러나 에피스코포이라는 용어는 롬 16:1,2에 나타나지 않고 있다. 바울은 여기에서 단지 사람들과 그 자신만을 언급한다: καὶ γὰρ αὐτὴ προστάτις πολλῶν ἐγενήθη καὶ ἐμοῦ αὐτοῦ. 만약 에피스코포이가 겐그레아 교회에 존재한다면, 바울은 이것을 여기에서 언급할 것이다. 바울 공동체에서 디아코노스라는 용어가 홀로 나타날 때마다 그것은 직분과 관련 없이 종의 의미로 사용된다. 이 점들은 롬 16:1에서 디아코노스가 직분의 내포로 사용되지 않는다는 것을 강하게 제안한다.

달리 표현하면, 모든 교회 일꾼은 종(디아코노스)으로 묘사될 수 있다.[83] 그러므로 디아코노이라는 용어는 현대 교회 목사들의 특정한 근거가 될 수 없다. 이것과는 별도로, 사도행전에 나오는 스데반과 7인의 나머지 사람들에 관한 일반적인 믿음은 이들을 디아코노이로 본

---

80) Dunn, *Romans* 9-16, pp. 886-87.
81) 행전 20:28; 딛 1:7.
82) 빌 1:1; 딤전 3:1이하; 디다케 15:1,2.
83) 참고. Marshall, *The Pastoral Epistles*, p. 487.

다. 재미있는 것은, 비록 여기에 동사 디아코네오(διακονέω)와 추상 명사 디아코니아(διακονία)가 나타난다고 할지라도 인칭 명사 디아코노스(διάκονος)가 사용되지 않았다는 것이다.[84]

어떤 학자들은 빌 1:1에 나오는 디아코노이가 지역 교회 지도자인 프레스뷔테로이에 유사한 지역 교회 지도자들을 가리킨다고 주장한다. 즉, 빌 1:1에 나타나는 에피스코포이와 디아코노이는 딤전 3:1이하에 나오는 에피스코포이와 디아코노이와는 다르다고 생각한다. 두 개의 칭호가 인사말(빌 1:1)에 사용되는 걸로 보아 에피스코포이라고 칭함 받는 그룹과 디아코노이라고 칭함 받는 그룹들이 각각 따로 존재한다고 볼 수 있지만 호오돈은 에피스코포이와 디아코노이라는 표현을 '집사들인 감독' 또는 '섬기는 감독자들'로 번역한다.[85] 그러나, 오브리엔은 이러한 번역을 거부한다.[86]

호오돈은 폴리캅이 '프레스뷔테로이와 디아코노이'라는 표현으로 디아코노이 한 그룹을 지칭한다고 생각한다. 하지만 호오돈은 폴리캅의 이 칭호들에 대한 용법을 오해한 것이다. 폴리캅의 빌립보 교인들에 대한 편지 5장 2절로부터 6장 1절 사이에서 폴리캅은 칭호를 다음과 같이 배열한다: 디아코노이(5장 2절)- 프레스뷔테로이와 디아코노이(5장 3절)-프레스뷔테로이 (6장 1절). 이것은 교차 대구법

---

84) Marshall, *The Pastoral Epistles*, p. 487.
85) Hawthorne, *Philippians*, pp. 9-10. 그것은 아마 그 두 칭호가 디모데 전서 3:1이하에서는 나란히 적혀 있지 않지만 빌립보서 1:1에서는 나란히 놓여졌기 때문에 '이미 만들어져 있는 상투적인 문구'로 보인다 (에피스코포이는 2절에 디아코노이는 8절에 나타난다).
86) O'Brien, *the Philippians*, pp. 48-9 그리고 각주 21. 참고. 피츠마이어는 이것들을 두 개의 서로 다른 직분들로 여긴다. 그래서 그의 의견은 오브리엔의 것과 똑같다 (Fitzmyer, *The Acts of the Apostles*, p. 679).

이지 '프레스뷔테로이와 디아코노이' (5장 3절)를 '디아코노이' (5장 2절)와 같은 것으로 보고 있는 게 아니다. 디아코노이(5장 2절)와 프레스뷔테로이(6장 1절) 두 그룹이 따로 언급되고 있고 이 두 절 사이에서 그 두 그룹이 함께 언급되고 있을 뿐이다 (5장 3절). 이것은 5장 2절에서 디아코노이의 자격 조건이 언급되고 6장 1절에서 프레스뷔테로이의 자격 조건이 언급되고 있는 본문에 의해 증명이 된다. 또한 폴리캅은 5장 3절에서 '프레스뷔테로이와 디아코노이' 두 칭호를 '하나님'과 '그리스도' 두 칭호와 비교한다. 폴리캅에서 '프레스뷔테로이와 디아코노이'는 두 직분을 지칭하는 것이 한 직분을 지칭하는 것이 아니다.[87]

이책의 제1장에서 그리고 위에서 호오돈, 콜레인지 그리고 오브리엔의 논의를 살펴보았다. 그 결과 빌립보서 1장 1절의 에피스코포이와 디아코노이가 두 그룹이라는 결론이 나온다.

바울에 의해 교회가 하나도 없던 지역에 복음이 전파되어 어느 한 가정이 최초로 믿으면 자연스럽게 그 가정은 교회가 되며 그 가장이 그 지도자가 된다. 캠벌은 빌립보서 1장 1절에 나오는 에피스코포이와 디아코노이가 가정 교회 지도자들이라고 한다.[88] 이 주장은 그들

---

87) 이 책의 제1장 '바울 서신들에 나타난 카리스마의 일상화'를 보라.
88) Campbell, *The Elders*, p. 125 [그러나, 그는 A. L. Chapple 을 따라 같은 페이지에서 '그 때에 감독은 교회의 주인이고 "집사"는 그들을 돕는다' 라고 애매하게 말한다. 이것은 그는 이들을 두 그룹으로 생각한다는 것을 뜻한다. 그는 이 칭호들에 혼동했음에 틀림이 없다. 롤로프는 캠벌의 견해에 동감한다 [Jürgen Roloff, *Der erste Brief an Timotheus* (Evangelisch-Katholischer Kommentar Zum Neuen Testament XV; Zürich: Benziger Verlag; Neukirchen-Vluyn: Neukirchener Verlag, 1988), pp. 171-74]. 그러나 그의 의견은 그가 에피스코포이와 디아코노이를 두 그룹으로 여기고 후자를 전자의 보조자로 믿는 다는 점에서 캠벌의 것과 다르다.

이 한 그룹 이라는 전제에서 나온다. 그는 '에피스코포이와 디아코노이' 라는 칭호를 '지도하고 섬기는 자들' 또는 '지도함으로써 섬기는 자들' 이라는 뜻으로 해석 한다.[89] 그러나 그들이 한 그룹이라는 전제는 콜레인지와 호오돈에서 온 것이다. 콜레인지와 호오돈의 주장은 잘못된 것이므로 에피스코포이와 디아코노이를 가정 교회 지도자들이라고 하는 캠벌의 주장도 잘못된 것이다. 가정 교회 지도자들에게는 어떤 칭호도 붙여지지 않았다. 가정 교회 지도자들은 자연 발생적으로 등장했기 때문에 교회에서 임명되어 등장하는 현대 목사직의 근거가 될 수는 없다. 신약성경에는 가정 교회 지도자들의 예가 몇 명 제시되어 있다.[90] 캠벌은 에바브로디도, 유오디아, 순두게 그리고 클레멘트를 가정 교회 지도자의 예로 열거하지만,[91] 그 증거는 없고 이 사람들의 어떤 가정 교회와의 관련성도 암시된 바 없다.

빌립보서 1장 1절에 나오는 에피스코포이와 디아코노이는 목회서신에 나오는 에피스코포이와 디아코노이처럼 두 그룹이다.[92] 이렇게 지도자[93]와 조력자101)가 존재하고 이들에게 리더십 칭호까지 주어

---

89) Campbell, *The Elders*, p. 124.
90) 이 책의 3장 예루살렘과 바울 공동체에 나타난 집에서 모이는 교회의 형태들을 보라.
91) Campbell, *The Elders*, p. 124
92) 참고. Macdonald, *The Pauline Churches*, pp. 59-60. 그녀의 진술에서 그녀는 이 견해를 공유한다라는 게 암시되어 있다: '같은 용어들이 나중 세대에 비숍(에피스코포스) 과 디컨(디아코노스)이라는 공식적인 교회 직분에 적용될 수 있다'.
93) 이것은 '에피스코포이' 라는 단어가 '감독자' 라는 의미를 가지고 있다는 사실에 의해 쉽게 추론된다 (홈버그는 이미 이 방법을 사용하였다, Holmberg, *Paul and Power*, p. 101 을 보라). 참고. BAGD, s.v. ἐπίσκοπος. 신약 밖에서의 이 단어의 사용은, TDNT, s.v. ἐπίσκοποι (특히 608-15)을 보라.

진 것으로 보아 이 리더십은 조직적인 체계로 여겨진다. '고정된 칭호들'은 '제도화'의 일환으로 생겨난 것이다.[94] 이처럼 체계적인 구조를 가정 교회 리더십과 연결시키기 어렵다.[95]

4. 결론

이상에서 우리는 현대 교회 목사의 근원이 될만한 포이메네스 (ποιμένες), 프레스뷔테로이 (πρεσβύτεροι), 에피스코포이 (ἐπίσκοποι), 디아코노이 (διάκονοι)를 살펴보았다. 그 결과 포이메네스는 한글 성경에서 목사로 번역되었으나 선지자처럼 성령으로부터 은사를 받아 등장하는 자들이고 디아코노이는 지역 교회 지도자들을 보조하는 보조자들이라는 것이 밝혀졌다. 이 '디아코노이'라는 용어가 종이라는 의미로 사용될 때에는 모든 사역자들을 지칭할 수 있다. 그러므로, 포이메네스와 디아코노이는 현대 목사직의 성경적 근거가 될 수 없다. 프레스뷔테로이와 에피스코포이는 지역 교회 지도자들을 가리키는 칭호이며 상호 교환적으로 사용된다. 이들은 성령으로부터 은사를 받아 등장하는 자들도 아니고 지역 교회

---

94) 이것은 '디아코노스'라는 칭호의 의미, 즉 종 또는 돕는 자와 관련될 것이다 (BAGD, s.v. διάκονος). 기독교 밖에서의 이 단어의 사용은, TDNT, s.v. διάκονος (특히 pp. 91-2)을 보라. 참고. Fee, *the Philippians*, pp. 68-9; Marvin R. Vincent, *The Epistles to the Philippians and to Philemon* (The International Critical Commentary; Edinburgh:T. & T. Clark, 1897), p. 42.

95) Macdonald, *The Pauline Churches*, p. 59. 주의. 이 추측이 여기에서 맞다고 할지라도 '고정된 칭호들'이 언제나 '카리스마의 일상화'를 암시하지는 않는다.

에서 임명되어 지도자들로 활동하는 자들이다. 그러므로 이 프레스뷔테로이(에피스코포이)가 바로 현대 목사직의 성경적 근거가 되는 직분이다.

---

96) 이 책의 제1장 '바울 서신들에 나타난 카리스마의 일상화'를 보라.

Chapter · 3

예루살렘과 바울 공동체에 나타난 집에서 모이는 교회의 형태들

초대 교회 시대에 그리스도인들은 가정 집(houses)에서 모였다. 말허버는 '초대교회는 그 종교적 활동들을 위하여 특별히 건축된 건물들을 가지지 않았다' 라고 설명한다.[1] 블루는 피터슨을 인용하면서 이것을 구체적으로 묘사한다:

> 개인 집(혹은 기독교 모임들을 위하여 개조된 집들[2])에서의 기독교 신자들의 모임은 Constantine의 후견 아래 기독교인들이 최초의 바실리카들을 세우기 시작했을 때인 4세기 초기 때까

---

1) Abraham J. Malherbe, *Social Aspects of Early Christianity* (2nd edn.; Philadelphia: Fortress Press, 1983), p. 68.
2) Blue는 여기에 대한 고고학적 증거를 제시한다:
   가버나움(갈릴리)에서의 고고학적 발굴은 성 베드로의 이전의 집이 나중에 도무스에클레시아에 (a *domus ecclesiae*)로 변형되었고 집 교회의 가장 고대의 증거라고 제안한다 [Bradley Blue, 'Acts and the House Church' in *The Book of Acts in its First Century Setting* 2. *The Book of Acts in its Graeco-Roman Setting* (eds. David W. J. Gill & Conrad Gempf; Grand Rapids: William B. Eerdmans Publishing Company; Carlisle: The Paternoster Press, 1994), pp. 119-222 (138)].

지 계속 규범적 형태로 여겨져 왔다. 거의 삼백 년 동안 신자들은 거대한 '특정 목적을 위해 만들어진' 건물인 교회들에서가 아니라 가정 집에서 만났다: …[3]

아마도 예루살렘과 바울 공동체들도 예외는 아니었을 것이다. 필슨은 사도행전에서 예루살렘 공동체의 집에서 모이는 교회(house churches)의 예들을 발견한다.[4] 캠벌은 이 공동체의 몇 집에서 모이는 교회들(house churches)이 사도행전에 소개되어 있다고 생각한다.[5] 필슨은 이러한 예들을 바울 공동체에서도 발견한다.[6] 말허버는

---

3) Blue, 'Acts and the House Church', p. 124. 참고. 물론, 혹자는 L. M. White를 따라 이러한 '발달은 모든 지역에서 일관적으로 느껴지지 않았다'고 주장할 것이다. Blue도 White를 인용하면서 역시 이것을 고려한다: '모은 증거 (Krautheimer의 로마를 포함하여)는 후기에 어떤 공동체들은 공중 홀에서 만나는 동안에 다른 곳에서는 신자들이 여전히 집 교회에서 만나고 있었다는 것을 가리킨다' (Blue, 'Acts and the House Church', p. 125). 이 증거는 '공회당'이 어떤 지역에서는 3세기 전에 나타났다는 것을 의미하지는 않는다. 그것은 단지 약간의 그룹들은 3세기 후에도 여전히 집들을 교회 건물들로 사용하고 있었다는 것을 의미한다.

4) Floyd V. Filson, 'The Significance of the Early House Churches' in *Journal of Biblical Literature* 58 (1939), pp. 105-12(106). 그는 행 1:13; 2:46; 5:42; 12:12을 그리스도인들이 만나는 집들을 언급하는 구절들로 열거한다.

5) 그는 몇 개의 관련된 구절들을 제시한다: 행 1:13; 2:46; 5:42 (R. Alastair Campbell, *The Elders: Seniority within Earliest Christianity* (Studies of the New Testament and Its World; Edinburgh: T&T Clark Ltd, 1994), pp. 151-52.

6) Filson, 'The Significance of the Early House Churches', p. 106. 그는 설명한다:
바울은 예를 제시한다. 브리스가와 아굴라는 그들의 가정을 크리스천 교제와 가르침의 센터로 만들었다 (고린도 전서 16장 19절, 로마서 16장 5절). 로마서 16장은 각 그룹이 그 자신의 모임 장소를 가지고 있다는 분명한 암시를 가지고 크리스천들을 그룹으로 언급한다. 라오디게아에서 눔바(또는 그것은 눔바스였나?)는 한 그룹의 신자들에게 여주인이었다 (골 4장 15절). 골로새에서 빌레몬은 한 가정 센터를 한 무리의 제자들을 위하여 이용할 수 있게 만들었다.
주의. 약간의 학자들은 골로새서가 실제로는 바울에 의하여 쓰여지지 않았다고 믿고 있다. 어쨌든, 이 공동체도 역시 바울 공동체이다.

집에서 모이는 바울 교회들(house churches)의 몇몇 예들을 제시한다.[7] 피오렌자, 맥도널드와 타이센은 바울 공동체의 집에서 모이는 교회들(house churches)에 관하여 다룬다.[8]

바울과 예루살렘 공동체들에 있는 모든 집에서 모이는 교회들이 다 똑같은 형태를 가지고 있는 것 같지는 않다. 블루는 집에서 모이는 교회('house church')에 관한 '건축학적인' 정의를 제안한다:

> 'house church'는 정의상, 건축학적으로 변경되지 않고 그 지역 기독교 공동체 (혹은 그것의 일부)에 의해 (이따금씩) 사용되는 가정의 주택이다.[9]

이 '건축학적인' 정의는 건물에 초점을 둔다. 하나의 집을 교회 건물로 사용하고 있는 회중을 생각해 보자. 이 회중이 리더십을 가지고 있다면 그 구조는 자연적 리더십 또는 조직된 리더십 둘 중의 하나일 것이다. '건축학적인' 정의에 따르면, 이 회중은 어떤 리더십 구조를 가지고 있다고 하더라도 하우스 교회(house church)이다. 하나의 집이 큰 회중의 단지 하나의 가정 그룹(home group)을 위하여 사용될 수

---

7) Malherbe, *Social Aspects of Early Christianity*, p. 70.
8) Elisabeth Schüssler Fiorenza, *In Memory of Her* (London: SCM Press LTD, 1983), pp. 175-184; Margaret Y. Macdonald, *The Pauline Churches* (Society for New Testament Studies Monograph Series 60; Cambridge; New York; New Rochelle; Melbourne; Sydney: Cambridge University Press, 1988), pp. 137; Gerd Theissen, *The Social Setting of Pauline Christianity* (ed. and tr. John H. Schütz; Edinburgh: T & T Clark, 1982), pp. 87-91. 참고. 요한 공동체의 집에서 모이는 교회들(house churches)에 관한 토론들에 대해서는 Hong Bom Kim, *Parity or Hierarchy? Patterns of Church Leadership in the Reformed Churches and in the New Testament* (Sheffield: Ph. D. Thesis, 2000), pp. 170-79을 보라.
9) Blue, 'Acts and the House Church', p. 125.

있다.10) 여기에 '교회'라는 용어를 적용하기는 어려울 것이다. 그럼에도 불구하고 '건축학적인' 정의는 학자들을 이 집도 역시 하우스 교회('house church')라고 그냥 간주해 버리도록 인도할 수 있다.

아마도 '건축학적인' 정의는 초기 기독교의 집에서 모이는 교회(house church)의 다양한 형태들을 토론하기에 충분히 구체적이지 않다고 느껴질 것이다. 그러나 학자들은 이것을 느끼지 못해서 좀 더 구체적인 정의들을 찾으려고 하지 않는 것 같다. 초대 교회들의 형태들을 탐구하기 위하여는 더 구체적인 정의들이 필요할 것이다. '건물' 보다는 '리더십 구조'에 관련된 정의들이 바로 그러한 종류의 정의들일 것이다.

집에서 모이는 교회(house church)를 가정 교회(household church)11)와 도시 교회(city church)12) 두 종류로 분류하는 것은 이러

---

10) 아래를 보라.
11) 참고. Theissen, *The Social Setting*, p. 56. 그는 가정 교회(household church)의 기원을 설명한다: '존경받는 "자택 소유자들이" 일단 아볼로나 바울의 추종자가 되면 그 때에는 그들의 집들은 그 공동체내의 소규모의 그룹들을 위한 모임 접촉점과 센터가 될 수 있었다.' 고고학적인 연구를 위하여서는 Filson, 'The Significance of the Early House Churches', pp. 107-09을 보라.
12) 지리학적으로 규정하면, 한 도시에 있는 모든 교회가 도시 교회이다 [Malherbe는 '우리가 신약성경에서 보는 교회들은 주요 무역로들에 위치한 중요한 도시들에 세워졌다'고 말한다(Malherbe, *Social Aspects of Early Christianity*, p. 63). 이것이 우리로 하여금 마을 교회('village churches')라는 표현을 고려하지 않도록 한다.]. 건축학적으로 정의하면, 초대 교회의 거의 모든 교회가 하우스 교회들일 것이다. 그러나 건축학적인 정의뿐만 아니라, 지리학적인 정의도 이 논문에서는 채택되지 않는다. 참고. Fitzmyer는 설명한다: 'Pseudo-Clementine의 *Recognitions* 10. 71은 "자기 집의 거대한 대저택을 교회라는 이름으로" 헌납한 안디옥의 Theophilus에 관하여 말한다' [Joseph A. Fitzmyer S.J., *Romans* (The Anchor Bible 33; London: Geoffrey Chapman, 1993), p. 736]. 이 큰 집이 단지 한두 가정에만 활용 되는 것으로 즉, 가정 교회(household church)로 간주되기는 매우 어렵다.

한 취지와 맥락을 같이 할 것이다. Campbell이 하우스 교회('house church')와 읍 교회('town church')를 언급하는 것은 주목할 만하다. 그러나 불행스럽게도 그는 어떻게 하우스 교회('house church')[13]와 읍 교회('town church')[14]를 구분하는지 분명히 설명하지 않는다. 그 역시 이 구분을 할 때 리더십 구조를 염두에 두긴 둔 것 같지만 충분히 구체적이지 않다. 그 결과로, 하나의 집에서 모이는 교회(house church)가 가질 수 있는 리더십의 다양한 구조들을 탐구하기가 불가능하다.[15] 우리들의 분류는 캠벌의 것과 약간 다르다.[16] 우리들의 분류에 따르면, 하나의 집에서 모이는 회중 모두가 반드시 획일적으로 가정 교회(household church)로 여겨지지 않을 것이다. 하나의 회중이 가정 교회(household church)인지 도시 교회(city church)인지는 그 만나는 장소가 집이냐 큰 교회 건물이냐에 좌우되지 않을 것이다.

---

13) Campbell, *The Elders*, pp. 194-95.
14) Campbell, *The Elders*, p. 204.
15) 이것을 좀 더 숙고해 보면 도움이 될 것이다. 그는 단순한 이분법을 가지고 있는 것 같다: 모든 하우스(house) 그룹은 가정 교회[house(hold) church]이고 읍 교회(town church)는 하나의 읍에 있는 집(house) 그룹들이 한 군주적 감독에 의해 결합될 때 형성된다. 이 파라다임은 특히 바울 공동체와 관련해서 볼 때 성경적이라기보다는 가설적이다. 왜냐하면, 그러한 읍 교회(town church)는 바울 공동체에서 발견이 되지 않기 때문이다. 그 외에 그는 군주적 지도자들에 의해 다스려졌던 또 다른 종류의 지도자들을 간과하는 데 이들은 바로 군주적 지도자들이 역사에 나타나기(참고. 각주18) 전에 존재했던 도시 교회 지도자들이다. 사실상, 바울 공동체에서는 이러한 집단적 도시 교회 지도자들은 나타나지만 군주적 감독들은 나타나지 않는다 (여기에 관한 논박을 위해서는, Kim, *Patterns of Church Leadership*, pp. 114-26을 보라). 어쨌든, 그의 분류는 우리로 하여금 복음에 있어서 새로운 지역에 있는 한두 가정으로 구성된 작은 집(house) 그룹의 리더십과 예루살렘 공동체와 같이 수천 명의 신자들을 가지고 있는 공동체 내에 있는 매우 큰 집(house) 그룹의 리더십의 차이에 관하여 토론할 수 있도록 인도하지 못한다 (참고. 행 2:41).
16) 주의. Campbell은 가정 교회('household church')라는 표현을 사용하지만 집 교회('house church')라는 표현과 교환하여 사용한다. 반면에 이 논문에서는 이 두 표현들이 분리된다. 다른 한편, 그는 'city church' 대신에 'town church'라는 표현을 사용한다.

이것은 그 회중에 가담하는 가정의 숫자와 리더십 구조에 달리게 될 것이다. 예를 들면, 많은 가정들이 한 집에서 모이고 공식적인 리더들 즉, 프레스뷔테로스(에피스코포스)[17] 또는 기타 다른 무엇이든지 이 회중에 존재한다면 이것은 그 규모나 조직성 때문에 가정 교회(household church)라기보다는 도시 교회(city church)로 규정해야 적절할 것이다.[18]

1. 바울 공동체

비록 신약성경에서 신자들이 모이는 집들에 대한 언급이 몇몇 바울 공동체와 관련하여서는 없다 하더라도 모든 바울 공동체에서 신자들의 모임은 집에서 이루어졌을 것이다. 그러나 이것은 사실 단지 추

---

17) 이 두 용어의 상호 교환성을 위해서는, Kim, *Patterns of Church Leadership*, pp. 100-02을 보라.

18) 2세기에 나타나기 시작하는 이그나티우스의 감독들 즉, 군주적 감독들은 가정 교회('household church') 지도자들이 아님에 틀림이 없다 [참고. J. B. Lightfoot, *Saint Paul's Epistle to the Philippians* (4th rev. edn.; London: Macmillan and Co., 1878), pp. 206, 210, 226]. 그러나 그들은 집들을 교회 '건물들'로 사용하지 않았고 큰 교회 '건물들'을 가졌다고 주장할 수 없다. 왜냐하면, 이러한 주장은 '큰 건물들과 홀들'이 단지 3세기 이후에 교회 모임들을 위하여 사용되기 시작했다는 것을 보여주는 고고학적인 증거와 맥락을 같이 하지 않기 때문이다:

Krautheimer에 따르면 기독교 초기 기간(50-313 A.D.)은 약 세 가지 발전단계로 나뉘어질 수 있다. 기독교 집회를 위한 콘스탄티누스 전 시대의 발달 첫 번째 단계는 서력 50-150년에 해당한다. 빠른 팽창의 이 기간 동안에 크리스천들은 개개의 멤버들의 개인 집에서 만났을 것이다. 두 번째 단계는 서력 150-250년에 해당한다. 이 기간 동안에 개인 가정의 거주지는 개조되었고 집합된 크리스천 공동체들의 목적을 위하여 별도로 사용되었다. 마지막 단계 즉 서력 250-313년에는 콘스탄틴에 의하여 바실리카 건축물이 도입되기 전에 큰 빌딩과 홀(개인적인 것과 공적인 것 모두)이 도입되었다 (Blue, 'Acts and the House Church', pp. 124-25).

측에 불과하다. 그러므로 여기에서 모든 공동체를 논의할 필요는 없을 것이다. 몇 구절들은 집(house)이나 가정(home)을 언급하지만 집에서 모이는 교회(house church)를 가리키는지 또는 단지 집(house)을 가리키는지 애매한 경우가 있다. 이러한 사실이 우리로 하여금 '교회'라는 용어가 나타나든지 혹은 교회가 분명히 다루어지고 있는 구절들에 초점을 맞추도록 한다.

'교회'라는 용어가 로마서 16장 3-5절에 집(house) 그룹과 관련하여 나타난다. 사람들이 아굴라와 브리스가의 집에서 만나고 이것은 '그들의 집에서 만나는 교회'[19]라는 표현에 의하여 알려지듯이 분명히 집에서 모이는 교회(house church)이다. 얼마나 많은 가정이 이 교회에 참석하는지는 알려져 있지 않다. 그러나 이 회중은 전 로마 공동체(vv. 3-16) 내에 있는 단지 하나의 '작은 교제의 집단'[20]에 불과하다는 것은 사실이다. 그들의 리더십을[21] 공식적인 교회 임명의 절차로부터 발생한 것으로 여기기는 어려울 것이다. 이것은 바울 공동체에서는 공식적으로 임명된 지역 교회 지도자들은 타이틀을 가지고 있지만[22] 그들은 어떤 타이틀도 가지고 있지 않다는 사실에 의해서 증명이 된다.[23] 만

---

19) 그들은 고린도 전서 16:19에 다시 나타난다. 그러나 그들의 교회는 고린도가 아니라 로마에 있다 (Fitzmyer, *Romans*, p. 735). 참고. 스데바나의 가족이 고린도 전서 16:15-16에 언급이 되어 있다: '형제들아 스데바나의 집(**household**)은 곧 아가야의 첫 열매요 또 성도 섬기기로 작정한 줄을 너희가 아는 지라'. 그들의 가족이 '아가야의 첫 열매'였기 때문에 그들의 집이 교회 건물로 사용되었을 것이다. 그러나 이것은 그의 집에서의 사람들의 모임에 관한 어떤 설명이 고린도 전서에 보이지 않기 때문에 단지 추측에 불과한 것이다.
20) 각주 29를 보라. 참고. 다음 문단들.
21) 참고. Fitzmyer, *Romans*, p. 736.
22) 이것은 아래에서 토론될 것이다.
23) 어떤 사회에서나 공식적으로 지도자들을 임명할 때에는 그들에게 타이틀을 준다는 것은 상식이다.

제3장 • 예루살렘과 바울 공동체에 나타난 집에서 모이는 교회의 형태들 • 69

약 보통 현대의 핵가족보다 큰 그 당시의 하나의 가정[24]이 새 신자들이 되어[25] 그들의 집에서 만나고 어떤 공식적인 교회 지도자들도 그 지역에 존재하지 않으면 그 집의 가장이 지도자가 되는 것은 자연스러울 것이다.[26] 그 근처에 살고 있는 몇 '다른 가족들' 이 신자가 되어 이 집에 합세할 수 있지만[27] 이 경우에도 리더십은 여전히 그 가정의 가장에게 남아 있을 것이다. 그러므로 아굴라와 브리스가의 리더십은 단지 그들의 '높은 사회적 지위'를 암시하는 자신들의 '집'을 모임 장소로 제공하는 것[28]과 밀접히 연결되어 있을 것이다.[29] 결과적으

---

24) 참고. Fiorenza, *In Memory of Her*, p. 175. 그녀는 설명한다: '그리스-로마 가정은 직접적인 가족, 노예 그리고 미혼인 여자 친척들뿐만 아니라 자유롭게 된 사람들, 노동자들, 세입자들, 사업 보조자들 그리고 고객들을 포함했다'.
25) Filson은 말한다: '많은 경우에 전 가정이, 의심할 여지없이 어떤 경우에는 노예들을 포함하여, 한 단위로 교회에 들어왔다 (참고. 행 16:33)' (Filson, 'The Significance of the Early House Churches', p. 109). 한 가정의 집단성과 '결속성'에 관하여는, Malherbe, *Social Aspects of Early Christianity*, p. 69을 보라.
26) 더 구체적으로 말하면, 바울이 이 집에 잠시 동안 남아서 지도력을 행사하는 경우도 있을 것이다. 이것은 아래에서 좀 더 논의될 것이다.
27) 참고. Fiorenza, *In Memory of Her*, p. 175. 그녀는 하나의 예와 그 설명을 제시한다: '브리스가와 아굴라의 가정 교회들의 예는 초기 집 교회가 단지 가부장 또는 모친의 "가족"에 의해서만 구성되는 것이 아니라 다른 가족에 속한 개종자들에 의해서도 구성된다는 것을 제안한다-브리스가와 아굴라는 그들의 여행에서 자녀, 전에 노예였던 자들, 친척 또는 고객들이 동반된 것 같지 않기 때문이다. 그러므로 그들의 집 교회는 하나의 가부장적 가족보다는 하나의 종교적 협회 같이 구성된 것이 거의 확실하다.'
28) Theissen, *The Social Setting*, p. 83. Theissen은 말한다:
어떤 사람의 집에 대한 언급은 그 사람의 높은 사회적 지위에 대한 확실한 기준이 거의 아니다; 그러나 그것은 가능한 것인데 특히 다른 기준이 똑같은 방향으로 가리킨다면 그렇다. 예를 들면 그리스보는 이미 회당장으로서의 그의 지위에 의하여 어떤 지위의 사람으로 알려져 있다. 우리는 스데반의 경우에 그 자신을 그 공동체의 봉사에 헌신했다고 듣는다 (고린도 전서 16장 15절).
29) Filson, 'The Significance of the Early House Churches', pp. 111-12. 참고. Malherbe, *Social Aspects of Early Christianity*, p. 73. 그는 '숙소를 교회의 모임을 위하여 제공하는 것은 아주 중요하다'고 말한다. 그러나, 이것이 돈과 관련되기 때문에 바울이 그의 서신에서 스데바나의 리더십과 관련하여 이 요소를 언급하기가 어려웠을 것이다.

로, 아굴라와 브리스가의 집에서 '모이는 교회'는 도시 교회(city church)라기보다는 가정 교회(household church)라고 해야 할 것이다.

'너의 가정에서 만나는 교회'라는 표현이 빌레몬서 2절에 나타난다. 이것은 분명히 적어도 하나의 집에서 모이는 교회(house church)가 그 사회에 존재한다는 것을 보여준다. 바울은 이 편지를 빌레몬에게 뿐만 아니라 그의 교회에게도 쓰고 있다 (2절). 그러므로 이 교회가 많은 가정을 그 교인으로 가지고 있는 회중이라면 바울은 본문에서 교회에 관한 무언가를 언급했을 가능성이 아주 높다. 그러나 바울은 교회에 관하여 전혀 언급하지 않고 다만 빌레몬에 관하여만 이야기한다. 이것은 바울이 교회보다는 빌레몬에게 훨씬 더 많은 비중을 두고 있다는 것을 의미한다고 해석된다. 이러한 태도는 이 회중이 작은 가정(household) 회중이고 빌레몬이 그 가장일 경우에만 이해할 만한 것이다. '골로새서가 분명히 오네시모(4:9)와 아킵보(4:17)가 골로새 교회에 속한다고 언급하고 있기 때문에 오네시모라는 노예가 도망쳐 나온 그 집의 주인 빌레몬도 역시 거기에 살았었다고 추정할 수 있다'.[30] 골로새의 주요 지도자들이 골로새서 4:7 이하에 나타나지만 빌레몬은 없다. 이것은 빌레몬의 교회가 도시 교회(city church)이고 그가 지도자라면 이상한 일이다. 빌레몬의 사역은 골로새 공동체의 다른 집(house) 그룹들보다 훨씬 '작은 교제의 집단'[31]인 그의 집 (house) 그룹에 제한되어 있는 것 같다. 이 주장을 지지하는 것은 도시 교회(city

---

30) Peter T. O'Brien, *Colossians, Philemon* (Word Biblical Commentary 44; Waco: Word Books, Publisher, 1982), pp. 265-66. 참고. 아킵보와 오네시모는 빌레몬서에서도 나타난다 (몬 2, 10).
31) Peter T. O'Brien, *Colossians, Philemon*, pp. 256-57.

church) 리더십 구조를 암시하는 어떤 것도 빌레몬서에 발견이 되지 않는다는 사실이다. 예를 들면, 바울 공동체에서 도시 교회(city church) 지도자들을 가리키는 데 사용되는 '프레스뷔테로이' 나 '에피스코포이' [32]같은 타이틀이 빌레몬서에 배치되지 않는다. 그러므로 빌레몬의 교회는 가정 교회 (household church)인 것으로 보아야 한다.

'그녀의 집에 있는 교회' 라는 표현이 골로새서 4:15에 나타난다. 이것이 집에서 모이는 교회(house church)라는 것은 명료하다.[33] 저자는 골로새서 4:15에서 이 교회를 단지 라오디게아 전체 공동체 내에 있는 '소규모 교제의 집단' 으로 묘사한다: '라오디게아에 있는 형제들과 눔바와 그 여자의 집에 있는 교회에 문안하고'. 공식적인 지역 교회 지도자들의 존재를 암시하는 어떤 타이틀도 눔바의 집에서 모이는 교회(house church)와 관련하여 언급되지 않는다. 그러므로 빌레몬의 집에 있는 교회와 똑같이[34] 이것을 가정 교회(household church)로 간주해야 될 것이다. 이것은 그러한 타이틀들이 그 지역(라오디게아, 골로새 그리고 히에라볼리)[35]에 있는 다른 그룹들을 위하여도 역시 사용되지 않는다는 사실에 의해서도 지지를 받는다. 이 공동체들에서는 어떤 집에서 모이는 교회(house church)도 도시 교회(city church)로 조직되어 있지 않은 것 같다.

바울 자신에 의해 직접 다스려지는 새로 개척된 집에서 모이는 교

---

32) 결론을 보라.
33) 참고. Malherbe, *Social Aspects of Early Christianity*, p. 70.
34) 위를 보라. 주의. 하나의 집 그룹이 그 도시의 전체 공동체 내에 있는 하나의 '소규모 교제의 집단' 이라는 사실이 바울 공동체에서는 그것이 도시 교회(city church)가 아니라는 것을 의미한다 (이것은 아래에서 드러날 것이다). 그러나 이 사실은 모든 공동체에서도 똑같이 도시 교회가 아니라는 것을 의미하지는 않는다.
35) 참고. 이 공동체들은 서로 가깝게 연결되어 있다 (골로새서 4:13).

회(house church)를 생각해 볼 수 있다. 많은 가족을 그 구성원으로 가지고 있으면서 동시에 바울이 공식적으로 지도자들을 임명하지 않은 한 이것도 역시 가정 교회(household church)라고 불릴 수 있다. 그러나 이 교회의 지도자는 그 집의 주인이 아니라 바울이다. 바울은 성령의 도우심으로 등장한 은사적 (charismatic) 지도자이다.[36] 그는 한 교회에 머무르지 않고 순회한다. 이것은 그의 지도력이 한 특정 교회에서는 극도로 잠정적이라는 것을 의미한다. 그러므로 이 특수한 리더십 구조는 자기 집을 교회 건물로 제공하는 가정의 가장이 주로 지도력을 행사하는 보통의 가정교회 (household church) 리더십 구조와 다르다.

바울 가정 교회들 (household churches)은 시간이 가면서 각 도시에서 하나의 더 큰 통합된 공동체를 이루기 위하여 합병될 필요가 있었던 것 같다. 목회 서신에 있는 공동체들이 이러한 상황에 처해 있었던 것 같다.[37] 이것은 이 공동체들 속에서 공식적인 교회 지도자들(에

---

[36] 행 13:1이하. 참고. 사도(ἀπόστολοι), 선지자(προφῆται)와 교사(διδάσκαλοι)가 고린도 전서 12:8-10, 28-30에서 다른 χαρίσματα(은사)와 함께 보인다. 바울의 설명(고린도 전서 12:7, 11)에 이들이 죽거나 다른 공동체로 가면 단지 성령께서만 이 은사적(charismatic) 일꾼들을 만들 수 있기 때문에 어떤 공동체가 자체적으로 그들의 후계자들을 창조해 낼 수 없다는 것이 암시되어 있다. James D. G. Dunn은 주장한다: '성령의 이러한 드러냄은 바울에게 주어진 것으로 (인간에 의해 획득된 것이 아닌), 신적인 에너지의 표현으로서 (인간의 잠재력이나 재능이 아닌) 구분된다, …' [James D. G. Dunn, 'The Spirit in the Pauline Letters' in *The New International Dictionary of New Testament Theology* III (ed. Colin Brown; Exeter: The Paternoster Press, 1978), pp. 700-03(703)]. 주의. 12 사도들은 공식적 임명의 절차를 통해서 사도들이 되었고 바울 사도는 때때로 자기 사도직을 방어할 필요가 있었다는 사실에서 증명이 되듯이 이런 종류의 절차를 거치지 않고 사도가 되었다는 점에서 서로 약간 다르다. 물론, 이것은 12 사도가 은사적(charismatic) 지도자가 아니라는 것을 의미하지는 않는다.

[37] 참고. Kim, *Patterns of Church Leadership*, pp. 168-70.

피스코포이/프레스뷔테로이)이 임명될 예정이고 어떤 소사회(sub-community)들이 언급이 되어 있지 않은 사실과 맥락을 같이 한다. 누가는 바울이 루스드라, 이고니온 그리고 안디옥과 같은 도시에서 장로들을 임명했다고 설명한다. 이것도 역시 십중팔구 그러한 합병에 관한 설명이다.[38] 빌립보 공동체에서는 이러한 과정이 이미 발생한 것 같다. 왜냐하면, 공식적 교회 지도자들(에피스코포이/프레스뷔테로이)이 나타나고 (빌 1:1) 어떤 소사회들(sub-communities)이 빌립보서에 보이지 않기 때문이다. 사도행전 20장 17절 이하에 묘사되고 있는 에베소 공동체도 이 빌립보 공동체와 마찬가지인 것 같다. 이 합병된 공동체들이 바로 바울 도시 교회들(city churches)이다.

사도(ἀπόστολοι), 선지자(προφῆται), 전도자(εὐαγγελισταί), '포이메네스(ποιμένες)와 교사(διδάσκαλοι)'가 에베소서 4장 11절에 나타난다. '포이메네스와 교사' ('ποιμένες와 διδάσκαλοι')[39]는 사도, 선지자 그리고 전도자가 그러듯이 카리스마적인 지도자들이다. 에피스코포이/프레스뷔테로이는 임명의 절차에 의해 지도자들이 된 자들이다. 그러므로 '포이메네스와 디다스칼로이'는 에피스코포이/프레스뷔테로이와 다르다.[40] 이 서신에는 어디에도 에피스코포이/프레스뷔테로이가 나타나지 않는다. 다른 말로 하면, 에피스코포이/프레스뷔테로이는 이 에베소 공동체에 존재하지 않는다. 이 사실은 이 공동체에서 가정 교회들이 하나의 도시 교회로 합병되지 않았다라는 것을 암시한다. 사도, 선지자, 전도자 그리고 '포이메네스와 디다스칼

---

38) 이 프레스뷔테로이들이 가정 교회 지도자들이 아니라는 주장을 위해서는 Kim, *Patterns of Church Leadership*, pp. 120-24을 보라.
39) 이 두 용어는 καί 라는 단어에 의해 연결되어 있다.
40) 더 이상의 논쟁을 위해서는 Kim, *Patterns of Church Leadership*, pp. 148-51를 보라.

로이'와 같은 카리스마적인 지도자들은 그 가정 교회들의 지도자들인 것 같다.

스데바나는 고린도전서 16장 15-16절에 언급이 되어 있다. 바울의 그에 대한 묘사는 주목할 만하다: '형제들아 스데바나의 집은 곧 아가야의 첫 열매요, 또 성도 섬기기로 작정한 줄을 너희가 아는지라.' 자연스럽게, 그는 필슨이 생각하는 것처럼[41] 그의 '가정'이 믿었을 때에 그들의 지도자가 되었을 것이다. 그의 가정은 전 고린도 공동체의 단지 하나의 소규모 공동체로 묘사되고 있다.[42] 십중팔구, 이것은 스데바나의 가정은 아직 하나의 도시 수준의 교회로 합병되지 않았다는 것을 암시한다. 어떤 공식적인 타이틀이 그에게 주어지지 않았다는 사실에 의해 설명될 수 있듯이 그에게는 어떤 공식적인 지도자의 자리가 주어지지 않았고 단지 바울이 그 공동체의 다른 일원들에게 그의 '가정'에 '복종하라'고 '권한다'. 스데바나의 그룹은 하나의 가정 교회라고 결론지어질 수 있으며 고린도 공동체는 스데바나의 가정 교회와 같은 가정 교회들로 구성되어 있다고 추론될 수 있을 것이다.

갈라디아서에는 집에서 모이는 (house) 교회의 형태에 관하여 어떠한 암시도 없다. 이것은 이 공동체에 있는 집에서 모이는 교회(들)이 어떤 형태를 가지고 있는지 알기가 어렵다는 것을 의미한다.

데살로니가 전서 5장 12절과 13절은 특정한 지도자들 즉, 그 구성원들을 다스리는 자들(τοὺς ... προϊσταμένους)이 데살로니가 교회

---

41) Filson 'The Significance of the Early House Churches', pp. 111-12.
42) 그것은 단지 하나의 가정이라기보다는 하나의 공동체이다 (바울의 추천을 보라: '이들과 같은 자들에게, 그 일에 참여하는 모든 자에게 그리고 그 일에 부지런히 애쓰는 모든 자에게 복종하라').

에 존재한다는 것을 보여준다.[43] 그들에게 어떤 타이틀도 주어지지 않는다. 그러므로 그들은 프레스뷔테로이처럼 교회에서 공식적으로 임명된 것 같지 않다.[44] 이 교회에는 어떤 임명된 지도자들이 존재하는 것 같지 않다. 결과적으로, 그들은 사도행전 17장 1-9절에서 데살로니가에 있는 한 가정 교회의 지도자로 묘사되고 있는 야손과 같은 가정 교회 지도자들일 것이다.[45]

2. 예루살렘 공동체

사도행전 1장 13-14절에 예수님의 제자들이 한 집에서 만났다고 묘사되어 있다. 캠벌은 이 집이 '집 (가정) 교회' ['house(hold) church']라고 제안한다.[46] 열두 제자 중 열한 명이 이 집에 있다. 아주 많은 위대한 제자들이 하나의 집에서 모이는 (house) 교회에 있다. 이 점에서 이 집은 바울 가정 교회들(household churches)과 매우 다르다. 그것을 '가정교회'('household church')라고 부르기 어려울 것이다. 이것은 일종의 도시 교회(city church)이다. 캠벌은 사도행전 2:46과 5:42

---

43) 참고. Campbell, *The Elders*, pp. 120-21.
44) 캠벌은 A. L. Chapple은 그의 논문 *Local Leadership in Pauline Churches* 에서 이 견해를 공유한다고 설명한다 (Campbell, *The Elders*, p. 122).
45) 위에서 보여진 대로 에피스코포이/프레스뷔테로이의 존재는 바울 도시 교회에서 전형적이다. 그러나 '야손과 다른 장로들' 이 아니라 '야손과 다른 형제들' 이라는 표현이 이 구절에 나타난다. 이것은 야손의 그룹은 도시 교회로 조직되어 있지 않다는 것을 의미한다. 야손은 가정 교회 지도자라는 또 다른 주장을 위해서는 Malherbe, *Paul and the Thessalonians*, pp. 12-7을 보라.
46) Campbell, *The Elders*, p. 151.

를 집에서 모이는 교회들 (house churches)의 다른 예들로서 제시한다.[47] 이 집 그룹들은 사도들을 자기들의 공식적 지도자로 가지고 있다.[48] 그러므로 이것들도 역시 바울 가정 교회들 (household churches)과 다르다. 이 점에 더하여, 또 하나의 요점이 고려될 필요가 있다. 단지 '가정들 (집)' 이라는 표현뿐만 아니라 '성전 뜰' 이라는 표현도 역시 이 두 구절에 나타난다. 그들은 그들의 집에서 모였지만, 동시에 '성전 뜰에서'[49]도 모였다. 한번 현대의 대형 교회를 고려해보자. 교회 구성원들은 교회 건물에서 만나지만 동시에 가정 그룹들(home groups)로서 어떤 구성원들의 집에서 모인다. 그러한 가정 그룹들(home groups)은 가정 교회들(household churches)이라고 불리지 않는다는 것을 주목할 필요가 있다. 다시 말하면, 이 예루살렘 가정 그룹들(home groups)은 가정 교회들(household churches)이라고 할 수 없다. 이것은 우리로 하여금 어떤 가정 교회(household church)도 초기 예루살렘 공동체에 존재하지 않았다라고 결론짓게 한다.

그러나 박해가 시작된 이후(행 8:1) '성전 뜰에서' 서로 만나기는 어려웠을 것이다. 그들은 몇 개의 그룹으로 나뉘어져야만 했을 것이다.[50]

---

47) Campbell, *The Elders*, p. 152.
48) 물론, 이것은 반드시 모든 그룹들이 사도를 지도자로 가지고 있다는 것을 의미하는 것은 아니다.
49) 사도행전 2장 46절; 5장 42절.
50) Bruce는 논한다:
　　야고보에 대한 그의 첫 번째 구체적 언급은 사도행전 12장 17절에서 온다. 여기에서 베드로는 헤롯 아그리파의 감옥으로부터의 그의 탈출을 마리아의 집에서 함께 기도하고 있는 신자들에게 보고하고 떠나기 전에 그들에게 그 소식을 '야고보와 형제들에게' 전하라고 말한다. 이것은 야고보와 그와 연합한 형제들이 베드로의 동행인들과 다른 장소에서 만났다는 것을 의미한다 - 그들은 바울의 언어를 사용하면 다른 집 교회에 속했었다 [F. F. Bruce, *Men and Movements in the Primitive* Church (Exeter: The Paternoster Press, 1979), p. 88].

제3장 • 예루살렘과 바울 공동체에 나타난 집에서 모이는 교회의 형태들 ● 77

이들을 가정 교회(household churches)라고 부르는 것이 가능한가? 이 리더십 구조는 바울 공동체에 있는 가정 교회들(household churches)의 그것과 다르다는 것을 주목해야 한다. 베드로가 마리아의 집에서 만나는 그룹의 지도자라는 사실에 의하여 증명되듯이 예루살렘에서는 그들의 집들을 모임 장소로 제공하는 자들이 반드시 지도자가 아니다. 가정 교회(household church) 지도자가 아닌 지도자들 예를 들면 12사도와 야고보가, 신자들이 흩어지기 전에[51] 함께 모였을 때 이미 예루살렘에 존재했다.[52] 이 지도자들이 분산된 뒤에도 역시 집에서 모이는 그룹들의 지도자가 된다는 것은 당연할 것이다.[53] 규모에 관한한, 아주 많은 신자들이 예루살렘에 존재했기 때문에 그리고 하나의 증거가 사도행전 12:12에 발견이 되기 때문에 각 예루살렘 집에서 모이는 교회는 '많은' 교인을 가졌다고 추측하는 것은 적절할 것이다.[54] 이 점들은 이 집에서 모이는 그룹들을 가정 교회들

그는 '우리는 예루살렘의 신자 공동체를 많은 가정 그룹들(household groups)로 조직된 것으로 상상해야만 한다' 라고 주장한다 [F. F. Bruce, 'The Church of Jerusalem in the Acts of the Apostles' in *Bulletin of the John Rylands University Library of Manchester* 67 (1985), pp. 641-61(649)].

51) 참고. 행 8:1('사도 외에는 다 유대와 사마리아 모든 땅으로 흩어지니라').
52) 주의 형제 야고보가 이 그룹의 지도자들 속에 포함되었을 가능성이 아주 높다 [참고. 갈. 1:19; R. C. Moberly, *Ministerial Priesthood* (London: John Murray, 1905), p. 150; Bruce, *Men and Movements in the Primitive Church*, p. 86; J. B. Lightfoot, *Saint Paul's Epistle to the Philippians* (4th rev. edn.; London: Macmillan and Co., 1878), pp. 197-98; Bauckham, 'James and the Jerusalem Church' , p. 441; Bruce, 'The Church of Jerusalem in the Acts of the Apostles' , p. 642].
53) 이것은 Bruce의 언급 '사도들과 (그리고, 추측컨데 야고보와 거룩한 가족의 다른 멤버들과 함께) 가깝게 연합한 그 그룹들' 에 암시되어 있다 (Bruce, *The Church of Jerusalem in the Acts of the Apostles*' , p. 649). 참고. 사도행전 12장 12절 이하.
54) 이것은 베드로의 그룹이다. 단지 적은 숫자의 사람들이 야고보에게 맡겨졌다고 추정하는 것은 불합리하다. 왜냐하면, 그는 베드로의 리더십을 떠 맡을 수 있는 바로 그 사람이기

(household churches)이라고 부르기가 어렵다는 것을 의미한다. 다른 한편, 앞에서 언급했듯이 이 집에서 모이는 그룹들이 박해가 일어난 상황 속에서 동시에 '성전 뜰' 과 같은 장소에서 함께 모이기가 어려웠을 것이다. 이러한 사실은 이 그룹들이 하나의 큰 도시 교회의 가정 그룹들(home groups)로 여겨지지 않는다라는 생각으로 인도한다. 그러므로 이들의 각각은 일종의 도시 교회(city church)라고 지칭될 수 있다.[55]

지도자들 즉, 사도들이 예루살렘을 떠나기 시작한다.[56] 그러나 프레스뷔테로이라고 불리는 새로운 지도자들이 존재하게 된다.[57] 그들

때문이다 [참고. Richard Bauckham, 'James and the Jerusalem Church' in *The Book of Acts in its First Century Setting* IV. *The Book of Acts in its Palestinian Setting* (ed. Richard Bauckham; Grand Rapids: William B. Eerdmans Publishing Company; Carlisle: The Paternoster Press, 1995), pp. 415-80 (441, 448)].

55) 각주 15를 보라.

56) 참고. 행 12:1이하. Bauckham은 '박해가 12 사도의 리더십 역할을 종결지었다' 고 말한다 (Bauckham, 'James and the Jerusalem Church' , p. 436).

57) 행 11:30; 15:2,4,6,22,23; 16:4; 21:18. Bauckham은 이 프레스뷔테로이에 관한 세 가지 해석을 소개한다 (Bauckham, 'James and the Jerusalem Church' , pp. 429-41). 첫 번째 해석은 그들이 '칠인조' ('the Seven')로 12 사도의 보조자 [T. M. Lindsay, *The Church and the Ministry in the Early Centuries* (London: Hodder, 1902), p. 116; A. M. Farrer, 'The Ministry in the New Testament ' in *The Apostolic Ministry* (ed. K.Kirk; London: Hodder, 1946), pp. 113-82 (133-42); I. Howard Marshall, *The Acts of the Apostles* (The Tyndale New Testament Commentaries; Leicester: Inter-Varsity Press; Grand Rapids: William B. Eerdmans Publishing Company, 1980), p. 204] 또는 '그들의 후계자들' [F. F. Bruce, *The Book of the Acts* (The New International Commentary on the New Testament; rev. ed.; Grand Rapids: Eerdmans, 1988), p. 231 그리고 각주 44] 이라는 것이다. 두 번째 것은 12 사도의 약간이 무대로부터 사라지고 이것이 그들의 자리를 다른 사람들에 의해 대체되도록 하였다라는 것이다. 칭호 프레스뷔테로이가 바로 이 '열둘의 집단' 을 가리킨다 [R. Alastair Campbell, 'The Elders of the Jerusalem Church' in *The Journal of Theological Studies* 44 (1993), pp. 511-28 (523)]. 세 번째의 것은 프레스뷔테로이는 그 열둘이 그 교회의 지도자로서의 역할을 멈춘 뒤 '그 열둘을 대체하는' 자들이다 라는 것이다. 그들은 '열둘의 집단' 이 아니라 '장

의 신원을 알기 위하여는 전 도시를 총괄하는 리더십이 이미 형성된 당시의 교회 실정을 고려하는 것이 필요할 것이다.[58] 이러한 환경에서는 집들의 소유권이 리더십에 영향을 미친다고 간주하기가 어렵기 때문에 이들은 바울 가정교회(household church) 지도자들과 유사한 지도자들이 아닐 것이다. 누구도 이러한 확립된 리더십 아래에서는 특별한 공식적인 임명 절차 없이 지역 교회 지도자들로 등장할 수 있을 것 같지 않다. 십중팔구 그들은 야고보에 의하여 임명된 공식적인 지도자들이다.[59] 그러므로 예루살렘 교회의 원래의 형태인 도시 교회(city church) 형태는 사도들이 예루살렘으로부터 사라지기 시작한 뒤에도 가정 교회(household church) 형태로 바뀌지 않는다.

3. 결론

'그들의 집에서 만나는 교회' 라는 표현이 로마서 16:5에, '너의 가

로들의 집단'을 구성한다. 그들은 '열둘' 이라는 숫자와 아무런 상관이 없다. 그 열둘 중 어떤 사람이 예루살렘에 있다면 그도 역시 이 '장로들의 집단'을 구성한다고 생각할 수 있다 [Bauckham, 'James and the Jerusalem Church', pp. 433-41]. 이 세 가지 의견 모두가, 새 지도자들이 임명되었고 이 새 지도자들이 프레스뷔테로이라고 불리웠다라는 것을 나타내 준다. 어느 해석이 옳은가에 대한 논의를 위해서는, Kim, *Patterns of Church Leadership*, pp. 182-84을 보라.

58) 참고. 예루살렘 공동체는 이러한 리더십의 확립을 위해 필요한 충분한 시간과 지도자들이 있었다라는 것에 주목할 필요가 있다. 이 주장은 칠 인이 공식적인 임명 절차를 통하여 나타나게 되었다라는 사실에 의해 지지를 받는다 (사도행전 6장 1-6절).

59) 이것은 야고보가 예루살렘 교회 전체에 리더십을 행사하게 된다는 사실로부터 추론된다 (사도행전 12장 17절; 21장 18절). 더 이상의 논의를 위해서는, Kim, *Patterns of Church Leadership*, pp. 104-05을 보라.

정에서 만나는 교회'라는 표현은 빌레몬서 2절에 그리고 '그녀의 집에 있는 교회'는 골로새서 4:15에 나타난다. 이 집에서 모이는 교회들의 각각이 그것이 속하는 도시의 전체 공동체의 소사회(sub-community)로 소개되고 있다. 이들은 가정 교회들(household churches)이다. 그들은 공식적인 임명 절차를 통해서 선택된 지도자들을 가지고 있지 않다. 이것은 어떤 타이틀도 그 지도자들을 위해 사용되고 있지 않다는 사실에 의해서 지지를 받는다. 그들의 집을 교회 건물로 제공하는 가정의 가장이 가정 교회(household congregation)에서 지도자가 되는 경향이 있다.

에피스코포이/프레스뷔테로이는 사도행전 14:23; 20:17; 28, 빌립보서 1:1, 디모데 전서 3:2, 5:17; 19,[60] 디도서 1:5; 7에서 공식적인 바울 교회 지도자들로 언급이 된다. 소사회들(Sub-communities)은 이 도시들에서 발견이 되지 않는다. 처음 단계에서 만들어졌던 가정 교회들(household groups)은 이 각 도시에서 하나의 큰 공동체로 이미 합병되었거나 될 예정인 것 같다. 이 큰 공동체가 도시 교회(city church)이다.

예루살렘 공동체에서는 사도들이 처음에 한 집에서 모였다. 이것은 그 공식적 리더십과 그 규모 때문에 가정 교회(household church)라기보다는 도시 교회이다. 나중에 신자들의 숫자가 증가했다. 그들은 그들의 집에서 만났다. 그러나 그들은 동시에 '성전 뜰'에서 모였다. 그러므로 각 집에서 모이는 그룹은 도시 교회(city church)도 아니고 가정 교회(household church)도 아닌 것으로 여겨진다. 그것을 단

---

60) 사실상, 단수 타이틀 'πρεσβύτερος'가 이 구절에 나타난다.

지 가정 그룹(home group)이라고 부르면 합당할 것이다.

신자들이 박해를 받기 시작한 뒤에는 '성전 뜰'에서 함께 모이기가 쉽지 않았다. 이것이 그들로 하여금 집에서 모이는 그룹들로 나뉘어지게 했을 것이다. 이 나뉘어진 그룹들은 사도들이나 주의 형제 야고보 같은 그러한 공식적 지도자들을 가졌다라는 게 사도행전 12:17로부터 추론 된다. 사도행전 12:12로부터 이 그룹들이 '많은 사람들'을 그들의 구성원으로 가진 것을 추론할 수 있다. 이 점들은 이 집에서 모이는 회중들(house congregations)이 도시 교회들(city churches)이라는 것을 보여준다. 사도들은 또 다른 박해 후에 예루살렘을 떠나기 시작했으나 그들의 리더십은 사도행전 11:30; 21:18에서 보이듯이 프레스뷔테로이에 의해 대체되었다. 그러므로 이 도시 교회들(city churches)은 일종의 가정 교회들(household churches)이 되지 않았다.

결론적으로, 바울 공동체의 집에서 모이는 교회들은 처음 단계에서 가정 교회(household churches)의 형태를 취했다. 그러나 이 가정 교회들이 발달하게 되었을 때에 그들은 각 도시에서 하나의 도시 교회(city church)로 조직되기 시작했다. 다른 한편, 처음의 예루살렘 집에서 모이는 교회는 일종의 도시 교회(city church)로 형성이 되었다. 시간이 지나면서, 신자들은 몇 개의 집에서 모이는 교회들로 나뉘어 모였지만 가정 교회(household churches)의 형태는 절대로 나타난 적이 없다. 예루살렘 집에서 모이는 교회들은 단지 도시 교회(city churches)의 형태만 경험했다.

Chapter • 4

목사와 장로: 그 실권의 소재

한국 개신 교회는 미국의 선교사들의 선교 사역 아래 세워졌고 그 후로도 계속 미국 교회의 영향을 받아 왔다. 현재 미국에서는 목사와 교인들 중의 리더들과의 관계가 갈등 관계에 처해지는 경우가 많다. 이것은 알반 기구 (The Alban Institute)가 이 이슈에 관하여 많은 책들을 펴내고 있고 또 다른 출판사들로부터 나온 이 주제에 관한 책들의 목록을 편집한 것을 보면 알 수 있다.[1] 다행히 우리 한국에서는 이

---

[1] 예를 들면, Speed B. Leas, *Congregational Conflict: Real-Life Strategies* (Bethesda: The Alban Institute, 1990); Speed B. Leas, *Discover Your Conflict Management Style* (rev. edn.; Washington: The Alban Institute, 1997); Speed B. Leas, *Leadership & Conflict* (Nashville: Abingdon Press, 1982); G. Lloyd Rediger, *Clergy Killers: Guidance for Pastors and Congregations under Attack* (Louisville: Westminster/John Knox Press, 1997); David Augsburger, *Conflict Mediation across Cultures: Pathways and Patterns* (Louisville: Westminster/John Knox Press, 1992); Hugh Halverstadt, *Managing Church Conflict* (Louisville: Westminster/John Knox Press, 1991); Carl S. Dudley and Earle Hilgert, *New Testament Tensions and the Contemporary Church* (Minneapolis: Fortress Press, 1987). 더 이상의 정보를 위해서는, http://www.alban.org/을 보라.

관계가 은혜로운 상황에 있는 경우가 더 많다. 어쨌든, 미국에서의 상황을 한번 살펴보는 것이 우리에게 비슷한 문제들의 발생을 예방하는데 큰 도움이 되거나 최소한 타산지석이 되지 않을까 해서 필자는 이 글을 쓰게 된 것이다.

1. 누가 실재적 힘을 소유하나?

미국 개신 교회에서의 교인의 대표들의 힘은 목사들의 힘보다 더 강한 것 같다. 많은 목사들이 '작지만 강력한 파당'에 의해 파직되고 있다.[2] 미국뿐만 아니라 다른 많은 나라들의 개신교회들에서도 이 '작지만 강력한 파당'은 십중팔구 장로들의 그룹이거나 교인들의 대표들을 포함하는 한 그룹의 사람들이다.[3] '목사들과 협력하여 복음의

---

2) David L. Goetz는 이러한 갈등을 보여주는 한 경우를 제시한다:
전화가 울렸다. 그리고 제일 장로 교회에서의 앤디 목사의 사역은 그 운명 지어진 종말을 고하기 시작했다. 그 전화는 노회로부터 온 것이었다. …
…, 몇몇 당 회원들이 결탁해서 앤디 목사에게 하나의 제안을 했다… .
앤디 목사의 이야기는 충격적이지만 놀랍게도 흔히 볼 수 있는 이야기다. 목사들을 학대한 역사를 가지고 있는 교회; 무능한 교단의 상위 기관; 작은 그러나 강력한 파당-그의 파직의 이러한 요소들은 쫓겨난 적이 있는 많은 목사들의 이야기들에도 해당될 수 있다. 이름들과 장소들은 변하지만 줄거리는 마찬가지이다; 그것은 이 나라의 교단들과 지역들을 초월한다 [David L. Goetz, 'Forced out' in *Leadership* (Winter, 1996), pp. 40-49].
3) 1990년에 제네바에서 '열린' '국제 협의회'에서, '다양한' 나라들로부터 온 스무 명의 목사들, 장로들, 그리고 신학자들의 그룹이' '오늘날 개혁교회들에서 행해지는바 장로들의 사역의 의미'를 토론했다 [*Eldership in the Reformed Churches Today: report of an International Consultation held at John Knox Centre in Geneva from August 26-31, 1990* (ed. Lukas Vischer; Geneva: World Alliance of Reformed Churches, 1991), pp. 4-5]. 그리고 그들은 스위스에 있는 개신 교회 연맹과 세계 개혁 교회 연합에 '이 보고서를 제출하기로 결정했다'. 그 보고서에서 다음과 같은 점이 주목할 만하다:

선포를 지원하는 대신에', 이 파당은 '권세를 추구하고 목사들을 통제할 수 있다'.⁴⁾ 아마 약간의 교인 대표자들은 '권세'를 위한 투쟁을 원하지 않을지도 모른다.⁵⁾ 그러나 그들의 '권세'를 얻을 수 있는 가능성은 십중팔구 '권세'를 행사하고자 하는 욕망으로 나아갈 것이다.

2. 왜 통상적으로 장로들이 권세를 가지게 되나?

이 질문에는 한 가지 이상의 대답이 있다. 그 이유들 중의 몇은 인간의 본성에 관련이 되고 다른 것들은 교회 밖의 사회로부터의 영향과 관련이 된다.

a. 인간의 본성과 관련이 되는 이유들

i. 목사들의 외부적 기원

장로교에서는 장로들이 교인의 대표로 여겨진다. 그러나 이것은 칼빈의 전통에는 없는 것이다. 이들 교인의 대표들은 교인들에 의해서 선택된다. 그러므로 그들에 의하여 지지를 받는다. 반면에, 그들은 말씀과 성례들의 봉사를 받기 위하여 그들의 회중 밖으로부터 목사들을 영입한다.

장로들은 그리스도의 권위가 우선적으로 전체 회중에게 주어졌다는 것을 인식하지 못한 채, 작은 지배 그룹으로 발전할 수 있다. 전 회중을 불러 모으고 회중의 가장 깊은 열망을 말하는 대신에, 그들은 교회의 생활에 전 교회원이 적극적으로 참여하는 것을 막을 수 있다 (*Eldership in the Reformed Churches Today*, p. 29).

이것은 많은 국가에서 장로들의 '힘'이 목사들의 것보다 더 큰 경향이 있다는 것을 암시한다.

몇몇의 공무원들은 정부에 의해 권세의 자리에 임명이 된다. 개신교회들에서는 어떤 교권적 기관도 목사를 회중들 위에 권세를 행사할 수 있게 할 수 없다.[6]

이론상, 교인의 대표들을 압도하려는 한 목사의 운동이나 그 반대의 운동은 '목사와 성도 사이의 평등한 지위라는 전 개신교의 견해'에 의해 견제될 수 있다.[7] 그러나 실제에 있어서는, 그들 사이에 엄격한 선임 순이 존재하지 않는 한 또는 그들의 기능들이 서로 서로를 상대방의 사역에 관여하지 않도록 하기에 충분히 분리되어 있지 않는 한 초청하는 자가 초청 받는 자를 통제할 수 있다는 것은 인간의 본성에 따라 자연스러운 것으로 여겨질 것이다.

성공회에서는, 한 회중이 목사를 영입할 때 그 교인들 중의 약간이, 보통 '교회 워든'들이, 그 '대표자'가 된다.[8] 목사는 영입 받는 자의 입장에 있는 반면에 그들은 영입하는 자의 입장에 있다. 그러나 목사와 '교회 워든'들은 목사의 기능과 '교회 워든'들의 기능이 분리되어 있기 때문에 다른 교단에서의 목사들과 교인 대표들만큼 심각한 갈등에 있지 않다. 전통적으로, 성공회에서 교인 대표자들은 목사들

---

4) *Eldership in the Reformed Churches Today*, p. 29.
5) 참고. *Eldership in the Reformed Churches Today*, p. 28.
6) 하나의 예는 다음과 같다:
   노회는 목사들의 안수, 임직, 파직, 이동 등에 책임이 있다. 보통, 교인들이 그들 자신의 목사를 선택할 수 있지만, 노회는 그것에 대한 승인을 하고 임직을 한다. 일단 임직된 후에는, 그 목사는 교인들에 의하여 파직되거나 노회의 동의 없이 교인들을 떠날 수 없다. 노회 또한 종교적, 재정적, 그리고 법적인 권위를 회중들 위에 가질 수 없다. 그것은 당회로부터 오는 사건들을 위한 항소 법원으로서 봉사한다 ('Presbyterian' in *The New Encyclopædia Britannica* 9, p. 679).
7) Martin E. Marty (ed.), 'The Protestant Heritage' in *The New Encyclopædia Britannica* 26, pp. 228-35 (p. 230).
8) Hugh Balfour (ed.), *Whose Church is it Anyway?* (Sheffield; London: Reform/St Matthias Press,1997), p. 51.

위에서 '힘을 추구' 하려고 하지 않는다. 아마도 이것은 그러한 기능들의 분리를 통해서 가능하게 되었을 것이다.

대조적으로, 다른 개신교 교회들에서 교인 대표자들은 목사들과 동등하게 다스리는 기능을 나누도록 허용된다. 이것은 그들의 관계에 긴장감을 만들고 더 나아가 '파워 투쟁들' 이 불가피하게 만들 수 있다. 만약 '투쟁들' 이 일어난다면, 목사들이 교인 대표들에게 힘을 갖기보다는 교인 대표들이 보통 목사들 위에 힘을 갖는 데 성공한다. 왜냐하면 목사들이 영입 받는 자의 입장에 서는 반면에 교인 대표자들은 영입하는 자의 입장에 서기 때문이다. 목사들은 신학교에서 특별히 훈련된다; 그러나, 이것은 다스리는 기능들에게는 아니고 단지 가르침과 설교의 기능들에게만 관련되기 때문에 그들에게 어떠한 유리한 점도 주지 않는다.

그러므로, 개신교회들에서 그 '평등 원칙' 은 단지 교인 대표들이 영입하는 자로서, 목사들을 존경하고 자발적으로 목사들이 그 실권을 함께 하도록 허용할 때에만 실행될 것이다.

ii. 금전

우리는 금전이 교회 밖의 사회에서 좋은 의미이든 나쁜 의미이든 '힘' 을 창출한다는 것을 관찰할 것이다. 이것은 막스에 의하여 강조되었다:

> 나의 힘은 돈의 힘만큼 크다. 돈의 특성은 나의 – (그 소유자의) – 특성이고 능력이다. …
> 셰익스피어는 돈의 두 개의 특정한 속성을 발표한다:

> 1. 그것은 보이는 신이고 모든 인간적 그리고 자연적 특질들의
>   정 반대에로의 변환이며 사물의 일반적 혼란이고 도치이다;
>   그것은 불가능한 일들을 친하게 사귀게 한다.
> 2. 그것은…
> 모든 인간적 자연적 특질들의 도치이고 혼란, 불가능한 일들의
> 친하게 사귐 등, 이 신적인 돈의 힘은 그것의 형체가 부여되고
> 그리고 스스로 형체를 부여하는 종-인간의 존재-이 됨에 있
> 다. 그것은 인간성의 형체가 부여된 능력들이다.
> 내가 인간으로서 할 수 없는 것을 그렇게 나의 개인적 능력들이
> 할 수 없는 것을 나는 돈을 통하여 할 수 있다. 이렇게 돈은 이
> 능력들의 각각을 그것이 아닌 어떤 것, 즉 그 반대로 바꾼다.[9]

이상적인 회중에서는 돈이 '힘'의 구조에 영향을 미쳐서는 안 된다는 것은 확실하다. 불행히도, 한 회중이 이 세상에서 이상적이 되는 것은 매우 어렵다. 따라서 우리는 교회 밖의 사회에서처럼 교회에서 돈이 '힘'의 구조에 가깝게 연결되어 있다는 것을 부인하기 어렵다.

교회 밖의 사회에서 고용자들은 고용인들에게 돈을 주며 그것 때문에 그들을 통제할 수 있다. 목사의 소득은 대부분의 개신교회에서 회중에 의하여 발생된다.[10] 그러므로 이런 회중들의 교인들은 주는 자의 입장에 있고 목사는 받는 자의 입장에 있다. 다른 말로 하면, 교

---

9) Karl Marx, *Selected Writings* (ed. David McLellan; Oxford: University Press, 1977), p. 109-10.
10) Herron, *The Law and Practice of the Kirk*, p. 199; *The Book of Church Order of the Presbyterian Church in America*, I. 20. 6; *The Constitution of the Presbyterian Church(U.S.A.)* II. *The Book of Order*, G-14.0506b; *The Book of Church Order of the Reformed Church in America*, Appendix, 5.

인 대표들은 비유적으로 보면 고용자의 입장에 있고 목사들은 고용인의 입장에 있다.[11] 이것이 교인 대표들이 실권을 쥐게 되도록 한다.

게다가, 교인 대표들은 그들의 회중에 많은 돈을 '기부' 할 때 더 절대적인 힘을 '행사' 할 수 있다. 이것은 그들과 다른 교인들이 '돈의 힘'에 의하여 영향 받지 않을 수 있다면 사실이 아닐 수 있을 것이다.[12]

간단히 말해, 그들이 다른 교인들보다 더 많은 돈을 '공헌' 하는 것만큼 그들은 더 많은 힘을 갖는 경향이 있다.

b. 외부로부터의 영향과 관련된 이유들

교회의 권세의 구조는 그 사회에 만연해 있는 문화의 권세의 구조에 의해 영향 받을 수 있다. 많은 교회 지도자들은 이 현상을 세상 여기저기에서 깨닫고 그 문제에 대해서 경계한다:

> 사역의 행사는 각 사회 내부에 있는 사회적, 정치적, 경제적 그리고 문화적 요인들에 의하여 영향 받는다. 그래서 교회에서의 사역들은 역시 그 사회의 권세의 패턴과의 의식적 또는 무의식

---

11) 위의 i항을 참고하라.
12) 참고로, 회중에서 엄청난 힘을 갖는 경향이 있는 한국 장로들의 예는 이것을 적절히 보여 준다:
> 장로들은 교회가 재정적 공헌들로부터 혜택을 받기 위하여 종종 부유한 자들 가운데서 선택이 된다; 그들은 정말로 교회의 재정 기둥으로 인정이 된다. 물론, 회중들이 마음대로 충분한 재정을 제공하는 많은 교회들이 있다 — 특히 십일조의 제도, 월간 서약, 특별 헌금들을 통하여. 그러나 장로들은 특히 교회 건축, 부흥회 등 같은 특별 프로젝트를 위하여 더 많은 자금들을 내기를 기대가 된다 [Byong-Suh Kim, 'The Understanding of Eldership in the Presbyterian Church of Korea' in *the Ministry of the Eldersi in the Reformed Churches* (ed. L.Vischer; Berne, 1992), pp. 207-30 (228-29)].

적 제휴에 의하여 왜곡될 수 있다. 이 요인들을 인식하고 그것
들을 의식적으로 대처하는 게 중요하다.[13]

놀랍게도, '이 요인들'의 대부분이 아래에서 토론될 것이지만 보통 목사들보다는 교인 대표들에게 유리한 것 같다.

i. 정치·문화적 요인들

미국은 민주 국가이다. '교인' '대표들'은 '대표 민주 정치'에 따르면 '교인'의 힘을 갖게 된다.[14] 그러한 사회에 있는 거의 모든 기관들(교회들을 포함하여)은 확실히 이 원칙에 의하여 영향을 받으며 개신 교회에서는 '교인의 대표들'은 교인에 의하여 교인 사이에서 선택이 되고 민주주의 원칙이 교회 '정치'에 적용이 된다면, '교인 대표들'은 교회에서 '교인'의 '힘'을 갖게 된다는 것이다.[15] 목사들은 '교

---

13) *Eldership in the Reformed Churches Today*, p. 28.
14) 참고. 'democracy' in *The New Encyclopædia Britannica* 4 (ed. Philip W. Goetz; Chicago; Auckland; Geneva; London; Manila; Paris; Rome; Seoul; Sydney; Tokyo; Toronto: Encyclopædia Britannica, Inc., 1985), p. 5.
15) 이것은 또한 교회 리더십에 관한 하지의 신학에서 발견이 된다:

> 그들의 힘들은 그들의 교인의 대표로서의 분명한 성격으로부터 흘러나오고 그 관계에 의하여 고정된 한계들을 넘어서 확장될 수 없다는 것은 역시 명백하다. 대표는 다른 사람을 위하여 활동하는, 즉 자기 자신의 이름으로 할 권리가 있는 것을 하는 사람이다. 교인 대표는 그의 선거인들이 하도록 권위가 부여되지 않은 것들은 할 수 없다는 것은 명백하다. 이 나라에서 대표들이 위하여 대표하는 국민은 모든 속성의 주권을 가지고 있기 때문에 국회는 법을 만들 권리가 있다. 대표의 힘은 반드시 그의 선거인들의 힘과 동일한 공간에 걸친다는 것은 아니다라는 것이 똑같이 명백하다; 대표는 선거인들이 할 권위가 없는 것들은 할 수 없는 반면에, 선거인들이 수행할 자격이 있는 모든 것들을 대표가 할 수 있다는 것이 아니다. 그의 힘은 그의 임무의 정도에 의존한다. 그의 권위는 국회의 경우에서처럼 제한될 것이다… [Charles Hodge, *The Church and its Polity* (Edinburgh; New York: Thomas Nelson and Sons, Paternoster Row, 1879), p. 265].

인의 대표'가 아니다. 이것은 '교인의 대표들'에게 그들의 목사들보다 '더 힘을 가지려는 의지'에 대한 신학적이라기보다는 이론적 배경을 제공한다. '교인의 대표들'과 목사들 사이의 신학적 '평등' 의식[16]은 그러한 세속적 정치철학이 교회 '정치'에 들어가도록 허용할 것이다.

한 회중의 구성원들은 가끔 외부 문화의 혁명적 변화에 공헌할 수 있다 할지라도 바깥에 있는 사람들처럼 그것이 속해 있는 사회의 문화의 영향 아래 있다. 그러므로 그들이 그 사회의 다른 사람들과 같은 문화적 사고방식을 가지는 것은 당연하다. 그들의 문화적 사고방식이 심지어 회중의 권세의 구조에도 영향을 미칠 수 있다는 것은 쉽게 가정된다. 문화가 때로는 신학보다 한 교인의 정신에 더 영향을 미친다는 것은 사실인 것 같다. 세상에는 다양한 문화가 있지만 모두 한 회중의 권세의 구조와 관련이 있는 것은 아니다.

예를 들면, '가부장적 가족' '문화' 같은 것은 교회 리더십의 패턴들에 영향을 미칠 수 있다. 여기에서 '가부장적 가족'이라는 용어는 물론 모르간의 가설적 '고대 사회'의 의미에서 쓰여진 것이 아니다.[17]

---

16) 예를 들면, 한 교단은 '평등'을 제도화한다:
　이 교회가 유지해 오고 신약성경에 언급되어 있는 교회 직분들은 장로들(말씀과 성례의 사역자들 그리고 장로들)과 집사들을 포함한다 [*The Constitution of he Presbyterian Church(U.S.A.)* II. *The Book of Order*, G-6.0103].
17) 다른 말로 하면, Lewis Henry Morgan의 '문화'의 진화에 관한 이론에서 묘사되었듯이 '모계' '사회'에 비교될 수 있는 가설적 '고대 사회'를 가리키지 않는다 [Lewis Henry Morgan, *Ancient Society* (Tucson: University of Arizona Press, 1985), pp. 465-67]. 그것은 비록 모르간의 고대 가족 사회와 정확하게 똑같지는 않더라도 '가부장적'이라는 용어가 적절한 현대 산업 사회에서 전통으로 남아 있는 '가족' '문화'를 의미한다. 그 외에, 초점은 여기에서는 모르간의 이론과 다르게 정보다는 나이에 있다.

그러한 문화에 있는 한 회중은 그것이 큰 기업과 유사할 만큼 충분히 크지 않는 한 자연적으로 '확대 가족'으로 여겨진다. 가장 나이 많은 사람이 이런 종류의 가족의 지도자인 것처럼, 그렇게 회중의 가장 나이 많은 남자가 그 교인들의 지도자가 되는 경향이 있다. 그는 대표로 선택될 것이고 보통 목사보다 더 나이가 많다. 장로는 유비에 의하여 회중의 가부장적 지도자로 여겨지고 이것은 전 회중에 대한 그들의 리더십으로 연결된다.[18]

그리고, 유교주의는 오랫동안 동아시아에 있는 사람들에게 '인생'의 '원칙들'을 제공해 왔다. 그것의 '영향'은 아직도 보편적이고 강력하다.[19] 그것은 인간의 '관계들'을 위한 도덕 '원칙들', 예를 들면 '삼강'과 '오륜'을 소중히 여긴다. 오륜 중의 하나는 한 사회의 연장자들과 연소한 자들 사이의 '관계'를 다룬다. 즉, 질서가 그들 사이에 존재해야 한다.[20] 이 유교주의 규칙에 따르면, 연장자가 연소자를 통제하는 것은 자연스럽지만, 그 반대는 매우 어렵고 이상한 것으로 여겨질 수 있다. 이런 문화에서는, 다른 교인들보다 더 나이든 사람들이 보통 대표자들로 선택될 것이다. 그러나 젊은 사람들도 훈련 받은 뒤에 목사가 될 수 있으므로, 교인 대표들이 보통 목사들보다 더 나이가 많다. 당연히 이 젊은 목사들이 이런 유교주의 문화에서 나이든 대표들 위에 힘을 행사하는 것은 어려울 것이다. 심지어 너무 커서 '확대 가족'으로 여겨지지 않는 교회들에서도 이런 요소는 영향력이 있다.

---

18) 참고. Kim, 'The Understanding of Eldership', pp. 221-23.
19) Yi Pao Mei, Edwin G. Pulleyblank and Wing-tsit Chan, 'Confucius and Confucianism' in *The New Encyclopædia Britannica* 16, pp. 691-700 (691,700).
20) Yu-Lan Fung, *A History of Chinese Philosophy* II. *The Period of Classical Learning* (tr. Derk Bodde; Princeton: Princeton University Press, 1953), pp. 42-5.

그러나, 미국 문화에는 '가부장적 가족' '문화' 라든가 유교주의 같은 것이 발견되지 않는다. 혹시, 앞으로 더 깊은 연구가 있으면 새롭게 발견될 가능성이 있을지 모르지만, 미국문화 중 현재의 미국 교회 권세 구조에 특정하게 영향을 미치고 있는 문화적 요인은 없는 것 같다.

ii. 사회적 요인들 - 교사의 사회적 지위

대부분의 나라들에서 학교 선생은 학교의 다른 지도자들에 의하여 통제되는 단지 하나의 직원으로 여겨진다:

> 병원, 감옥 또는 대학교처럼, 학교는 사람-처리 기관이고 대부분의 학교 체계들은 교사들이 일꾼인 관료적 계급 제도를 두드러진 특징으로 가지고 있다. 이 권위에 있어서 낮은 지위를 가정하면, 교사들은 학교의 다른 사람들로부터 명령을 받아야 한다: 학과 장, 과목 전문가들, 교장들과 그들의 보조자들, 감독자들, 그리고 학교 위원들. 전통적으로 교사들은 교실에서 상당한 힘이 주어졌지만, 이것은 교사 행동, 교과 과정에 대한 행정적 관리, 그리고 학생 폭력을 구속하는 법들을 통하여 최근에 침식되었다.[21]

이것은 미국에서도 마찬가지일 것이다. 많은 개신 교회에서 교인

---

21) B. J. Biddle, 'Teachers' Roles' in *International Encyclopedia of Teaching and Teacher Education* (ed. Lorin W. Anderson; 2nd edn.; Oxford: Elsevier Science Ltd., 1995), pp. 61-7 (64). 이것은 단지 비들 자신의 국가뿐만 아니라 많은 나라들을 고려하는 견해이다 (같은 페이지를 참고하라).

대표들은 다스리는 기능들을 수행하는 것으로 여겨지는 반면에, 목사들은 가르치는 기능들을 수행하는 것으로 여겨질 것이다. 한편, 한 회중에서 목사는 유비에 의하여 학교 선생에 비유될 수 있다. 다른 한편, 한 회중의 교인 대표들은 학교의 '다른 사람들'에 유사할 것이다.

그러므로 개신교 신학에 따르면 그들의 관계가 계급 구조적이 아니더라도, 이런 '사회적' 환경 아래서 교인 대표들이 목사들에 대해 '통제를' 하는 것은 뭔가 사회적으로 동떨어져 있는 것으로 여겨지지 않을 것이다. 이것은 교인 대표들이 목사를 넘어서서 힘을 추구하려고 하도록 인도할 것이다.

3. 결론

미국에서는 장로들이 목사들보다 더 실권을 가지는 경우가 많다. 그 이유는 인간의 본성과 관련이 되는 이유들로서 목사들의 외부적 기원의 문제와 금전 문제가 있고 외부로부터의 영향과 관련된 이유들로서 정치, 문화적 요인이 있고 사회적 요인이 있다. 즉, 장로는 교인의 대표로서 목사들을 청빙하고 또한 사례비를 주는 입장이고 목사들은 청빙 받는 입장에 놓이므로 장로들이 권세를 갖게 된다는 것이고 민주 정치 이론이 교회에 적용이 되어 교인의 대표들인 장로들이 국민이 권세를 가지듯 권세를 가지게 된다는 것이다. 그리고 목사는 가르치는 기능을 담당하고 장로는 다스리는 기능을 담당하므로 마치 학교의 교사와 행정 간부처럼 유비가 되어 장로들이 권세를 가지게 된다는 것이다. 그러나 또 다른 연구 주제이긴 하지만 문제는 이것이 성경적인가 아닌가 하는 것인데, 딤전 5:17에 '잘 다스리는 장로는 배나 존경할 자로 알되 말씀과 가르침에 수고하는 이들을' 특히 더 존경할 자로 알라는 교훈이 나와 있는 것으로 보아 성경적이 아님에 틀림이 없다.

Chapter • 5

장로직의 성경적 기원

한국의 거의 모든 교단에서는 장로 직제를 가지고 있다. 그 중 개혁 (장로) 교회는 전통적으로 그 정치체제로서 두 종류의 장로 (presbyters/elders) 제도를 가지고 있다.[1] 그리고 이 제도가 성경적이라고 주장해왔고 'jure divino' 로 여겨왔다.[2] 이 제도는 칼빈이 16세기에 창시하였다.[3] 그는 이 제도의 근거를 디모데 전서 5장 17절 (Οἱ καλῶς προεστῶτες πρεσβύτεροι διπλῆς τιμῆς ἀξιούσθωσαν μάλιστα οἱ κοπιῶντες ἐν λόγῳ καὶ διδασκαλίᾳ)에 두었다.[4] 사실, 성경에 장로직의 기원이라고 할 만한 것은 바로 이 구절에 나오는 다스리는 장로들 밖에 없다. 그러나 이와 같은 장로교의 제도나 다른

---

1) 참고. T. F. Torrance, 'The Eldership in the Reformed Church' in *Scottish Journal of Theology* 37 (1984), 503-18 (504-09); Andrew Herron, *The Law and Practice of the Kirk* (Glasgow: Chapter House Ltd, 1995), 279.
2) 'Presbyterianism' in *The Oxford Dictionary of the Christian Church*, pp. 1322-323.
3) 참고. 'Presbyterianism' in *The Oxford Dictionary of the Christian Church*, pp. 1322-323(1322); John Calvin, *Institutes of the Christian Religion*, IV. XI. 1.
4) Calvin, *Institutes*, IV. XI. 1.

교단에 있는 장로직제가 이 구절에 단지 한 그룹의 장로들만 나타난다고 보는 최근의 (20세기 말) 학자들에 의해 도전을 받고 있다.

이러한 도전은 말리스타('μάλιστα')란 단어의 해석의 차이에서 발생한다. 이 단어의 전통적 해석은 '특별히'이다. 이 해석에 따르면, 저자는 다스리는 장로 (πρεσβύτεροι)와 말씀과 교리에 봉사하는 자들을 비교하고 있다.[5]

그러나 침례교 신학자인 캠벌은 다르게 해석한다: 디모데 전서 5장 17절에서 '말씀과 교리에 봉사하는 자들'이라는 표현이 '잘 다스리는 장로들'이라는 표현을 설명하는 '역할'을 한다.[6] 이 해석은 '잘 다스리는 장로들'과 '말씀과 교리에 봉사하는 자들'을 동일시한다. 마샬과 나이트 3세는 이 견해를 공유한다.[7] 마찬가지로, 한슨은 스키트의 가설이 디모데 전서 5장 17절의 해석에 적용이 된다고 주장하고 이것이

---

5) 참고. Peter Colin Campbell과 J. B. Lightfoot은 이 두 그룹이 제도적으로 구분되지 않았다고 주장했다 [J. B. Lightfoot, *SaintPaul's Epistle to the Philippians* (4th rev. edn.; London: Macmillan and Co., 1878), pp. 96-7, pp. 194-95; Peter Colin Campbell, 'The Theory of Ruling Eldership' in *Order in the Offices* (ed. Mark R. Brown; Duncansville: Classic Presbyterian Government Resources, 1993), pp. 81-9 (84-6). 이것은 아래에서 다시 토론될 것이다.

6) R. Alastair Campbell, *The Elders: Seniority within Earliest Christianity* (Studies of the New Testament and Its World; Edinburgh: T&T Clark Ltd, 1994), pp. 200-01. 그의 해석은 다음과 같다:

… 우리는 전파하는 것과 가르치는 것에 관한 그 구절을 그 절의 전반부에서 토론하고 있는 사람들을 **언급하고 좀 더 규정하는** 것으로 이해한다. 이것은 말리스타라는 단어를 '즉' 또는 "내 의미는" 이라는 뜻의 설명적 보족어로 취하는 것을 의미한다. … 그리고나서 두 번째 구절은 그 지시 대상을 좀 더 규정하고 '두 배의 존경'이 적절한 근거를 제시한다.

7) I. Howard Marshall, *The Pastoral Epistles* (The International Critical Commentary; Edinburgh: T&T Clark, 1999), p. 612; George W. Knight III, *The Pastoral Epistles* (The New International Greek Testament Commentary; Grand Rapids: William B. Eerdmans Publishing Company; Carlisle: The Paternoster Press, 1992), p. 232.

그가 이 구절에서 '두 그룹' 의 장로들이 묘사되어 있다는 것을 부인하도록 인도한다.[8]

1. 말리스타에 관한 스키트의 가설

위 학자들의 해석들은 '말리스타' 에 관한 스키트의 가설에 근거한다.[9] 그러므로 스키트의 가설에 문제가 없을 때에만 이들에게 동의할 수 있다. 캠벌은 더 나아가 '말리스타' 라는 용어는 목회 서신에서 언제나 스키트의 가설과 같은 맥락에서 사용된다고 단언한다.[10] 그 가설은 무엇인가?

a. 디모데 후서 4장 13절에서의 스키트의 가설

스키트는 자기의 디모데 후서 4장 13절(τὸν φαιλόνην ὃν ἀπέλιπον ἐν Τρῳάδι παρὰ Κάρπῳ ἐρχόμενος φέρε καὶ τὰ βιβλία μάλιστα τὰς μεμβράνας.)에 있는 '말리스타' 란 단어의 번역이 전통적인 번역보다 더 적절하다고 제안한다:

---

8) A. T. Hanson, *The Pastoral Epistles* (New Century Bible Commentary; Grand Rapids: Wm. B. Eerdmans Publ. Co.; London: Marshall, Morgan & Scott Publ. Ltd., 1982), p. 101.
9) 참고. Campbell, *The Elders*, p. 200.
10) '이것이 가능하다는 것은 스키트에 의해 디모데 후서 4장 13절과 관련하여 대체적으로 만족스럽게 보여졌다. 그러나 한슨이 제안하듯이 그것이 목회서신에서 발생하는 곳마다 이렇게 이해하는 것이 맞다.' (Campbell, *The Elders*, p. 200).

내 자신의 제안은 이 구절에 있는 μάλιστα가 βιβλία(책들)을 μεμβράναι(양피지의 문서들)와 구분하는 대신에 사실상 그것들을 적어도 일반적 용어인 βιβλία를 규정하거나 구체화하는 정도까지 일치시킨다라는 것이고 영어다운 영어번역은 'the books—I mean the parchment notebooks'가 될 것이라는 것이다.[11]

스키트는 이 '가설'을 채택하는 이유를 설명한다:

그러나 정확히 무엇이 바울의 요청의 본질인가? 암시된 의미가 '가능하다면 모든 책을 가져오라, 그러나 불가능하다면 적어도 노트들은 확실히 가져와라' 이었다고 보는 게 아마도 우리가 전통적 견해라고 할 수 있는 그 견해인 것 같다. 이렇게 해석된다면, 바울이 이런 식으로 썼어야 우리에게 납득될 것이다: 그러나 사실은 그가 이렇게 하지 않았다는 것이다.
우리는 바울이 자기 둘레에 거대한 도서관을 가지고 다녔을 것이라고 거의 상상할 수 없다. 이방인들과 디아스포라 유대인들에게 익숙한 전형적 형태의 책은 두루마리 파피루스였는데 이것은 가볍고 아담하고 쉽게 이동될 수 있었다. 이것들이 βιβλία였다면 왜 바울이 디모데가 그것들을 가져오는 데 있어서 어떤 어려움이 있을 수 있다고 예상했어야 하나?[12]

스키트는 두루마리 파피루스가 '가볍고 아담하고 쉽게 이동될 수

---

11) T. C. Skeat, 'Especially the Parchments: a Note on 2 Tim. 4:13' in *Journal of Theological Studies* 30 (1979), pp. 173-77 (174).
12) Skeat, 'Especially the Parchments', pp. 173-74.

있었다' 고 강조한다. 한 개의 두루마리 파피루스는 나르기에 어렵지 않은 게 사실일 것이다. 그러나 저자는 한 개 이상의 두루마리 파피루스(βιβλία)[13]를 요구한다. 동시에, 그는 망토와 한 개 이상의 양피지(μεμβράναι)도 요구하고 있다. 이 모든 것을 한꺼번에 말이 아니라 사람에 의해 운반하는 것은 쉽지 않다. 그러므로 스키트가 거절하는 '암시된 의미' ('가능하다면 모든 책을 가져오라, 그러나 불가능하다면 적어도 노트들은 확실히 가져와라')는 모순되지 않는다. 디모데가 '다른 말로 하면' 이라는 의미보다는 '특별히' 라는 의미를 선택했을 가능성이 더 높다. 왜냐하면 '말리스타' 라는 단어가 그 당시에 두 가지 의미로 다 사용되었고 저자가 여기에서 마음속에 '다른 말로 하면' 이라는 의미를 염두에 두고 있었다고 하더라도 디모데는 될 수 있는 한 많은 것을 가져 오려고 했을 것이기 때문이다. 이것이 우리로 하여금 그의 가설을 의심하게 만든다.

b. 디도서 1장 10절에서의 스키트의 가설

스키트는 '말리스타' 가 '규정하거나' 또는 '구체화 하는' 역할을 감당할 수 있다는 그의 '가설' 을 증명하기 위하여 디도서 1장 10절을 또 하나의 예로서 제시한다:

그러한 하나의 구절은 디도서 1장 10절에서 11절이다: εἰσὶν γὰρ πολλοὶ καὶ ἀνυπότακτοι ματαιολόγοι καὶ φρεναπάται, μάλιστα οἱ ἐκ περιτομῆς, ...'. 마지막 단어들

---

[13] 형태가 복수인 것을 보라.

은 A.V.와 R.V.에서 'specially they of the circumcision' 로 N.E.B.에서는 'especially among Jewish converts' 로 번역된다. A.V.와 R.V.의 번역자들의 마음속에 그리스어의 문자적 번역을 넘어서서 정확히 무엇이 있었는지 말하기가 어렵다. 아마도 그들은 바울이 말하기를 의도했던 것은 그레데에 많은 헛된 말을 하는 자들(ματαιολόγοι)과 속이는 자들(φρεναπάται)이 있는데 대다수는 할례당 (ἐκ περιτομῆς) 사이에서 발견이 된다는 것이라고 생각했을 것이다. 확실히 N.E.B.는 이 견해를 취하고 글자 그대로 이것을 철자한다. 그러나 여기에서 다시 우리는 이것이 그의 의도였다면 그는 ἐν τοῖς ἐκ περιτομῆς 라고 말할 필요가 있었을 것이기 때문에 이것이 바울이 의도한 것이 아니라는 점을 주목해야 한다. 그러므로 나의 제안은 여기에서도 말리스타(μάλιστα)가 하나의 정의를 소개하고 있다는 것과 바울이 유대인 전향자 전체의 그룹과 문제를 일으키는 사람들을 동일시하고 있다는 것이다: 이러한 근거로 해서 하나의 영어 번역은 '다른 말로 하면, 유대인 전향자들' 일 것이다.[14]

N.I.V.의 번역을 보자 ('... , especially those of the circumcision group'). 이것은 전치사 'among' 이 사용되지 않았다는 점에서 N.E.B.의 번역 ('especially among Jewish converts')과 다르다. N.I.V.의 번역에 따르면, 저자는 '할례당' 이 '특별히' '반역적' 이었기 때문에 '할례당' 을 부각시키기를 원한다. 다른 말로 하면, 그는 '특히' '반역적인' 무리들 즉, '할례당의 사람들' 을 포함한 '많은 반역적인 사람들' 이 그레데에 존재한다는 것을 의미한다. 이렇게 번역하면

---

14) Skeat, 'Especially the Parchments', p. 174.

그리스어 본문에 있는 원래의 표현 'οἱ ἐκ περιτομῆς'는 적절하다. 그러므로 이 표현은 'ἐν τοῖς ἐκ περιτομῆς'로 바뀔 필요가 없다. 달리 표현하면, 이 번역은 문제가 없다. 이것이 '많은 반역적인 사람들' 즉, '할례당의 사람들'이 그레데에 존재한다고 하는 스키트의 번역을 받아들이는 것을 어렵게 만든다. 12절 ('심지어 그들 자신의 선지자들 중의 하나가 "그레데인들은 항상 거짓말쟁이며 악한 짐승이며 게으른 대식가들이다"라고 말했다')은 저자가 여기에서 '할례당의 사람들' 뿐만 아니라 그레데인들도 염두에 두고 있다는 점에서 스키트의 번역이 본문의 문맥과 맥락을 같이 하지 않는다는 것을 증명한다. '그들 자신의 선지자들 중의 하나' 그리고 '그레데인들'은 유대인이 아니라 이교도들이다.[15] 이것은 저자가 '할례당' 뿐만 아니라 불순종적인 이교도들도 비판하고 있다는 것을 의미한다. 이 사실은 그레데의 이교도들을 고려하지 않는 스키트의 번역의 거절로 이어진다. 그러므로 디도서 1장 10절도 역시 Skeat의 가설을 입증해주지 않는다.

c. 디모데 전서 4장 10절에서의 스키트의 가설

스키트는 디모데 전서 4장 10절 후반부 (ὅς ἐστιν σωτὴρ πάντων ἀνθρώπων μάλιστα πιστῶν)를 또 하나의 성경의 예로서 제시한다. 그는 '이것은 "하나님, 그분은 모든 사람들 즉, 그분을 믿는 모든 자들에게 구원을 주시는 분"이라고 번역이 되어야 한다'고 제안한다.

---

15) Knight III, *The Pastoral Epistles*, p. 298.

그는 이 신학적인 경향을 가지고 있는 번역을 지지한다: '이렇게 번역하는 것이 의미를 더 잘 살려준다. 왜냐하면, 사실상 하나님이 모든 사람들의 잠재적 구원자이시라고 할지라도 그분은 단지 그를 받아들이는 자들만의 구원자가 되실 수 있기 때문이다'.[16] 그러나 비슷한 표현이 요한복음 4장 42절과 요한1서 4장 14절에 사용되고 있다: 'ὁ σωτὴρ τοῦ κόσμου'. 특히 믿는 자들(μάλιστα πιστῶν)과 같은 표현들은 이 구절들에서 추가되어 있지 않다는 것은 주목할 만하다. 이것은 세상의 구원자 (ὁ σωτὴρ τοῦ κόσμου)라는 표현이 문제가 없고 그러한 추가적인 표현이 여기에서 필요하지 않다는 것을 의미한다. 모든 사람들이 하나님을 '구원자'로 받아들이든지 아니든지 '세상의 구원자'라는 표현은 사용될 수 있고 이 표현은 '그 분은' 모든 사람들의 '구세주'가 '될 수 있다'는 것을 의미한다. '모든 사람의 구원자'라는 표현과 (δωτὴρ πάντων ἀνθρώπων)와 '세상의 구원자' (ὁ σωτὴρ τοῦ κόσμου)라는 표현의 대비는 전자도 역시 문제가 없고 불충분하거나 '다른 말로 하면'이나 '즉'과 같은 표현들에 의해 더 구체화 될 필요가 없다고 제안한다. 그리고 전자가 후자와 같은 의미를 가지고 있다고 제안한다: '그분은' 모든 사람의 '구세주'가 '될 수 있다'. 하나님은 모든 사람의 '구세주'가 '될 수 있다'. 그러나 이것은 그 분이 실제로 세상에 있는 모든 사람에게 구원을 주신다는 것을 의미하지는 않고 그렇게 혼동 되서도 안 된다. 이것이 단지 믿는 자들에게만 구원이 주어진다는 사실을 강조하기를 원하는 전자의 저자가 믿는 자들의 (πιστῶν)라는 표현을 더하는 이유이다. 그러므로 디모

---

16) Skeat, 'Especially the Parchments', pp. 174-75.

데 전서 4장 10절 후반부의 보통의 번역 ('모든 사람의 구세주 특히 믿는 자들의)은 문제가 없고 '말리스타' 라는 단어는 이 절에서 '다른 말로 하면' 으로 번역 되서는 안 된다. 따라서, 디모데 전서 4장 10절 후반부는 스키트의 가설을 위한 증거가 아니다.

d. 디모데 전서 5장 8절에서의 스키트의 가설

스키트가 디모데 전서 5장 8절 (εἰ δέ τις τῶν ἰδίων καὶ μάλιστα τῶν οἰκείων οὐ προνοεῖ,...)을 하나의 예로 제시하지 않는다는 사실은 주목될 만하다. 스키트는 '말리스타' 라는 단어가 여기에서 보통처럼 '특별히' 를 의미한다고 생각하는 것 같다.[17] 우리가 이 단어의 전통적 번역을 받아들인다면 우리의 이 구절의 번역은 다음과 같을 것이다: '만약 어떤 사람이 자기의 친척들, 특히 자기의 직계 가족들의 생활을 돌보지 않는다면, …'. 우리가 스키트의 가설을 이 구절에 적용한다면, 우리의 번역은 다음과 같을 것이다: '만약 어떤 사람이 자기의 친척들' 즉, '자기의 직계 가족들을' '돌아보지 않는다면 …'. 우리는 전자의 번역이 더 낫다라는 것을 쉽게 감지할 수 있을 것이다. 즉, 저자는 신자들에게 그들의 '직계' 가족들만을 '돌아보라고' 가르치고 있는 것 같지는 않다. 저자의 암시된 뜻은 아마도 한 신자가 '자기의 친척들을 돌아보아야' 하지만, 불가능하다면 적어도 '자기의 직계 가족들을' '돌아보아야' 한다는 것일 것이다. 그러므로 '말리스타' 라는 단어가 목회 서신에서는 언제나 '다른 말로 하면' 이나 '내

---

17) Skeat, 'Especially the Parchments', p. 174 각주 1.

의도는' 으로 번역되어야 한다는 캠벌의 주장은 설득력이 없다.

e. 디모데 전서 5장 17절과 성경 밖에서의 스키트의 가설

스키트가 디모데 전서 5장 17절도 역시 하나의 예로서 제시하지 않고 있다는 것도 주목될 만하다. 이것은 그가 이 구절에서 '말리스타' 라는 단어가 '다른 말로 하면' 이나 '내 의도는' 이라는 내포를 가지고 사용되었다고 생각하지 않는다는 것을 암시한다. 그러나 캠벌과 한슨은 스키트의 가설을 심지어 이 구절에도 적용한다.

스키트는 성경 밖에서 다른 예들을 발견한다. 모든 고대 문서나 책들을 다 조사해서 그 단어가 '다른 말로 하면' 이라는 의미로는 절대로 사용되지 않았다고 주장하는 게 우리의 목표가 아니다. 우리의 논의를 위한 결정적 문서들은 목회서신이다. 그것이 목회서신의 다른 곳에서는 모두 그러한 내포로 사용되었다고 하면 디모데 전서 5장 17절에서의 그것의 용법도 같은 맥락에 있다고 납득될 수 있다. 그러나 다른 글에서 심지어 때로는 애매하거나 학문적으로 가치가 없는 문장에서 이 독특한 용법의 예들을 발견하려는 시도는 그 단어가 디모데 전서 성경 구절에서 이 낯익지 않은 용법으로 쓰이고 있다는 가설을 증명하거나 강하게 지지하지 못할 것이다. 그러므로 여기에서 스키트의 나머지 예들을 토론하는 것은 불필요하다.

2. 결론

스키트의 가설은 목회서신에서 적절하지 않고 디모데 전서 5장 17절에는 특히 아니다. 그 이유들은 다음과 같이 요약된다. 첫째, 위에서 토론된 대로 스키트의 자기 가설을 위한 성경의 예들에 관한 주장들은 말리스타라는 단어가 목회서신에서 그가 제안하는 그러한 내포를 가지고 사용되고 있다고 우리가 믿도록 만들기에 충분한 설득력이 없다.[18] 둘째, 왜 저자가 다스리는 장로들을 언급하지 않고 잘 다스리는 장로들에 관한 지시를 하는지 생각해 볼 필요가 있다. 우리가 스키트의 가설을 이 구절에 적용하면 이 질문을 대답하기 어렵다. 마샬은 말씀과 교리에 수고하는 자들이 잘 다스리는 장로들이라고 믿기 때문에 여기에서 그 가설을 받아들인다. 그는 왜 이것을 믿는지 그 이유에 대해 디벨리우스-콘첼만과 보른캄을 인용하면서 설명한다: '잘'은 더 충분한 범위의 의무들 즉 가르침을 수행하는 것에 관하여 사용되고 있다.[19] 만약 '잘'이 이 의미로 사용되었다면 문제가 야기될 것이다: 저자는 단지 잘 다스리는 장로들 (말씀과 교리에 수고하는 자들)만을 언급하고 수신자들은 왜 그가 '다스리는 장로들' (말씀과 교리에 수고하지 않는 자들)을 고려하지 않는지 모른다. 이것은 수신자들이 다스리지만 말씀과 교리에 수고하지 않는 자들이 어

---

18) Skeat는 성경적 그리고 비 성경적 예들을 제시하지만 비 성경적 예들은 이 논문에서 반드시 토론될 필요가 없기 때문에 여기에서 단지 성경적 예들만 다루어진다.
19) Marshall, *The Pastoral Epistles*, pp. 611-12. 참고. 각주 24.

떻게 존경 받아야 할지를 모른다는 것을 의미한다.[20] 전통적인 번역이 여기에 적용 된다면 문제는 풀린다. 이 경우에 잘 다스리는 장로들은 말씀과 교리에 수고하는 자들과 다르다. 저자는 참 과부와 잘 다스리는 장로들을 비교하고[21] 말씀과 교리에 수고하는 자들을 강조하고 있다: 참 과부들(존경), 잘 다스리는 장로들 (두 배의 존경)[22] 그리고 말씀과 교리에 수고하는 장로들 (특별한 존경).[23] 마샬의 주석은 저자의 교훈을 모호하게 하는 반면에 이 도식적 설명에 따르면 그것은 잘 조직되어 있다는 것이다. 저자는 참 과부만

---

20) 마샬은 저자가 보통의 멤버와 잘 다스리는 프레스뷔테로이 (말씀과 교리에 수고하는 자들)를 비교한다고 생각한다. 다른 말로 하면 마샬은 저자가 잘 다스리는 프레스뷔테로이가 보통의 멤버들보다 더 존경받도록 교훈하고 있다고 생각한다.

21) 과부들이 3-16절에 언급되어 있고 17절에서 토픽이 프레스뷔테로이로 바뀐다. 문맥은 저자가 과부(3-16절)와 잘 다스리는 프레스뷔테로이 (17-18절)를 비교하고 있다고 분명히 말한다: 과부들 (존경) 그리고 잘 다스리는 프레스뷔테로이 (두 배의 존경). 이것은 만약 3-16절의 출처가 17절의 것과 다르다고 할지라도 해당된다 (*pace* Marshall, *The Pastoral Epistles*, p. 613). 왜냐하면 이 마지막 형태의 글에서 그 단락의 문맥이 일관성이 있어야 하기 때문이다.

22) 저자는 진정한 과부와 잘 다스리는 프레스뷔테로이를 비교하고 있다. 마샬은 이 견해를 가지고 있는 몇몇 학자들을 소개한다: Calvin, Lock, Jeremias, Barrett과 Lips (Marshall, *The Pastoral Epistles*, p. 613). *Pace* Burton Scott Easton, *The Pastoral Epistles* (London: SCM Press, 1948), p. 159. 그는 저자가 잘 다스리는 프레스뷔테로이와 '다스리는 프레스뷔테로이' 를 비교하고 있다고 생각한다. 마샬은 이 견해를 가지고 있는 몇몇 다른 학자들을 소개한다: H. J. Holtzmann, J. H. Bernard, V. Hasler와 N. Brox (Marshall, *The Pastoral Epistles*, p. 613각주 130). 물론, 이 학자들은 반드시 '일종의 생산성 보너스' 를 의미하지는 않는다.' (*pace* Campbell, *The Elders*, p. 201). 다르게 생각하는 게 가능하다: 예를 들면, 게으른 지도자들은 두 배의 존경이 합당하지 않다 (Easton, *The Pastoral Epistles*, p. 159) 그리고 만약 새 프레스뷔테로이와 경험 있는 프레스뷔테로이에게 똑같은 양의 사례가 주어진다면 불공정할 것이다. 그러나 이 학자들은 만약 저자가 잘 다스리는 프레스뷔테로이와 '다스리는 프레스뷔테로이' 를 비교하고 있다면 왜 그가 '다스리는 프레스뷔테로이' 를 언급하지 않고 바로 '잘 다스리는 프레스뷔테로이' 만을 언급하는 지에 대한 질문에 대답할 수 없다.

23) *Pace* Marshall, *The Pastoral Epistles*, p. 612.

존경받기를 원하듯이 잘못되거나 게으른 장로들이 아니라 잘 다스리는 장로들만이[24] 존경받기를 원한다. 이런 이유 때문에 그는 '다스리는 장로들'을 언급하지 않는다. 그는 여기에서 '잘'을 일종의 '공식적 언어'[25]로 사용하여 '잘 다스리는 장로들'이라는 표현으로 모든 장로들을 지칭하는 것이 아니다. 이것은 같은 서신의 3장 13절에 나오는 '잘'이라는 단어의 용법과의 '유비'에 의해 지지를 받는다:[26] '잘(καλῶς) 봉사한 자들은 아름다운 지위를 얻는다…'. 만약 저자가 모든 장로들이 어떻게 다스리든지 상관없이 존경받기를 원한다면 그는 그러한 문맥에서 '잘'이라는 단어를 특별히 사용할 필요가 없었을 것이다. 그는 바람직하지 않은 지도자들이 그의 공동체에 나타날 가능성을 고려하고 있음에 틀림없고 이 고려가 그의 교훈에 반영되고 있다.[27] 셋째, 다스리는 것과 가르치는 것은 서로 다른 개념이다. 이 구분은 딤전 5장 17절에서 뿐만 아니라 딤전 3장 2~7절에도 분명히 발견이 된다.[28] 이것은 로마서 12

---

24) '잘'이라는 단어가 여기에서 '의무를 적절히, 태만이나 실패 없이 수행하는 것에 관하여' 사용되고 있어서 잘못되거나 게으른 장로가 한 공동체에 전혀 존재하지 않을 때에만 '그것은' 그 공동체의 '모든 장로들에게 적용될 수 있다'(Marshall, *The Pastoral Epistles*, p. 611).
25) 참고. Marshall, *The Pastoral Epistles*, pp. 611-12 (특히 [b]).
26) 참고. Marshall, *The Pastoral Epistles*, p. 612.
27) 참고. 디모데 전서 6장 3-7절.
28) δεῖ οὖν τὸν ἐπίσκοπον ἀνεπίλημπτον εἶναι, μιᾶς γυναικὸς ἄνδρα, νηφάλιον σώφρονα κόσμιον φιλόξενον διδακτικόν …. τοῦ ἰδίου οἴκου καλῶς προϊστάμενον, τέκνα ἔχοντα ἐν ὑποταγῇ, μετὰ πάσης σεμνότητος. 여기에서 다스리는 기능이 가르치는 기능과 구분되어 있다는 것은 분명하다. 어쨌든, 이 안내 지침은 양 기능 모두가 (두 개의 다른 기능들) 한 그룹의 사람들 (같은 직분) 에 의해 행해졌다고 생각하는 사람도 있을 것이다. 그러나 요점은 이 사람들 중의 일부가 실제로는 단지 다스리는 기능들만을 수행하고 있었다는 것이다.

장 6~8절에서도 보인다.[29] 그러므로 잘 다스리는 것은 가르치는 것(말씀과 교리에 수고하는 것)과 같지 않다. 만약 저자가 다스리는 기능에 더하여 가르치는 기능을 수행하는 자들이 잘 다스리는 자들이라고 의미하기를 원한다면 그의 표현은 다를 것이다: '잘 다스리는 장로들, 다른 말로 하면 말씀과 교리에도 수고하는 자들'과 같은 어떤 표현. 넷째, 스키트는 말리스타가 디모데 전서 5장 17절에서 '다른 말로 하면'의 의미로 사용되고 있다고 생각하지 않는다. 마지막으로 BAGD나 LSJ에서 스키트의 가설을 위한 어떤 지지도 발견되지 않는다.[30]

결론적으로, '말리스타'란 단어는 디모데 전서 5장 17절에서 '다른 말로 하면'보다는 '특별히'의 의미로 사용되고 있다. 그러므로 전통적 번역 '잘 다스리는 장로들은 갑절의 명예에 합당하다. 특히 말씀과 교리에 봉사하는 자들'은 옳고 최근의 번역 '잘 다스리는 장로들은 갑절의 명예에 합당하다. 다른 말로 하면 말씀과 교리에 봉사하는 자들'은 틀리다. 이것은 이 구절에서 두 그룹이 언급되어 있다는 것을 의미한다. 한 그룹은 다스리는 장로들이고 또 한 그룹은 다스리면서 말씀과 교리에 봉사하는 장로들이다. 한국에 있는 여러 교단들

---

29) εἴτε διακονίαν ἐν τῇ διακονίᾳ, εἴτε ὁ διδάσκων ἐν τῇ διδασκαλίᾳ, εἴτε ὁ παρακαλῶν ἐν τῇ παρακλήσει ὁ μεταδιδοὺς ἐν ἁπλότητι. ὁ προϊστάμενος ἐν σπουδῇ, ὁ ἐλεῶν ἐν ἱλαρότητι. 의심할 여지없이 바울은 여기에서 이 모든 기능들이 단지 한 사람에 의해 수행된다고 생각하지 않는다. 구체적으로 보면, 바울이 이러한 열거를 하면서 마음속으로 직분이나 사람의 구분을 염두에 둔 것이 아니지만 διδάσκων 은 반드시 ὁ προϊστάμενος와 똑같은 사람일 필요가 없다. 그는 기능의 구분을 염두에 두고 있다. 어쨌든 여기에서 요점은 이 단락에서 다스리는 기능은 확실히 가르치는 기능과 구분된다는 것이다.

30) BAGD, s.v. μάλιστα; LSJ, s.v. μάλα.

에 존재하는 장로 직제는 바로 이 구절에 나와 있는 다스리는 장로들을 그 기원으로 삼고 있다.[31] 그러나 이들이 오늘날의 장로들과 정확하게 같은지 다른지는 논의될 필요가 있다.

---

31) 주의. 이것은 반드시 이 제도가 목회 서신에 있는 제도와 정확히 똑같다는 것을 의미하지 않는다. Hanson은 설명한다: '이것은…두 그룹 즉, 단지 관장했던 큰 그룹 그리고 관장하고 가르쳤던 작은 그룹 이라는 어떤 제안' (Hanson, *The Pastoral Epistles*, p. 101). 성공회 목사인 Lightfoot은, 어떤 프레스뷔테로이는 가르침의 기능을 수행하고 다른 프레스뷔테로이는 다스리는 기능을 수행하지만 그들이 자기들의 기능을 선택할 수 있다는 의미에서 이 구분은 공식적이 아니다라고 주장한다(각주 5를 보라). 이러한 분류들은 큰 그룹과 작은 그룹의 구분 없이 프레스뷔테로이가 단지 가르치는 장로들과 다스리는 장로들로 구분되며 이 구분은 공식적으로 이루어지는 Calvin의 분류와 약간 다르다 (Calvin, *Institutes*, IV. XI. 1을 보라). 어느 분류가 목회 서신에서 발견되는 것과 정확히 똑같은가 하는 이슈는 이 소 논문에서 열려진 채 남겨진다(더 이상의 토론을 위해서는 Kim, *Patterns of Church Leadership*, pp. 197-219을 보라).

Chapter • 6

오늘날 교회의 장로들과 신약의 다스리는 장로들

    오늘날의 교회 특히 장로교회에는 교인의 대표 역할을 감당하는 다스리는 장로들이 있다. 한국 교회에서는 이 직제가 당연히 성경적이라고 믿고 있다. 그리고 이 장로들은 교회들에서 막강한 권세를 행사하고 있다. 이것은 현재 이들과 목사들 사이에 많은 갈등 관계를 야기 시키고 있다. 그래서 우리는 이 직제가 과연 얼마나 성경적인지 즉. 이들과 신약 성경의 다스리는 장로들은 얼마나 같은지 알아보고자 한다.

    디모데 전서 5장 17절에 잘 다스리는 장로들과 말씀과 교리에 봉사하는 장로들이 나온다. 앞장에서도 언급했듯이, 이들 그중에서 특히, 다스리는 장로들 외에는 신약성경에 오늘날의 장로들과 비교할 만한 다른 직분자들이 없다.[1] 이들의 정체성에 관한 연구는 초대 교회 지도자들에 관한 그림들을 파악하는 데 중요한 열쇠를 제공할 것

---

1) Kim, *Patterns of Church Leadership*, pp. 86-97.

이다. 이런 그림의 한 예를 들면, 초대 교회에도 다스리기만 하는 지도자들과 다스릴 뿐만 아니라 가르치기까지 하는 지도자들 두 부류의 지도자들이 한 지역 교회에 공존했는지 아니면 한 그룹의 지도자들만 존재했는지 즉, 다스리는 자들이 곧 말씀과 교리에 봉사하는 자들인지 하는 것이다. 참고로 또 다른 한 예를 들면, 초대 교회의 다스리는 장로들은 오늘날의 장로들과는 다르게 한 지역에 있는 여러 가정 교회 각각의 지도자인지 하는 것이다.

만약 목회 서신에 나오는 다스리는 장로들이 가르치지는 않고 단지 다스리는 것만을 위하여 안수 받은 자들로 해석이 된다면 그들은 소위 현대 교회에서 교인들의 대표로 여겨지는 장로들과 유사하다. 그러나 만약 우리가 성경에 나와 있는 장로 (프레스뷔테로스)[2]의 직분 자체를 목사로 이해한다면[3] 딤전 5:17에 있는 다스리기만 하는 장로들도 역시 목사들이다.

감독 교회는 전통적으로 후자의 해석을 채택한 반면에, 장로교회는 전통적으로 전자의 해석을 채택했다. 이것은 장로교회가 전통적으로 두 종류의 장로, 다스리는 장로와 가르치는 장로를 가지고 있는[4] 반면에 다스리는 장로가 감독 교회에는 존재하지 않는다는 사실에 의

---

2) 영어로는 elder, presbyter 또는 priest로 번역이 된다.
3) 참고. 'presbyter' in *The Oxford Dictionary of the Christian Church*, p. 1322. 역사적으로 '그 발달된 형태에 있어서의 presbyterate (장로 직)은 행정과 가르침에 있어서의 권위와 유대의 제사장 직에 의해 미리 보여진 성직의 직무들 모두를 소유한다는 것이' 여기에서 설명이 된다. '영어 단어 "priest" 는 궁극적으로 이 어근으로부터 유래한다'.
4) 참고. Andrew Herron, *The Law and Practice of the Kirk* (Glasgow: Chapter House Ltd, 1995), p. 279; *The Constitution of the Presbyterian Church (U.S.A.)* II. *The Book of Order*, G-4.0301b. 이 문서들에서는 전통적 분류가 그만두어지기 시작되었다는 것이 주목될 것이다.

하여 반영된다.[5]

디모데 전서의 다스리는 장로 (프레스뷔테로이)는 누구인가라는 질문은 학자들의 해석이 그들의 교단적 배경과 관련을 갖는 경향이 있기 때문에 수수께끼로 남아 있다. 몇 학자들의 해석을 자세히 살펴 보면 그들의 접근 방법들은 네 가지로 분류된다.

1. 기능에 초점을 맞추는 해석

칼빈은 개혁주의 전통적 견해의 창시자였다. 그는 주장하기를 '두 종류의 장로' 가 딤전 5:17에 나타난다고 한다: 다스리는 장로들 (πρεσβύτεροι)과 말씀과 교리에 수고하는 장로들 (πρεσβύτεροι). 그는 전자는 단지 다스리도록 '안수 받았다' 고 해석한다:

> 모두 가르치도록 안수 받은 것이 아니므로 두 종류의 장로가 있다고 이 구절로부터 추론 될 수 있을 것이다. 그 단어들의 명백한 의미는 잘 그리고 명예롭게 다스리지만 가르치는 직위는 가지지 않은 자들이 있다는 것이다. 사람들은 공동 회의에서 목사들과 함께 그리고 교회의 권위를 가지고 징계를 하고 도덕적 교정을 위하여 감독관으로서 행동할 정직하고 잘 신뢰할 만 한 남자들을 선택했다.[6]

---

5) 참고. Massey H. Shepherd, Jr., 'Anglicanism' in *The Encyclopedia of Religion* 1 (ed. Mircea Eliade; New York: Macmillan Publishing Company; London: Collier Macmillan Publishers, 1987), pp. 286-91 (287).

6) John Calvin, *The Second Epistle of Paul The Apostle to the Corinthians and the Epistles to Timothy, Titus and Philemon* (Calvin's Commentaries; eds. David W. Torrance a nd Thomas f. Torrance; tr. T.A. Smailp; Edinburgh; London: Oliver and Boyd, 1964), p. 262.

개혁 장로교회는 전통적으로 이 구분 (다스리는 장로와 가르치는 장로)을 그 교회 정치에 적용한다. 이 해석은 사람들이 그들의 대표들을 통하여 '교회' '정치'에 가담하는 것을 가능하게 만든다. 어떤 사람들은 이 해석을 환영하지만 다른 사람들은 그렇지 않다. 역사에 전자와 후자 사이의 갈등이 나타났고 어떤 나라들에서는 심각하게 되었었다.[7] 이 해석은 지금 현재의 이 해석을 실천하는 공동체에서 가르치는 장로 (목사) 와 다스리는 장로 (교인의 대표) 사이에 갈등을 만들어내고 있다.[8]

불행히도, 칼빈은 신약성경에서 칭호들이 어떻게 사용되었는지 그 사용법과 신약 교회들의 상황을 고려하지 않고 이 유명한 이론을 이끌어 낸다.

그는 '감독' 이라는 용어와 '장로' 라는 용어가 신약 성경에서 상호 교환적으로 사용된다는 것을 깨닫고 딛 1:5, 7과 행 20:17, 28 등 몇

---

7) 영국 성공회와 청교도들, 특히 장로 교도들, 사이의 장기적인 갈등은 하나의 예이다. 또 하나의 예는 스코틀랜드에서의 감독주의자들과 장로주의자들 사이의 장기적 갈등이다 [참고. William M. Campbell, *The Triumph of Presbyterianism* (Edinburgh: The Saint Andrew Press, 1958), pp. ix-xii; David George Mullan, *Episcopacy in Scotland: The History of an Idea*, 1560-1638 (Edinburgh: John Donald Publishers LTD, 1986), pp. 1, 195-97].

8) 개신 교회들의 대부분은 목사와 교인 대표들의 구조를 가지고 있지만 가르치는 장로 (목사)와 다스리는 장로 (장로) 의 구조는 가지고 있지 않다 (참고. 'The Major Protestant Denominations' in *The New Encyclopædia Britannica* 26, pp. 236-66). 후자의 구조는 개혁주의 전통을 가지고 있는 교회들의 특징이다. 전자와 후자의 차이점은 무엇인가? 다스리는 장로 (장로)의 자리는 개혁주의 전통의 가장 중요한 문서인 웨스트민스터 신앙고백서에서 공식적인 직분으로 규정되어 있다는 점에서 다른 개신교회들에서의 교인 대표의 그것보다 더 공식적이다 (The Form of Presbyterial Church-Government. Of the Officers of the Church. Other Church-Governors 를 보라). 영국 성공회는 이 비교의 좋은 예이다. 영국 성공회의 가장 중요한 문서인 기도서는 교회 원든 (warden) 즉, 교인 대표들을 언급하지 않는다.

구절로 이것에 대한 예를 든다.[9] 그러나 그는 이 언어학적 깨달음을 다스리는 장로들 (딤전 5:17)에 대한 해석에 이용하거나 적용하지 않는다. 만약 장로교의 다스리는 (평신도) 장로들이[10] 신약성경의 장로 (프레스뷔테로이)와 같은 의미라면, 그들은 또한 신약성경의 감독 (에피스코포이)과 같은 의미이다. 신약성경에서 감독 (에피스코포이)은 칼빈에 따르면 목사들이다. 따라서, 만약 칼빈의 해석[11]이 채택된다면, 이상한 결론을 피할 수 없을 것이다: 다스리는 (평신도) 장로는 또한 목사다. 이것은 모순이다![12] 이것은 우리가 개혁주의 전통에서의 다스리는 (평신도) 장로들이 딤전 5:17에서 나오는 장로들 (프레스뷔테로이) 과 같지 않다라는 결론으로 나아가게 한다.[13] 칼빈의 문제는 그 구절을 해석할 때 이 용어법을 염두에 두지 못한 것이다. 이것이 웨스트민스터 신앙 고백서로 하여금 칼빈의 다스리는 장로와 가르치는 장로의 이론을 거절하고[14] 다스리는 장로들 (프레스뷔테로이)을 목사들로 해석하도록 했었을 것이다.[15]

---

9) John Calvin, *Institutes of the Christian Religion*, IV. III. 8. 그는 여기에서 이 두 용어가 'pastor' 와 'minister' 라는 용어와도 역시 상호 교환적이라고 했지만 신약성경에서 이것을 예증하는 어떤 구절도 없다.
10) 이들은 웨스트민스터 신앙고백서에서 'Elders' 라고 불린다(The Form of Presbyterial Church-Government. Of the Officers of the Church. Other Church-Governors 를 보라).
11) 위에서 인용되었듯이, 그는 다스리는 πρεσβύτεροι를 장로교의 장로들과 비슷한 단지 다스리기만 하도록 임명된 자들로 해석했다.
12) Peter Colin Campbell, 'The Theory of Ruling Eldership' in *Order in the Offices* (ed. Mark R. Brown; Duncansville: Classic Presbyterian Government Resources, 1993), pp. 84-6.
13) Campbell, 'The Theory of Ruling Eldership' , p. 89.
14) *The Westminster Confession of Faith* (The Form of Presbyterial Church-Government. Of the Officers of the Church을 보라).
15) *The Westminster Confession of Faith* (The Form of Presbyterial Church-Government. Of the Officers of the Church. Pastors 을 보라).

그들은 누구인가? 목사인가 장로인가? 이 질문과 관련하여 디모데전서의 다스리는 프레스뷔테로이가 18절에서 '급료'를 받는 것으로 묘사되고 있다는 것이 주목될 것이다. 애매하게도 칼빈은 이 구절의 주석에서 다스리는 장로들 (프레스뷔테로이)을 언급하지 않고 단지 말씀과 교리에 수고하는 장로들 (프레스뷔테로이) 만을 언급한다:

> 바울로 돌아가서, 그는 특히 가르침에 종사하는 목사들을 위하여 생계가 제공되어야 한다고 명령한다. … 그들의 목사에게 생계비를 거절하는 자들의 비감사함이 얼마나 더 참을 수 없는가, … [16]

그 이유는 칼빈이 다스리는 프레스뷔테로이를 사례비를 받지 않는 경향이 있는 평신도 (다스리는) 장로들로 간주하는 것일 것이다. 그러나 문맥에 관한 한 사례비는 '명예'와 연결이 되어 있고 '명예'는 양쪽 그룹에 다 주어진다.[17] 그러므로 사례비로부터 다스리는 프레스뷔테로이를 제외할 이유는 없다. 다른 말로 하면, 다스리는 프레스뷔테로이는 사례비를 받기로 되어 있다. 이것은 그들이 평신도 (다스리는) 장로들이 아니라는 것을 의미하는가? 이것은 반드시 그들이 다스리는 (평신도) 장로들이 아니라는 주장에 대한 증거는 아니다. 왜냐하면, 현재의 교회들은 다스리는 (평신도) 장로들에게 사례비를 주지 않지만 신약 교회들은 다를 수 있기 때문이다.

---

16) Calvin, *Timothy*, pp. 262-63.
17) George W. Knight III, *The Pastoral Epistles* (The New International Greek Testament Commentary; Grand Rapids: William B. Eerdmans Publishing Company; Carlisle: The Paternoster Press, 1992), p. 232.

칼빈은 신약 교회들의 상황을 이런 관점에서 그리고 또한 일반적으로 고려하지 못한다. 이것 때문에 17, 18절이 칼빈으로 하여금 뭔가 언급하기를 요구함에도 불구하고 칼빈은 디모데 전서의 다스리는 장로들 (πρεσβύτεροι) 이 임금을 받는지 아닌지에 관하여 침묵하게 된다.

2. 언어학적 접근으로부터의 해석

예레미야는 목회 서신에서 '에피스코포스' 라는 용어는 직분을 가리키는 반면에 딤전 5장 17절에 있는 '프레스뷔테로이' 라는 용어는 '직분' 의 함축이 아니라 딤전 5장 1절에서처럼 '나이' 의 함축을 가지고 있다고 주장한다. 그는 더 이상 나아가 '프레스뷔테로이' 라는 용어가 목회 서신에서 언제나 '노인' 의 의미로 사용된다고 주장한다.[18]

---

18) Joachim Jeremias, *Die Briefe an Timotheus und Titus* (Göttingen: Vandenhoeck & Ruprecht, 1953), pp. 34-5. 그의 요점은 다음과 같다. '두 배의 존경' (17절) 과 '임금' (18절)은 그들의 기능들을 잘 수행하는 프레스뷔테로이에게 주어진다. 이 종류의 '성과적' 사례비는 그들이 '직분자들' 이라면 생각할 수 없는 것이다. 그러나 그에게 유보 사항이 있다. 왜 그들이 '직분자' 라면 '성과적' 사례비는 생각할 수 없는가? 이것이 고정 사례비보다 더 공정할 수 있다. 예를 들면, 새 프레스뷔테로이와 경험 있는 프레스뷔테로이에게 똑 같은 양이 주어진다면 불공정할 것이다. 무엇보다도, 이 해석이 가지고 있는 문제는 이것이 심지어 말씀과 교리에 수고하는 자들 (17절 하반부)도 '직분자' 로 고려하지 않고 단지 '노인' 으로 간주한다는 것이다. 그러나 단지 노인일 뿐인 사람들은 임명될 필요가 없지만, 그들은 공식적으로 임명이 된다 (딤전 3:2-7; 딛 1:5 이하).
그러나, Barrett은 딛 1:5에서는 '프레스뷔테로이' 라는 용어가 직분의 함축으로 사용되었지만 딤전 5:17에서는 노인의 함축으로 사용되었다라고 주장한다. 그 대신에 그는 주목할 만하게도 '다스리는 노인' 은 직분의 함축을 가지고 있다는 것을 설명하는 데 실패하지 않는다 [C.K. Barrett, *The Pastoral Epistles* (The New Clarendon Bible; Oxford :The Clarendon Press, 1963), pp. 78-9]. 어쨌든, 그에게는 다스리는 프레스뷔테로이 (딤전 5:17)는 지역 교회 직분자들이다. 우리의 초점은 '프레스뷔테로이' 라는 용어 자체의 함축보다도 바로 이점에 놓여진다.

이 의견은 학자들에 의하여 일반적으로 받아들여지지 않고 있다.[19]

성공회 신학자인 라이트푸트는 신약성경에서 '장로'('πρεσβύτερος')와 '감독'('ἐπίσκοπος')이라는 용어가 상호 교환적으로 사용되었다는 다섯 가지 증거를 제시한다.[20] 첫째로, 빌립보서 1장 1절에서는 단지 두 개의 용어 '감독'('ἐπίσκοποι')과 '집사'('διάκονοι')가 나타난다. '에피스코포이'와 '프레스뷔테로이'라는 칭호들이 하나의 '직분'을 나타내지 않는 한 '프레스뷔테로이'라는 용어가 이 구절에 나타나지 않는다라는 게 이상하다. 둘째로, '에베소 교회'의 지도자들은 사도행전 20장 17절에서 프레스뷔테로이라고 불리고 동시에 28절에서 에피스코포이라고 불린다. 셋째로, 프레스뷔테로이가 에피스코포이의 기능인 감독의 기능을 수행하기로 되어 있다는 것이 베드로전서 5장 1, 2절에서 '관찰 될' 것이다. 넷째로, 디모데 전서 3장 1절 이하에서도 단지 두 개의 칭호 '에피스코포스'와 '디아코노이'가 나타나고 '프레스뷔테로이'라는 칭호는 나중에 디모데 전서 5장 17절 이하에서 '에피스코포이'라는 용어를 대치한다. 다섯째로, 디도서 1장 5절 이하에서 '프레스뷔테로이'와 '에피스코포스' 두 개의 칭호의 상호 교환성의 분명한 한 예를 본다.[21]

이 언어학적 연구로부터 라이트푸트는 신약 교회들에서는 모든 프

---

19) 참고. I. Howard Marshall, *The Pastoral Epistles* (The International Critical Commentary; Edinburgh: T&T Clark, 1999), p. 610.
20) Campbell도 역시 이것을 주목하고 모든 사람 심지어 '감독주의자들'도 지금은 이것을 믿는다라고 말한다 (Campbell, 'The Theory of Ruling Eldership', p. 84).
21) J. B. Lightfoot, *Saint Paul's Epistle to the Philippians* (4th rev. edn.; London: Macmillan and Co., 1878), pp. 96-7. 딛 1:5이하에서 나오는 두 칭호들에 관한 상세한 논의에 관하여는 Kim, *Patterns of Church Leadership*, pp. 115-126을 보라.

레스뷔테로스가 에피스코포스였다 라는 결론을 끌어낸다.[22] 그에게는 모든 프레스뷔테로스가 에피스코포스의 기능들을 수행할 수 있었다. 디모데전서 3장 2절과 디도서 1장 9절은 모든 에피스코포스가 가르치는 권리를 가지고 있었다는 것을 보여준다. 이것은 모든 프레스뷔테로스가 가르치도록 허용되었다는 것을 의미한다.[23] 이것이 라이트푸트로 하여금 어떤 프레스뷔테로이는 단지 '다스리는' 기능들만을 수행할 수 있도록 되어 있는 칼빈의 두 종류의 장로, 즉 '다스리는' 장로와 가르치는 장로의 이론[24]을 부인하고[25] 모든 프레스뷔테로이는 이 기능들 중에서 하나를 고를 '자유'[26]를 가지고 있었다고 주장하도록 유도했을 것이다:

> 장로들 (presbyters)의 의무들은 이중적이었다. 그들은 회중의 다스리는 자들이면서 교사들이었다. 이 두 가지 기능은 성 바울의 '목사와 교사' 라는 표현에 나타난다 … 가르치는 일과 다스리는 일이 장로 집단의 서로 다른 구성원들에게 속했다라고 생각할 근거는 없다. 사람들 각각은 자기의 특별한 재능을 가지고 있듯이 이들도 각각 자신을 다소 이 신성한 기능들의 한

---

22) Lightfoot, *Philippians*, pp. 96-7.
23) Lightfoot, *the Philippians*, pp. 194-95.
24) 칼빈도 역시 언어학적 측면을 무시하지 않고 신약성경에서는 'πρεσβύτεροι' 와 'ἐπίσκοποι' 의 두 용어들이 상호 교환적으로 사용된다고 말한다 (Calvin, *Institutes*, IV. III. 8). 그러나, 그는 이 언어학적 연구를 다스리는 프레스뷔테로이 (17절)의 해석에 적용해야 함에도 불구하고 가르치는 능력이 프레스뷔테로이 (에피스코포이) 의 자격 요건 이라는 것을 주목하지 못한다. 즉, 그가 두 종류의 장로 이론을 창출할 때 가르치는 자격 요건이 다스리는 프레스뷔테로이와도 연결되어 있다는 생각을 하지 못한 것이다 (Calvin, *Timothy*, pp. 261-62;Calvin, *Institutes*, IV. XI. 1).
25) Lightfoot, *the Philippians*, p. 195 각주 3.
26) 필자는 이 용어를 Peter Colin Campbell에게서 빌려 왔다 (아래의 C 항목을 보라).

쪽 혹은 다른 쪽에 배타적으로 헌신할 것이다.[27]

라이트푸트의 요점은 모든 프레스뷔테로이들이 두 가지 '기능', '가르침'과 '다스림'을 다 행할 수 있지만 그들의 능력에 따라 '가르치는' 또는 '다스리는' '기능'을 선택하는 경향이 있다는 것이다. 그의 의견은 아래에서 토론될 피터 콜린 캠벌의 것과 똑같다. 다스리는 프레스뷔테로이들은 '다스리는' '기능'을 선택하는 자들이다. 장로교의 의미에서의 다스리는 (평신도) 장로들은 단지 '다스리는' '기능' 만을 수행할 수 있다. 그러므로 라이트푸트에 따르면 다스리는 프레스뷔테로이들은 이 다스리는 (평신도) 장로들과 다르다.

피터 콜린 캠벌은 신약 교회들에서의 다스리는 프레스뷔테로이들은 목사들이다라고 주장한다. 그는 이것을 증명하기 위하여 논리, 특히 '귀류법'을 사용한다. 신약에서는 두 개의 칭호들이 상호 교환적으로 사용되기 때문에 프레스뷔테로이들은 에피스코포이들이다. 에피스코포이들은 '목사들'이다. 그러므로 프레스뷔테로이들은 또한 '목사들'이다. 이것은 다스리는 프레스뷔테로이들은 '감독과 목사들'이라는 의미도 된다.[28]

그러나, 그에 대해서 유보 사항이 있다. '에피스코포스'라는 용어는 '목사'라는 현대 용어와 똑같지 않다. 신약성경에는 모든 에피스코포스가 실제로 말씀과 교리의 기능을 수행한다라는 증거가 없다. 만약 사람들이 통상적으로 모든 에피스코포스가 목사라고 믿는다면 이것은 오해이다. 신약 교회들에서는 약간의 지역 교회 지도자들이

---

27) Lightfoot, *the Philippians*, p. 195.
28) Campbell, 'The Theory of Ruling Eldership', pp. 84-6.

가르치는 기능이나 설교하는 기능을 수행하지 않고 단지 다스리는 기능만을 수행했다는 것도 생각할 만하다 (딤전 5:17). 많은 사람들은 신약의 이 지도자들에게 가장 적절한 칭호는 프레스뷔테로이라고 생각할 것이다. 그러나 어떤 신약 공동체들에서 위의 두 칭호가 지역 교회 리더십을 위하여 사용되었을 때에는 상호 교환적으로 사용되었기 때문에 이들은 에피스코포이라고도 불릴 수 있다.[29] 더 구체적으로는 그들은 다스리는 프레스뷔테로이 또는 다스리는 에피스코포이라고 불릴 수 있다. 그러므로 다스리는 프레스뷔테로이들도 역시 에피스코포이이라는 사실이 반드시 다스리는 프레스뷔테로이들도 역시 목사들이라는 것을 의미하지는 않는다.

'말리스타'(μάλιστα)라는 단어가 디모데 전서 5장 17절에 나타난다. 이것의 해석이 여기에 나오는 잘 다스리는 장로의 정체성 파악에 영향을 미친다. 이것은 전통적으로 '특히'라고 번역되고 이 해석에 따르면, 저자는 다스리는 프레스뷔테로이와 말씀과 교리에 봉사하는 자들로 나누어 비교하고 있다. 그러나 요즘의 학자들은 이 말리스타를 '다른 말로 하면'으로 번역하는데 이 번역에 따르면, 저자는 여기에서 '잘 다스리는 프레스뷔테로이' 즉 '말씀과 교리에 수고하는 자들'이라는 한 그룹을 소개하고 있다. 이들의 견해는 스키트의 가설에 근거하고 있는데 위의 5장에서 증명되었듯이 스키트의 가설은 틀리므로 이들의 주장은 받아들여지지 않는다.[30]

잘 다스리는 프레스뷔테로이가 말씀과 교리에 봉사하는 자들이 아니다. 이들은 서로 구분된다. 그러나 단지 존경에 관하여만 구분되고

---

29) Kim, *Patterns of Church Leadership*, pp. 100-02을 보라.
30) 이 책의 5장을 보라.

있고 그들에게 서로 다른 칭호들이 주어지지 않았다. 물론, 잘못 다스리는 프레스뷔테로이는 고려 대상이 되지 않는다. 프레스뷔테로이 (에피스코포이)의 자격 요건들은 디모데 전서 3장 2-7절에 나타난다. 여기에서 단지 한 종류의 프레스뷔테로이(에피스코포이)가 고려된다. 만약 그들이 제도적으로 구분되어 있다면 두 종류의 자격 요건들이 이 구절에 제시될 것이고 각각에게 서로 다른 칭호들이 주어질 것이다. 그러므로 이 '직분자들'[31]은 제도적으로 구분되어 있지 않다고 할 수 있다. 그러나 위에서 라이트푸트에 의하여 지적되었듯이 그들 중의 일부는 다스리는 기능들을 수행하는 것을 선택하고 다른 사람들은 말씀과 교리의 기능들을 수행하는 것을 선택한다. 만약 그들이 각각 선택한 기능들만 계속 집중한다면 그들이 하나의 동일 그룹으로 여겨지기가 매우 어려울 것이다. 그들의 실제적 기능 수행이 제도적으로는 아니더라도 실제로는 그들을 별개의 그룹들로 여겨지게 할 것이다.

3. 역사적 무대를 고려한 해석

피터 콜린 캠벌은 다스리는 프레스뷔테로이의 정체성에 관한 수수께끼를 풀려고 애쓴다. 그는 신약 교회들의 상황을 말씀과 교리에 수고하는 자들을 위한 훈련의 관점에서 고려한다. 그 당시에 신약 교회들은 적소에서 어떤 공식적인 훈련을 가졌던 것 같지 않다.[32] 이것은

---

[31] Knight III, *The Pastoral Epistles*, p. 231. 그는 딤전 5:17에서의 'πρεσβύτεροι' 라는 용어는 '노인'을 나타낸다는 Jeremias 의 의견을 부인하고 '교회 직분자들'을 가리킨다고 주장한다.

왜 제도적으로 구분되어 있지 않은 사실에도 불구하고 어떤 프레스뷔테로이는 단지 다스리기만 하고 다른 프레스뷔테로이는 말씀과 교리에 수고하는지를 설명한다:

> 이 목적 때문에 각각은 자신을 특별한 기능들 또는 자기의 재능들이 가장 잘 맞는 의무의 분야에 더 특정하게 헌신하였다. 그들 중 어떤 사람들은 남들보다도 교훈과 권고의 일에 더 몰두하는 것과 같은 일이 발생하지 않을 수 없었다; 그러나 똑같은 안수에 의하여 똑같은 자리에 앉혀진바 모든 사람들이 똑같이 설교하고 가르칠 그리고 목사의 사역의 모든 부분들을 수행할 권리를 가지고 있었다라는 것을 새로운 사회들의 인공을 가하지 않은 구성과 목사들만이 아니라 다른 사람들도 가끔 공적으로 형제들의 혜택을 위하여 그들에게 부여된 재능들을 행사하도록 허락된 자유에 관하여 생각해 본 사람은 어떤 사람도 의심할 수 없다. 이것이 초대 교회들의 상황이었고 목사들의 상태였다는 것은 모든 뛰어난 학자들의 의견이다… 그들은 목사직을 설교하도록 권위가 부여된 자들과 그렇게 권위가 부여되지 않은 자들로 분류하는 것의 어떤 자취도 발견하지 못한다. …
>
> 우리는 우리가 사실이었다고 믿는 것 즉, 그것이 쓰여졌던 당시에 초대 교회들을 책임 맡는 자리에 놓여지기 위하여 자격이 부여되고 임명되었던 모든 자들이 똑같이 공적인 교훈과 권고를 위한 재능이 부여되지 않았다는 것을 인정한다.[33]

---

32) Campbell, 'The Theory of Ruling Eldership', p. 84. 참고. Jürgen Roloff, *Der erste Brief an Timotheus* (Evangelisch-Katholischer Kommentar Zum Neuen Testament XV; Zürich: Benziger Verlag; Neukirchen-Vluyn: Neukirchener Verlag, 1988), p. 306.
33) Campbell, 'The Theory of Ruling Eldership', pp. 86-7.

간단히 말해, 적절한 훈련 없이 말씀과 교리의 사역을 성취할 능력을 가졌던 자들이 실제로 이 기능들을 수행할 수 있었던 반면에 다른 사람들은 단지 다스리는 기능들만을 선택하지 않을 수 없었다. 디모데 전서 3장 1절 이하에 나오는 자격 요건들에 따르면, 가르칠 수 있는 자들만이 프레스뷔테로이로 임명되기로 되어 있다. 어떤 학자들은 이점으로부터 모든 프레스뷔테로스(에피스코포스)가 가르칠 수 있다고 주장할 것이다. 그러나 이것은 이론적인 차원이다. 만약 한 공동체 안에 그런 능력을 가진 자들의 수가 충분하다면 그것을 가지고 있지 않은 자들은 그 공동체의 프레스뷔테로이(에피스코포이)로 임명될 필요가 없다. 그러나 실제로 숫자가 충분하지 않을 때에는 심지어 가르치는 능력이 없는 사람들도 지도자의 그룹에 받아들여질 필요가 있다. 왜냐하면 그들은 적어도 다스리는 자로서 그들의 공동체를 섬길 수 있기 때문이다. 지도자들(πρεσβύτεροι)은 그들의 '기능들' 즉, 다스리는 것 또는 가르치는 것을 선택하는 데 있어서 그들의 능력에 따라서 '자유를' 갖는다는 것은 이 상황에서 아주 있을법한 이야기다. 이것은 신학 대학이나 신학원들이 사람들을 체계적으로 말씀과 교리에 수고하는 자로 훈련시켜서 가르치는 지도자들과 다스리는 지도자들이 처음부터 구별되게 선택되는 현대의 어느 공동체에 있는 상황과 혼동되어서는 안 된다. 이런 상황의 고려는 디모데 전서 5장 17절에서 다스리는 프레스뷔테로이가 장로교의 평신도 (다스리는) 장로들과 정확하게 똑같지도 않고 성공회나 다른 감독 교회들의 목사들과도 정확하게 똑같지 않다는 사실을 밝혀준다.

알라스테어 캠벌도 디모데 전서가 쓰여졌을 때의 교회의 상황을 고려한다. 하지만 그의 각도는 다르다. 저자는 디모데 전서 5장 18절

하반부에서 '일꾼이 그 삯을 받는 것이 마땅하다' 라고 언급하고 있다. 캠벌은 '삯' (사례비) 이라는 단어가 '명예' (17절) 에 관련된다는 것을 주목한다.[34] 17절에서 명예는 다스리는 프레스뷔테로이와 말씀과 교리에 수고하는 자들 모두에게 주어진다. 따라서 사례비는 말씀과 교리에 수고하는 자들뿐만 아니라 다스리는 프레스뷔테로이에게도 주어진다.[35] 그러나 그는 후자를 전자를 지칭하는 것으로 여긴다는 것이 기억될 필요가 있다. 그는 가정 교회 지도자들이 그러한 봉급을 받지 않았을 거라고 추정한다. 이러한 추정 하에, 그는 디모데 전서 5장 17절에 있는 프레스뷔테로이라는 칭호가 가정 교회 프레스뷔테로이 위에서 계층적 권위를 갖는 모네피스코포스(monepiskopos)의 직분을 지칭한다고 결론짓는다:

> 가정 교회 지도자들이라는 제 일차적인 의미의 에피스코포이가 봉급을 필요로 했거나 받았는지는 의심스러움에 틀림없다 … 다른 한편 새로운 의미에서의 감독직은 심지어 유복한 사람도 무보수로 떠맡기를 주저하는 full-time 사역이었을 것이다.[36]

---

34) Campbell, *The Elders*, p. 202. 참고. S. John Chrysostom, *Homilies of S. John Chrysostom, Archbishop of Constantinople, on the First Epistle of S. Paul the Apostle to Timothy*, Homily XV. (2); Thomas C. Oden, *First and Second Timothy and Titus* (Interpretation A Bible Commentary for Teaching and Preaching; Louisville: John Knox Press, 1989), p. 151; Marshall, *The Pastoral Epistles*, pp. 615-16.
35) 참고. J. N. D. Kelly, *A Commentary on the Pastoral Epistles* (Black's New Testament Commentaries; London: Adam & Charles Black, 1963), p. 13.
36) 전임 사역과 파트 타임 사역의 이 구분은 현대 교회에서 나왔을 것이다. 신약 교회에서는 아직 그러한 구분이 제도화되지 않았을 것이다. 그러므로 우리는 어떤 증거 없이 'monepiskopos'의 직분이 전임이다 또는 파트 타임이다 라고 말할 수 없다. 어쨌든, 'monepiskopos'는 봉급을 받을 자격이 있다는 것은 사실임에 틀림이 없다.

나는 딤전 5:17 이하가 여러 도시 교회들에서 'monepiskopos'
라는 새로운 자리를 차지할 자들을 언급하는 것으로 보는 게
더 타당하다고 결론짓는다.[37]

캠벌의 결론에 대하여 유보 사항이 있다. 그의 결론은 단지 두 종류의 지도자들 즉, '가정 교회 지도자들' 그리고 모네피스코포이가 존재한다는 그의 이해에 근거한다. 그는 똑같은 책의 다른 페이지에서 모네피스코포이의 자리를 가지고 있지 않은 지도자들이 '도시-교회'에 존재한다고 언급한다.[38] 그러나 그는 '가정' 교회 '지도자들'이 어떤 임명 없이 자동적으로 이 종류의 '도시-교회' 지도자들이 된다고 믿는 것 같다.[39] 그렇다면 한 도시에 너무 많은 지도자들이 있게 될 것이므로 이것은 있을 법하지 않은 일이다.[40] 게다가, 이 가설은 군주적이 아닌 보통의 프레스뷔테로이도 역시 바울의 각 교회에서 임명된다는 사실을 (행 14:21 이하) 설명하기는 어렵다. 이 프레스뷔테로이도 역시 '임금'을 받는다는 것은 생각할 수 없는 일이 아니다. 왜냐하면, 그들이 한 도시 교회의 공식적인 지도자들이기 때문이다.[41]

---

37) Campbell, *The Elders*, pp. 201-02.
38) Campbell은 단지 결론에서 이 종류의 프레스뷔테로이를 고려하는데 (Campbell, *The Elders*, p. 204) 혼동하고 있음에 틀림이 없다.
39) 이것은 'monepiscopos'의 '출현'에 관한 그의 설명에 암시되어 있다:
    그러나, 가정들로 구성되어 있고 가정 에피스코포이의 그룹에 의해 인도되는…, 제2 세대 교회들의 상황은 한 지도자의 출현으로 나아가는 경향이 있는 상황이었다 (Campbell, *The Elders*, p. 196).
40) 참고. Marshall은 말한다:
    개인 가정들이 교회를 형성하기 위하여 함께 모였고 그들 안에 지도자들이 될 자들을 (가정들의 가장들 모두를 자동적으로 지도자들로 가지기보다는) 임명하는 게 필요했을 것이다 (Marshall, *The Pastoral Epistles*, p.180).
41) 참고. 행 20:17이하.

그러므로 다스리는 프레스뷔테로이가 '임금'을 받는다는 사실은 반드시 그들이 '모네피스코포이'라는 캠벌의 주장을 지지하지 않는다.

4. 관련된 구절들을 고려한 해석

피터 콜린 캠벌은 다스리는 프레스뷔테로이를 이해하기 위하여 관련된 구절들을 조사한다. 그의 통찰은 만약 다스리는 프레스뷔테로이와 가르치는 프레스뷔테로이 사이의 '구분'이 신약 교회들에서 제도화되었었다면 신약성경 어딘가에 암시되어 있을 것이라는 것이다.[42] 이 조사는 그를 신약 교회들에서 그들 사이에 제도화된 구분이 있다는 어떤 증거도 발견이 되지 않는다는 것을 깨닫게 하고 다스리는 프레스뷔테로이는 '평신도 통치자들'[43]이 아니다라고 주장하게 한다. 이것은 그가 칼빈의 두 종류의 장로 이론에 동의하지 않는다는 것을 의미한다.[44]

이 설득력 있는 통찰은 우리가 몇 구절들을 구체적으로 토론하도록 하게 한다. 만약 디모데 전서 5장 17절이 두 제도적으로 구분될 수 있는 직분들을 묘사하고 있다면, 십중팔구 이것에 관한 어떤 암시가 교회 직분자들의 '자격 요건들'을 묘사하고 있는 디모데 전서 3장 1절 이하에 나타날 것이다. 에피스코포스의 직분을 위한 '자격 요건들'은 이것이 가르치고 (2절의 διδακτικόν) 다스리는 (5절의 προστῆναι)

---

42) 그는 특히 프레스뷔테로이 (에피스코포이) 의 '자격 요건', '기능', '임명' 또는 '의무'를 다루는 그러한 구절들을 고려한다.
43) 그는 이 표현을 사용한다.
44) Campbell, 'The Theory of Ruling Eldership', pp. 83-4.

직분이라는 것을 암시한다. 이 구절은 단지 다스리기만 하는 프레스뷔테로이의 '자격 요건들'을 따로 제시하지 않는다. 이것은 에피스코포이의 직분이 다스리는 에피스코포이 (프레스뷔테로이) 와 가르치는 에피스코포이 (프레스뷔테로이)의 두 개의 직분으로 나누어지지 않았다는 것을 의미한다. 디도서 1장 6절 이하에 비슷한 '자격 요건들'이 나타난다. 이 구절에서도 역시 그러한 구분은 전혀 암시되어 있지 않다.

피터 콜린 캠벌은 단지 다스리기만 하는 프레스뷔테로이도 역시 목사라고 주장한다.[45] 그러나 말씀과 교리의 기능 즉, 설교하는 것과 가르치는 것을 전혀 수행하지 않는 자들이 어떻게 목사라고 불릴 수 있는가? 그들은 말씀과 교리에 수고하는 자들과 똑같은 자격 요건에 따라 지도자로 선택이 된다 (딤전 3:1 이하와 딛 1:6 이하); 그러나, 그들의 실제적 기능들에 관한한, 그들은 말씀과 교리에 수고하는 자들과 다르다 (딤전 5:17).[46] 이것이 왜 저자가 이들을 지역 교회 목사들 즉, 말씀과 교리에 수고하는 자들과 구분하기를 원하는지에 대한 그 이유일 것이다 (딤전 5:17).

5. 결론

디모데 전서 5장 17절에 따르면 프레스뷔테로이 중 일부는 단지 다스리기만 하고 다른 자들은 말씀과 교리에 수고한다.[47] 다스리는

---

45) Campbell, 'The Theory of Ruling Eldership', pp. 84-6.
46) 이것은 위에 나오는 c에서 비슷하게 토론된다.
47) 참고. Lightfoot, the Philippians, p. 195 그리고 각주 2. Lightfoot은 초대 교회에서 '가르치는 일은 장로 직에 절대적으로 필수 불가결하지 않았다'고 주장하고 이에 대한 증거를

기능과 말씀과 교리에 수고하는 기능 즉, 가르치는 기능은 서로 다른 것이다.

에베소서 4장 11절에 '목사와 교사 (τοὺς δὲ ποιμένες καὶ διδάσκαλοι)' 라는 표현이 나타난다. 목사(ποιμένες)와 교사 (διδάσκαλοι)는 하나의 대명사적 관사(τοὺς)로 연결되어 있다 할지라도 두 그룹일 것이다. 그 이유는 두 개의 구별된 칭호들이 사용되었기 때문이다.[48] 그러나 하나의 관사로 결합되었기 때문에 그들은 확실하게 구분되지 않는다.[49] 아마도 저자는 일반적으로 그들을 통틀어

제시한다: 'presbyteri doctores' 의 존재. 그는 이 표현을 키프리안의 De Catholicae Ecclesiae Unitate. 29 (3세기 중반) 에서 그리고 Acts of Perpetua et Felicitas. 13 (3세기 초반) 에서 발견한다. 그는 이것들은 목회 서신의 그것보다 나중 시기의 자료들이지만 역시 이른 시기의 교회들 (목회 서신의 교회들)에 단지 다스리기만 하는 프레스뷔테로이가 존재했다는 증거가 될 수 있다 라고 설명한다. 다음의 설명이 그의 주장을 완성할 것이다. 초대 교회에 presbyteri doctores 라고 불렸던 자들이 존재했다. 이 장로들은 교리에 수고하는 자들이다. 이 표현은 근본 표현인 'presbyteri' 에 근거 한다. 이것은 단지 presbyteri로만 불렸던 자들이 기본적으로 존재했다는 것과 그들이 보통의 'presbyteri' 와 특별한 'presbyteri doctores' 를 구분했다는 것을 암시한다. 이 특별한 장로들은 가르치는 기능 (doctores의 기능) 을 수행하도록 요구되었지만 보통의 장로들은 그렇게 할 절대적 필요가 없었다. 만약 presbyteri 모두가 교리에 수고 했었다면, 그들은 'presbyteri doctores' 라는 특별한 표현을 쓸 필요가 없었을 것이다. 반복하면, '가르치는 일은 장로 직에 절대적으로 필수 불가결하지 않았다'. 이것은 목회 서신 시기의 '장로 직' 의 경우에도 마찬가지일 것이라고 생각하는 것은 이상하지 않다. 왜냐하면, 그러한 특별한 표현은 사용되지 않지만 그러한 구분, 다스리는 기능을 수행하는 자들과 말씀과 교리에 수고하는 자들, 은 딤전 5:17에 이미 나타난다. 저자가 전자를 후자로부터 구분하는 이 주장은 그가 이 구절에서 그들을 구별되게 지칭한다는 사실에 의하여 증명이 된다: 다스리면서 말씀과 교리에 수고하는 자들이라고 한 그룹으로 표현하기보다는 다스리는 자들과 말씀과 교리에 수고하는 자들로 표현함(위의 b를 다시 참조하라).

48) Pace M. Barth, *Ephesians Translation and Commentary on Chapters 4-6* (Garden: Doubleday & Company, Inc., 1974), p. 438.
49) 참고. A. T. Lincoln, *Ephesians* (Word Biblical Commentary 42; Dallas: Word Books, Publisher, 1990), p. 250.

그냥 단지 교사들로 지칭할 수 있지만 그들의 기능들의 구체적 묘사를 원하고 있는 것 같다. 이것은 초대 교회에서 교회 직분과 관련하여 '교사'(디다스칼로이) 라는 칭호는 흔히 발견되지만 '목사'(포이메네스) 라는 칭호는 거의 나타나지 않는다는 사실에 의하여 증명이 된다.[50] 비록 '포이마이네인(ποιμαίνειν)'(행 20:28)이나 '포이마나테(ποιμάνατε)'(벧전 5:2) 라는 단어는 사용될지라도 '포이메네스' 라는 칭호는 신약성경의 다른 곳에서 교회의 어떤 지위를 위하여 전혀 사용되지 않는다는 것은 주목할 만할 것이다. 초대 교회에 통상적으로 또는 보편적으로 포이메네스라고 불렸던 어떤 특정한 집단의 사람들이 존재하지 않았다는 것은 사실임에 틀림이 없다. 이것이 사실이라면 이 포이메네스는 누구이고 그들의 기능은 무엇인가? 그들이 사도나 선지자나 전도자나 교사를 돌보는 기능을 수행한다는 것은 생각할 수 없다 (엡 4:11). 그들은 새 양무리(새 신자들)을 위한 목자의 기능들을 수행할 것이다.[51] 물론, 우리는 그들이 다스리는 기능을 사도나 선지자나 전도자나 교사들 위에 수행한다는 것은 상상할 수 없다. 누군가 이것을 해야 된다면, 오히려 사도들이 나머지 위에 다스리는 그 기능을 수행한다는 것이 있을 법한 이야기다. 이것은 그 구절에 나와 있는 칭호들의 순서에 의하여 암시되어 있다: 사도들-선지자들-전도자들-목자들과 교사들. 그러므로 저자는 '포이메네스' 란 칭호를 가지고 다스리는 기능을 염두에 두고 있지 않다. 포이메네스와 디다스칼로이가 붙어 있는 '포이메네스와 디다스칼로이' 라는 표현은 다

---

50) 이 정보는 *Thesaurus Linguae Graecae* (T.L.G) 로부터 얻어진다.
51) 이것은 Eusebius의 *The Ecclesiastical History* III, 37, 2. 에서 새 신자들을 돌보기 위하여 포이메네스(ποιμένες) 가 전도자에 의하여 임명되었다는 사실에 의하여 지지된다.

스리는 기능과 가르치는 기능 사이에 어떤 경계선을 긋기가 어렵다는 주장을 지지하지 않는다. 에베소서에서 포이메네스가 디다스칼로이와 결합되어 있다는 사실과 다스리는 기능이 가르치는 기능과 확실하게 구분될 수 있다는 사실은 별개의 것이고 위에서 이미 논증했듯이 다스리는 기능과 가르치는 기능은 확실하게 구분이 된다.

신약성경의 감독들은 비록 전부가 다 말씀과 교리에 수고하지 않지만 현대 교회들에 의하여 통상적으로 목사들로 여겨진다.[52] 그런데 '장로들'과 '감독들'이라는 칭호들은 사도행전 20장 17절, 28절과 목회 서신에서 상호교환적으로 사용된다. 이것은 우리가 프레스뷔테로이도 역시 (다스리지만 가르치지 않는 자들을 포함하여) 모든 교회에 의하여 목사로 여겨질 것이라고 추측하도록 한다. 그러나 다스리는 프레스뷔테로이가 어떤 교단들에서는 (평신도) 장로들로 여겨지고 또 다른 교단들에서는 목사들로 여겨진다. 이것은 수수께끼였지만 네 가지로 분류될 수 있는 위의 해석들을 통해서 풀려졌다.

안수에 관한한, 신약성경에서 다스리는 프레스뷔테로이와 말씀과 교리에 수고하는 프레스뷔테로이 사이에 어떤 구분도 존재하지 않는다. 이것은 칼빈의 두 종류의 장로 체계에서와는 다르게 전자와 후자가 공식적 의미에서는 확실하게 구분되지 않는다는 것을 의미한다. 따라서, 만약 어떤 사람들이 프레스뷔테로이로 임명이 된다면 그들은 다스리는 기능과 가르치는 기능 모두를 수행하도록 허락된다. 이 관점에서, 신약성경에 있는 단지 다스리는 프레스뷔테로이는 다스리기만 하도록 임명된 현대 교회의 지도자들 즉, 개혁 장로 교회에서의

---

52) 참고. Campbell, 'The Theory of Ruling Eldership', p. 85.

(다스리는) 장로들 또는 다른 개신교 교회들에서의 장로들 (교인 대표들)과는 다르다.

　원칙적으로, 가르치는 능력을 가진 자들만이 이 프레스뷔테로이 직의 후보자가 될 수 있다. 그러나 이상적 후보자들의 숫자가 언제나 충분한 것은 아니었고 신약 교회들은 후보자들에게 훈련을 제공할 어떤 신학교나 신학원을 가지고 있지 않았던 것 같다. 이것이 교회들을 실제에 있어서는 심지어 적절히 가르칠 수 없는 자들까지 임명하도록 하게 했었을 것이다. 그러므로 이 프레스뷔테로이는 그들의 회중에서 아무도 가르치는 기능들을 행하지 않지 않는한 자연히 단지 다스리는 기능들에만 집중하는 경향이 있을 것이다. 이 관점에서, 그들은 개혁과 다른 개신교회들에서의 장로들과 비슷하다.

　결론적으로, 신약성경의 다스리는 프레스뷔테로이와 정확하게 똑같은 종류의 지도자들은 현대 교회들 즉, 장로/회중 교회에서나 감독교회에서든 어디에서든 발견이 되지 않는다. 구체적으로 말하면, 현대 개신 교회들에 존재하는 교인 대표들과 목사들이라는 이분법은 신약성경에는 보이지 않는다. 그러나 단지 기능만이 고려된다면 신약성경의 다스리는 프레스뷔테로이는 현대 교회들의 장로들과 아주 비슷하다.

Chapter • 7

목사와 장로의 관계: 상하 관계인가 평등 관계인가?

오늘날 대부분의 기독교 교단에서는 목사와 장로의 관계는 평등하고 이것은 평등사상을 숭상하는 현대인의 정서에 맞아서 그런지 사람들에 의하여 적합한 것으로 평가 된다. 특히, 로마 카톨릭의 계급 제도를 싫어하는 개혁주의자들은 당연히 교회의 지도자들 사이의 평등한 관계가 개혁주의적이라고 간주할 것이다.

그러나 20세기 말에 한국 교회에서 가장 문제가 되었던 것 중의 하나는 바로 이 평등한 목사와 장로의 관계였다.[1] 그래서 이 평등 관계가 과연 정말로 성경적인가 하는 질문이 필자의 머릿속에 떠오르게 된 것이다. 아마 이 평등 관계가 문제가 되는 원인은 여러 가지가 있겠지만 호머에 관하여 언급하는 칼빈의 글에서 우리는 한 가지 중요한 이치를 발견할 수 있다. 칼빈이 밝히는 호머의 정치사상에 따르면,

---

[1] 목회와 신학 55와 65를 참조하라. 미국에서도 이것은 큰 이슈가 되었었다라는 게 The Alban Institute에서 여기에 관련된 책들을 많이 펴 냈었다라는 사실에서 증명이 된다 (참고. http://www.alban.org/).

한 왕국은 두 왕을 가질 수 없고 권력은 배우자를 허용하려 들지 않는다.[2] 이것은 인간의 본성이고 권세의 속성이라고 해도 과언은 아닐 것이다. 이러한 인간의 본성에 따라, 한 교회에 두 평등한 지도자가 있을 때에 이것은 곧바로 갈등으로 표출되는 것은 아니라 할지라도 그들이 통제력을 잃는 특별한 경우에 문제가 될 소지를 안고 있는 것이라고 추론하는 것은 무리가 없을 것이다.

이 이슈는 21세기에 들어와서도 여전히 해결되지 않은 채 그대로 남아 있다. 21세기는 분명 20세기보다도 더 발달된 사회가 될 것임에 틀림이 없다. 그래서 일반 학문에서는 과거의 이론은 21세기에 나올 새로운 것들에 자리를 내어 줄 수밖에 없을 것이다. 그러나 우리 교회에서는 시대가 아무리 발전해도 초대 교회 때 사용하던 성경이 가장 권위가 있는 것이고 새 이론도 이 성경 속에서 나와야 그 힘을 발휘할 수 있을 것이다. 지난 세기에 우리는 목사와 장로의 관계에 대한 해결 방안을 제시한 많은 책들을 보아왔지만, 그들 관계를 성경적으로 좀 더 구체적으로 표현하면 성경학 (성서학)적으로 접근하는 것은 볼 수가 없었다. 다시 말하면 목회학적으로 또는 성경을 이용하지만 주로 심리학적, 역사 신학적, 또는 인간 관계론적으로 접근하는 책들은 많이 있지만, 성경에 규정된 그들의 관계에 대해서 찾아내어 이에 대한 연구를 시도한 책들은 발견하기 어렵다. 이것은 아마 성경학 (성서학) 학자들은 여기에 관심을 가지는 데 실패했고 여기에 노력을 기울인 사람들은 다른 분야의 학자들이기 때문이다. 물론, 이런 접근 방식도 나름대로 의미가 있고 문제의 해결에 공헌도 했을 것이다. 그러나 이

---

2) John Calvin, *Institutes of Christian Religion*, IV. VI. 8.

들 관계를 성경적으로 규정할 수만 있다면 이것은 개신교회들의 교회 정치 패러다임을 전환시킬 정도로 획기적인 그래서 가장 강력한 해결 방법이 될 것이다.

오늘날의 목사와 장로의 성경적 기원은 무엇인가? 오늘날 목사와 장로는 교회 건물을 제공하거나 또는 어떤 영적 은사를 받아서 스스로 등장하는 것이 아니고 사람들에 의하여 임명이 된다. 그리고 목사는 다스리며 말씀과 교리에 수고하는 역할을 하고 장로는 주로 다스리는 역할만 한다. 먼저 우리는 이와 같은 자들이 성경의 어떤 자들과 같은지 규명을 해야 할 것이다. 그러나, 우리는 여기에 대해서 앞에서 이미 논의했기 때문에 여기서는 간단히 설명만 하면 될 것이다. 그러고 나서 그들의 관계가 직접적으로 규정이 되어 있는지 아니면 추론을 해야 하는지 살펴보아야 한다. 이런 취지로 신약성경을 읽을 때 우리는 문제의 한 구절을 발견하게 된다. 그것은 디모데 전서 5장 17절인데 그 내용은 다음과 같다: 잘 다스리는 장로들을 배나 존경할 자로 알되 말씀과 가르침에 수고하는 이들을 더할 것이니라. 만약 이 구절에서, 그것이 평등한 관계이든지 아니면 상하 관계이든지 다스리는 장로들과 말씀과 교리에 수고하는 장로들 사이의 관계가 규정될 수 있다면 우리는 여기에서 바로 해결책을 얻을 것이다.

1. 신약의 목사와 장로

신약성경에는 리더십 형태에 따라 볼 때 카리스마적 지도자,[3] 가정

---

3) 주의. 여기에서 사용되는 카리스마라는 용어는 바울이 고전 12:4,31 등에서 쓰는 영적

교회 지도자, 도시 교회지도자 세 가지 종류의 교회 지도자들이 나온다. 카리스마적 지도자는 고전 12:28에 나오는 사도, 선지자, 전도자 같은 지도자들이고[4] 가정 교회 지도자는 신자들이 모임을 가지는 어느 가정 집의 주인으로서 그 신자들의 지도자인데 고전 16:19에 나오는 브리스가와 아굴라, 빌레몬서 1, 2절에 나오는 빌레몬 같은 지도자들이다. 그리고 도시 교회 지도자들은 지역 교회에서 임명된 지도자들로서 목회 서신의 감독이나 장로라는 칭호로 불리는 자들과 같은 자들이다.[5]

이들 중 발생 기원적으로 볼 때, 성령에 의해 등장한 카리스마적 지도자나 교회의 모임으로 사용되는 집의 주인으로서 자연 발생적으로 등장한 가정 교회 지도자보다도 공식적으로 지도자로 임명되어 삯도 받으면서[6] 사역하는 도시 교회 지도자가[7] 오늘날의 목사와 같은

은사(χαρίσματα)라는 단어에서 온 것이고 이 성경적 용어를 원용해 비범한 지도자들의 어떤 특질을 표현하기 위하여 그 의미를 바꾼 막스 베버의 용어론과는 다르다. 참고. Max Weber, *Economy and Society* I (eds. Guenther Roth and Claus Wittich; New York: Bedminster Press, 1968), p. 241.

4) 행 13:1에 나오는 선지자와 교사도 카리스마적 지도자들이다 [Hong Bom Kim, *Parity or Hierarchy? Patterns of Church Leadership in the Reformed Churches and in the New Testament* (Sheffield: Ph. D. Thesis, 2000), pp. 78-80]. 그리고 R. Schnackenburg는 엡 4:11에 나오는 사도, 선지자, 전도자, 목사와 교사가 영적 은사로 나타난 자들이 아니라고 하나 이것은 잘못된 본문 주석에서 나온 견해이고 적확한 주석에 따르면 사실은 이들도 카리스마적 지도자들이다 (Kim, *Patterns of Church Leaders*, pp. 150-54).

5) 고전 16:15-16에 나오는 스데반, 롬 16:23의 가이오, 골 4:15에 나오는 눔바, 행 17:5 이하의 야손도 가정 교회 지도자들이다. 이들이 왜 가정 교회 지도자들인지에 대한 논증을 위해서 그리고 가정 교회와 도시 교회의 분류에 대해서 더 자세히 고찰하기 위해서는 김 홍범, '예루살렘과 바울 공동체들에 나타난 하우스 교회들의 형태' in 열린 보수주의 (한국 개혁 신학회 논문집 제10권; 서울: 이레서원, 2001), pp. 162-74를 보라.

6) 딤전 5:18-19.

7) 이들 도시 교회 지도자들은 성경의 여러 부분에 나타난다: 행 11:30; 14:23; 15:2, 4, 6, 22, 23; 16:4; 20:17, 28; 21:18; 빌 1:1; 딤전 3:2; 5:17; 5:19 (단수 칭호 'πρεσβύτερος'); 딛 1:5,7; 약 5:14; 벧전 5:1a. 참고. R. Alastair Campbell은 사도행전 14:23, 20:17, 28에 나오는 자

지도자들이다. 한편, 상식적인 견해와는 다르게 엡 4:11에서 목사라고 번역된 자들은 목자의 역할을 감당할 어떤 성령의 은사를 받고 자연 발생적으로 등장한 카리스마적 지도자들로서[8] 이와 비슷한 은사를 받았다고 하더라도 교회에서 임명의 절차를 거쳐야만 비로소 목사로서 사역을 할 수 있는 오늘날의 목사와는 다르다.[9]

그리고 장로도 역시 카리스마적 지도자들이나[10] 가정 교회 지도자들보다는 도시 교회 지도자들에 가장 가까울 것이다. 물론, 이 도시 교회 지도자들이 삯을 받는다는[11] 사실은 우리에게 이들이 오늘날의 장로들과 정확하게 똑같지는 않다는 것을 알려 준다. 그럼, 무엇이 오늘날의 장로와 같은가? 칼빈은 롬 12:8의 다스리는 자와 고전 12:28의 다스리는 것,[12] 딤전 5:17의 다스리는 자들을 장로의 성경적 기원으로 제시한다.[13] 그러나 롬 12:6에 비추어 보면 롬 12:8의 다스리는 자는 성령의 은사 중의 하나로서 나타난 카리스마적 일꾼들 중의 하나라는 것을 알 수 있고 고전 12:4를 보면 고전 12:28의 다스리는 것도 마찬가지라는 것을 알 수 있다. 딤전 5:17의 다스리는 장로들에 관해서는 웨스트민스터 신앙 고백서는 칼빈과 다르게 목사로 해석하고

오는 자들 그리고 Jean-Francois Collange 와 Gerald F. Hawthorne의 주장을 근거로 심지어 빌 1:1에 나타나는 자들도 가정 교회 지도자들이라고 하는데 이들은 예배를 드리는 가정집 주인으로서 지도자로 자연적으로 등장하는 자들이기보다도 그 도시 안에 소사회(교회)가 안 나타나는 즉, 도시 전체가 하나로 통합된 도시 교회에서 지도자로 임명되는 존재들이기 때문에 도시 교회 지도자라고 할 수 있다 (Kim, *Patterns of Church Leadership*, pp. 122-26, 157-65, 171-73).

8) Kim, *Patterns of Church Leadership*, pp. 78-80.
9) Kim, *Patterns of Church Leadership*, pp. 81-85.
10) 참고. Kim, *Patterns of Church Leadership*, pp. 78-80.
11) 딤전 5:18.
12) Calvin, *Institutes*, IV. III. 8.
13) Calvin, *Institutes*, IV. XI. 1.

14) 칼빈의 가르치는 장로와 다스리는 장로의 구분을 부인한다.15) 이 이유는 이 성경의 다스리는 장로들이 삯을 받을 뿐만 아니라 칼빈이 주장한 것처럼 단지 다스리기만 하도록 안수 받은 것이 아니고16) 성직 임직 시에 다스리는 장로들과 말씀과 교리에 수고하는 장로들의 구분이 전혀 없기 때문이다.17) 즉, 발생 기원적으로 볼 때 다스리는 장로들은 말씀과 교리에 수고하는 장로들과 똑같다는 것 때문이다. 어쨌든 우리는 목회 서신, 특히 딤전 5:17을 자세히 살펴 볼 때, 도시 교회 지도자들 중 일부는 말씀과 교리에 봉사하지 않고 오직 다스리기만 한다는 사실을 발견할 수 있다. 이 사실은 바로 이들이 발생 기원적으로는 아니더라도 기능상으로 볼 때에는 장로의 기원으로 간주될 수 있을 가능성도 열어놓는다.18) 침례교 신학자 Campbell은 이들은 삯을 받아서 가정 교회 지도자라고 할 수 없고 사실 군주적 감독이라고 할 수밖에 없다라고 하는데,19) 그는 가정 교회 지도자와 군주적 감독 외에 딛 1:5 이

---

14) *The Westminster Confession of Faith* (The Form of Presbyterial Church-Government. Of the Officers of the Church. Pastors) 를 보라.
15) *The Westminster Confession of Faith* (The Form of Presbyterial Church-Government. Of the Officers of the Church) 를 보라.
16) *Pace* John Calvin, *The Second Epistle of Paul The Apostle to the Corinthians and the Epistles to Timothy, Titus and Philemon* (Calvin's Commentaries; eds. David W. Torrance and Thomas F. Torrance; tr. T.A. Smailp; Edinburgh; London: Oliver and Boyd, 1964), p. 262.
17) 딤전 3:1-7에 나와 있는 감독(장로)의 자격요건에 이런 구분이 없고 만약 이것이 다스리는 자의 자격 요건이 아니라 말씀과 교리에 수고하는 자의 자격 요건에 관한 것이라면 디모데 전서 다른 부분에 다스리는 자의 자격 요건에 관하여 나와야 하는데 이에 대하여 전혀 언급이 없는 것으로 봐서 임직 시에는 아무런 구분이 없었지만 나중에 일부는 **실제상** 다스리는 데만 전념하고 다른 사람들은 말씀과 교리에도 수고하게 된 것이 틀림이 없다.
18) Kim, *Patterns of Church Leadership*, pp. 78-80.
19) R. Alastair Campbell, *The Elders: Seniority within Earliest Christianity* (Studies of the New Testament and Its World; Edinburgh: T&T Clark Ltd, 1994), pp. 201-02.

하에서 명백히 증명이 되듯이 한 도시에 여러 명이 임명될 수도 있는 (집단 지도 체제) 지도자들이 있었다라는 사실을 발견하지 못했다.

결론적으로 다시 말하면, 문제의 딤전 5:17의 다스리는 장로들이 오늘날 교회들의 장로와 비슷한 직분자들이고 말씀과 교리에 수고하는 자들이 오늘날 지역 교회 목사와 같은 지도자들이다. 물론 여기처럼 구분되지는 않지만 이 성경의 지도자들은 이미 설명하였듯이 신약 다른 부분에서도 나타난다.

2. 신약의 장로와 목사의 관계

딤전 5:17을 잘 살펴보면, 저자는 교회가 이 지도자들을 어떻게 대우해야 하는가를 알려주고 있다는 것을 새삼스럽게 깨닫게 될 것이다. 자세한 논의가 필요하겠지만, 놀랍게도 이 절에 이들 서로간의 관계가 암시 되어 있다. 얼른 보기에는 저자는 교인들이 말씀과 교리에 수고하는 자들과 단지 다스리기만 하는 자들을 차등적으로 대우하기를 즉, 이들의 관계를 일종의 상하관계로 인식하고 실행하기를 원하는 것 같은데 어떤 결론을 내리기 전에 도대체 정확하게 무엇이 상하 관계, 계급 제도(hierarchy)인지 먼저 여기에 대한 정의부터 내려야 할 것이다.

A. H. Halsey는 '계급 제도는 하향적인 힘, 권세 또는 특권 등이 등급, 서열 또는 계급식으로 되어있는 조직이다' 라고 말한다. 이 정의는 어느 사회과학 백과사전에서 발견이 되지만,[20] 실제적으로는

---

20) A. H. Halsey, 'Hierarchy' in *The Social Science Encyclopedia* (2nd edn.; eds. Adam Kuper and Jessica Kuper; London; New York: Routledge, 1996), pp. 361-62.

'종교적',[21] 특히 기독교[22] 정치에서 기원하는 이 용어의 넓고 대중적인 이해에 의존하고 있다.

인간 사회에서의 계급 제도의 역할에 관한 중요한 연구에서, Dumont은 계급 제도라는 용어가 '심지어 사회학자들 그리고 철학자들'을 포함한 현대인들에 의하여 외면당하는 경향이 있다는 것을 인식한다. 그럼에도 불구하고, 그는 '사상, 사물 그리고 사람들의 어떤 계급 제도는 사회생활에 필수 불가결하다'라고 진술한다. 그는 다음과 같은 주장으로 이것을 지지한다. 인간들은 '가치들'을 가지고 있으므로 한 사회가 '가치들에 관한 어떤 일치된 의견'을 '채택하는' 것은 필요하다. '가치를 채택하는 것은 계급 제도를 도입하는 것'이기 때문에 위 문장의 하반절은 의미에 있어서 한 사회가 '어떤 계급 제도'를 '도입하는 것은' 필요하다라는 진술과 같다.[23]

이 '가치'의 계급 구조의 개념은 딤전 5:17의 연구에 도움이 된다. 이 절을 다시 보자: Οἱ καλῶς προεστῶτες πρεσβύτεροι διπλῆς τιμῆς ἀξιούσθωσαν, μάλιστα οἱ κοπιῶντες ἐν λόγῳ καὶ διδασκαλίᾳ. (잘 다스리는 장로들은 두 배의 존경을 받을 만하다. 말씀과 교리에 수고하는 자들은 특히 그러하다). I. Howard Marshall은 T. C. Skeat의 가설을 받아들여, 여기의 μάλιστα를 '특히'로 해석하지 않고 '다른 말로 하면'으로 번역한다.[24] 그러나 Skeat 자신은 그의 가설을 이 절에 적용하지 않을 뿐만 아니라[25] 이 번역에 따르면 잘

---

21) Louis Dumont, *Homo Hierarchicus* (London: Paladin, 1972), pp. 104-05.
22) Halsey, 'Hierarchy', pp. 361-62.
23) Dumont, *Homo Hierarchicus*, pp. 53-4.
24) I. Howard Marshall, *The Pastoral Epistles* (The International Critical Commentary; Edinburgh: T&T Clark, 1999), pp. 611-12.

다스리는 장로들이 (17a) 다른 말로 하면 말씀과 교리에 수고하는 자들이 (17b) 되어버리므로 저자는 잘 다스리지는 않더라도 어쨌든 다스리는 기능을 수행하고 있는 장로들은 언급하지 않고 단지 잘 다스리는 장로들 즉, 말씀과 교리에 수고하는 장로들만 거론하는 꼴이 되어 이 번역은 문제가 있다. 그리고 또 하나의 문제점은 표현상의 문제인데 만약 저자가 잘 다스리는 장로들 즉, 말씀과 교리에도 역시 수고하는 장로들이라는 표현과 같은 것을 사용했다면 Marshall의 번역이 매끄러운 것으로 여겨질 수 있다는 것이다. 반면에, 본문을 다음과 같이 보면 전혀 문제가 없다. 칼빈이나 Barrett 같은 학자들이 믿듯이 저자는 참 과부(5:3-16)와 잘 다스리는자들(17)을 비교하고 있고[26] 그리고 말씀과 교리에 수고하는 자들을 강조하고 있다. 한편, '존경'[27] 또는 '두 배'[28] 가 구체적으로 무엇을 의미하는지는 두 그룹의 관계만을 논하는 이 논문에서는 토의될 필요가 없다.

비록 인간의 본성은 긴장이 그들의 관계에 발생할 수 있다고 추측하는 것을 가능하게 할지라도, 이 절은 이 두 그룹 사이에 '힘의 투쟁' 이 존재한다는 것을 보이고 있지는 않다. 그래서 저자는 그들의

---

25) T.C. Skeat, 'Especially the Parchments: a Note on 2 Tim. 4:13' in *Journal of Theological Studies* 30 (1979), pp. 173-77.
26) Marshall, *The Pastoral Epistles*, p. 613.
27) 참고. Marshall,*The Pastoral Epistles*, pp. 612-13. 그는 세 가지 해석을 소개한다: a. 단지 '존경' (W. Michaelis) b. '봉급' (H. von Lips) 또는 "사례비"에 대한 보다 넓은 언급 (Kirk, Roloff) c. '어떤 만질 수 있는 형태로 표현된 존경' (Jeremias, G. Bornkamm, Meier, Sand and J. Schneider).
28) 참고. Marshall, *The Pastoral Epistles*, pp. 613-15. 그는 '두 배'에 관한 다양한 해석을 일곱 가지로 분류한다. 그가 언급하는 학자들은 다음과 같다: (Michel), (Brox, Fee, Arichea-Hatton, Stott), (Holtzmann, Bernard, Easton, Hasler, Brox), (Roloff), (Lock, Calvin, Jeremias, Barrett, Lips), (Schöllgen), (Oberlinner), (Dibelius-Conzelmann, Meier), (Merkel) 등.

관계를 규정해서 갈등 관계를 해결해야 하겠다는 어떤 강한 의사를 가지고 있지 않다는 것도 사실이다. 그의 의도는 단지 디모데 보고 명예에 있어서 전자의 그룹과 후자의 그룹을 구분하도록 명령하는 것이다: 잘 다스리는 장로들 (두 배의 존경) 그리고 말씀과 교리에 수고하는 장로들 (특별한 존경). 그러나 이를 다루고 있는 본문의 분량으로 봐서 한 가지 분명한 것은 저자는 과부와 다스리는 장로와 말씀과 교리에 수고하는 장로들의 차별화를 구체적으로 실행하도록 지시하고 있고 이 일종의 위계질서를 중요하게 다루고 있다는 것이다.

제도적으로 말하면, 말씀과 교리에 수고하는 장로들과 다스리는 장로들은 성직 수임식에 관한한 서로로부터 구분되지 않는다는 점에서 한 그룹이다.[29] 그러나 실제적으로는 한 그룹이 어떤 비공식적인 더 작은 그룹들로 분류될 수 있다고 추정하는 것은 가능하다. 그가 말씀과 교리에 수고하는 장로들과 다스리는 장로들 사이에 어떤 구분을 한다는 것은 매우 분명하다. 만약 저자가 다스리는 기능을 말씀과 교리의 기능으로부터 구분하기를 원하지 않았다면, 그는 단지 일 잘하는 장로들은 '두 배의 존경을 받을 만하다'와 같은 그러한 진술을 했었을 것이다. 그러나 그는 잘 다스리는 장로들은 '두 배의 존경을 받을 만하고 그 일이 말씀을 전파하고 가르치는 자들은 특히 그러하다'라고 말하고 있는 것이다.

그러므로, 위에서 언급한 대로 엄밀한 의미에서는 비록 디모데전서 저자는 교회가 이 지도자들을 어떻게 대우해야 할지를 설정하려고 하는 각도에서 말하고 있지 이 점을 떠나서 둘 사이의 관계를 규정할

---

29) 그들은 안수 받을 때 함께 받는 점으로 봐서 제도적으로 구분되어 있는 것 같지 않다.

의도는 없었다고 할 수 있을지라도, 여기에 그들 사이의 관계가 설정되어 있는 것만은 확실하다.

이 저자가 설정하고 있는 존경의 차별화 때문에 우리는 그들의 관계가 평등하다라고 말하는 것은 어렵다. 그 관계를 동료 중에서 으뜸인 자 그런 식으로 보는 것도 역시 어렵다. 동료 중에서 으뜸인 자 그런 식으로 묘사될 수 있는 관계들의 한 예를 고려해 보자. 한 목사 사회에서 목사들 중의 하나가 한 모임의 사회자로 선택되고 또 다른 목사는 또 다른 모임의 사회자로 돌아가면서 선택된다면, 그 사회자와 다른 목사들 사이의 관계는 동료 중에서 으뜸인 자 그런 식으로 불릴 수 있다. 그들은 모두 말씀과 교리에 수고하는 자들이므로 그들은 하나의 동질의 그룹이다. 이 관계는 성경의 다스리는 장로들(감독들)[30]과 말씀과 교리에 수고하는 장로들(감독들) 사이의 관계와 다르다. 왜냐하면, 다스리는 기능은 근본적으로 말씀과 교리의 기능과 다르기 때문이다. 이 장로들은 넓고 공식적인 의미에서는 한 그룹이라고 할 수 있을지라도 더 엄밀한 의미에서 그리고 실제적 의미에서는 하나의 동질의 그룹이 아니다.

왜 저자는 전자의 그룹과 후자의 그룹을 구분하기를 원하는가? 그것은 위에서 논의 되었듯이 단지 그들이 완전한 동질의 그룹으로 여겨지지 않도록 하는[31] 그들의 실천 기능들의 차이 때문만은 아닐 것이다. 그것은 von Campenhausen에 의하여 인지되었듯이 저자가 후

---

30) 성경에서 감독과 장로라는 용어는 같은 직분(지역 교회 지도자)을 가리키기 위하여 상호 교환적으로 사용되고 있다 (참조. Kim, *Patterns of Church Leadership*, pp. 100-02, 118-21).
31) 참고. J. N. D. Kelly, *A Commentary on the Pastoral Epistles* (Black's New Testament Commentaries; London: Adam & Charles Black, 1963), p. 14. 그는 말씀과 교리에 수고하는 자들을 장로(감독)의 내부의 그룹으로 묘사한다.

자를 강조하기를 원하고 교회로 하여금 더 많은 존경을 후자에게 주기를 조언하고 있기 때문이기도 하다.[32] 이 해석은 크리소스톰에 의하여 지지를 받는다.[33]

왜 저자가 후자에 더 많은 강조점을 두기를 원하는지 그 이유는 교회의 통일과 아무런 상관이 없다.[34] 오히려 그것은 하나의 '가치 체계'와 관련이 될 것이다. '어떤 가치들의 일치'를 채택하는 것의 절차가 행 6:2 이하에서 발견이 된다.[35] 심지어 신자들 사회에 의해서도 '어떤 가치들의 일치'가 채택된다는 것은 놀랄 일이 아닐 것이다. 초대 교회에서 '말씀의 사역'이 소중히 여겨지는 사실은 이 절차에서 분명히 보여진다. Marshall이 주장하듯이 이것은 목회서신에서도 역시 사실이다.[36] 디모데 전서의 저자는 디모데가 수행하도록 '기대되고' 있는 '기능들' 중에서 특히 '말씀의 사역'을 부각시킨다.[37] 저자

---

32) Hans von Campenhausen, *Ecclesiastical Authority and Spiritual Power in the Church of the First Three Centuries* (tr. J. A. Baker; London: Adam & Charles Black, 1969), p. 110.
33) S. John Chrysostom, *Homilies of S. John Chrysostom, Archbishop of Constantinople, on the First Epistle of S. Paul the Apostle to Timothy*, Homily XV. (2). 그는 후자는 '그가 무엇보다도 존경 받기를 원하는 사람들이다' 라고 말한다.
34) 참고. 이그나티우스의 감독들은 어떤 지역에서 교회의 연합을 위하여 목사들보다도 더 많은 존경이 주어진다 (*Ignatius to the Ephesians* IV. 1-2; 참고. Campbell, *The Elders*, pp. 218-21.).
35) 참고. 행 6:2b ('우리가 하나님의 말씀을 제쳐놓고 공궤를 일삼는 것이 마땅치 아니하니') 와 4절 ('우리는 기도하는 것과 말씀 전하는 것을 전무하리라').
36) Marshall, *The Pastoral Epistles*, p. 517. 그는 지적한다:
　　셋째로, **복음**에 대한 관심이 그 서신들 중심에 있다. 그리고 **복음**은 새롭게 계통 조직화 되어서 제시된다. 그럼에도 불구하고, 그것은 본질적으로 우리가 바울에게로부터 안 것과 똑같은 복음이다. 무엇보다도, 비록 목회서신의 직접적인 필요는 반대와 이단의 현실일지라도, 그럼에도 불구하고 저자의 궁극적인 관심은 선교적인 것이 분명한데, 이는 모든 민족 가운데 믿는 반응을 얻기 위한 전도자들에 의한 **복음**의 전파 때문이다.
　　참고. 그는 '복음'이 '목회 서신의 교회가 소유했던 가장 귀중한 것'이라는 Lohfink의 견해를 소개한다 (p. 514).

의 '가치 체계'에서는,[38] 말씀과 교리의 사역이 다스리는 것이나 그 밖의 다른 것의 사역보다 더 가치가 있다. 이 설명도 크리소스톰에 의하여 지지 된다.[39] 디모데 전서의 저자의 '가치 체계'는 단지 12사도들뿐만 아니라 크리소스톰과 같은 다른 후대의 초대 교회 지도자들의 가치 체계와 같은 맥락에 있다는 것이 주목될 것이다.

그렇다면, 디모데 전서 5:17에서 제시된 그들의 관계는 무엇인가? 말씀과 교리에 수고하는 자들과 다스리는 자들에게 존경이 차등적으로 주어져야 한다면, 이것은 하나의 위계질서이다. 그들이 정식으로 다른 그룹으로 구분이 되든지 아니든지 상관없이 그 관계를 묘사하기 위해서는 '계층적'(hierarchy)이라는 것을 제외한 다른 표현은 없다.[40]

말씀과 교리에 수고하는 장로들(감독들)과 다스리는 장로들(감독들)의 관계는 계층적이라는 결론은 검증을 받아야 할 필요가 있다. 이 결론은, 전자가 특별히 더 존경 된다는 사실에 의하여 알 수 있듯이 그 관계가 '줄어드는 권세'는 아니더라도 '줄어드는' 존경으로 되어

---

37) 딤전 4:13 ('내가 이를 때까지 읽는 것과 권하는 것과 가르치는 것에 착념하라'). 참고. Gordon D. Fee, *1 and 2 Timothy, Titus* (A Good News Commentary; San Francisco; Cambridge; Hagerstown; New York; Philadelphia; London; Mexico City; São Paulo; Singapore; Sydney:Harper & Row, Publishers, 1984), p. xxxiii.

38) Talcott Parsons, 'A Revised Analytical Approach to the Theory of Social Stratification' in *Essays in Sociological Theory* (rev. edn.; Glencoe: The Free Press, 1954), pp. 386-439 (388).

39) Chrysostom, *Timothy*, Homily XV. (2). 크리소스톰은 '그가 왜 그들이 **위대한 사역**을 하고 있는지 그 이유를 더한다'라고 설명한다.

40) *Pace* David C. Verner, *The Household of God: The Social World of the Pastoral Epistles* (Society of Biblical Literature Dissertation Series 71; Chico: Scholars Press, 1983), p. 147. 그는 '목회 서신은 어떤 곳에서도 직분들의 관계들을 묘사하지 않고 직분의 계급 제도를 명백히 제시하지도 않는다'라고 말할 때 딤전 5;17을 염두에 두지 못하는 것 같다.

있기 때문에 Halsey의 '가치' 의 계급 제도의 정의[41] 그리고 Dumont 의 '가치' 의 계급제도의 개념에 의해 지지된다.

감독들은 현대 감독 교회에서 목사들 (장로들)보다 더 '권위' 와 권세를 가지고 있다.[42] 이 관계는 흔히 계층적(hierarchy)이라고 불린다. 이 계급 제도와 위의 성경적 계급 제도가 혼동될 수도 있을 것이다. 그러나 성경의 계급 제도 (딤전 5:17)가 어떤 권세나 권위를 포함한다고 해석하기는 어렵다. 이것은 디모데 전서의 저자에 의해 배치된 티메(τιμή)는 여기에서 권위의 함축으로 사용된 것이 아니고 존경의 함축으로 사용되었다는 사실에 의해[43] 그리고 권세나 권위에 관한 어떤 암시도 디모데 전서 5:17 이하의 구절에 나타나지 않는다는 사실에 의해 밝혀진다. 이것은 말씀과 교리에 수고하는 장로들에게는 다스리는 장로들에게 보다 더 많은 존경이 주어져야 하지만 다스리는 장로들을 임명하거나 통제할 권위는 아니다라는 것을 의미한다. 이미

---

41) 주의. Halsey는 말한다: '아마 원래의 교회들은 동료가 평등하게 권한을 가지는 것이었고 그러므로 현대의 계층적이라는 개념과는 거의 반대였을 것이다' (Halsey, 'Hierarchy', p. 362). 불행히도, 이 진술은 충분히 구체적이지 못하고 일반적일 뿐이다. 그는 성경학자가 아니다라는 게 주목될 것이다. 그가 특별하게 신약에 있는 모든 리더십 구조들을 탐구했다고 믿기는 어렵다. 예를 들면, 그는 여기에서 중요한 딤전 5:17을 고려하는 것 같지 않다.

42) 영국 성공회는 이 힘을 묘사한다:
한 관구의 감독은 목사를 성직록에 임명함으로써 또는 그를 자기가 서명 날인한 면허장에 의하여 그 관구 안에서 봉직하도록 받아들임으로써 또는 그에게 그 관구 안에서 직무를 행하도록 문서로 허가해 줌으로써 그러한 권위를 목사에게 준다 (*The Canons of the Church of England*, C 8. 3).
이것과 관련하여, 디모데와 디도 자신들은 장로(감독) 을 임명하나 장로(감독) 을 임명할 '권위' 가 주어진, 자신들의 지위와 비슷한 어떤 지위도 만들어 내지 않는다라는 것이 생각날 것이다.

43) 참고. BAGD, s.v. 'τιμή' 그리고 LSJ, s.v. 'τιμή'.

증명했듯이 그들이 보다 넓은 의미에서는 하나의 그룹이기 때문에 단지 기능의 다른 선택이 그렇게 큰 권세의 차이를 낳는다라는 것은 있을 법하지 않다.

현재의 개혁 장로교회들은 한 회중의 목사는 '직권상', 명예의 자리이나 권세의 자리가 아닌 그 '당회'의 '당회장'이다라고 규정하면서 이것을 실천하고 있다. 그러나 그들 중 대부분의 교회들에서 장로들이 총회의 의장이 되도록 허용하는 사실은[44] 디모데 전서 5:17과 일치하지 않는다. 그와는 정 반대로, 이 관행은 성경의 계급 제도 (hierarchy)와 정 반대의 방향에 있다. 개혁 장로교회들에서 장로들이 목사들 위에 힘을 갖거나 목사들을 감독하는 경향도 역시 성경의 계급 제도와 반대 방향에 있다. 장로들이 기존의 목사들과 함께 목사들에게 안수하는 관행은 성경의 계급 제도와 반대 방향에 있지 않다. 신약교회들이 장로들 (감독들) 또는 다른 직분자들을 임명했을 때에 한 사람이 아니라 한 그룹의 장로들 (감독들)이 임명식을 가졌던 것 같다. 이것에 대한 성경의 선례는 행 6:6, 행 13:3 그리고 딤전 4:14에 보인다.[45] 그리고 이 마지막 절에서는 노회 (πρεσβυτέριον)[46]가 디모데에게 안수를 했다는 것이 나타난다. 그런데, 이 노회가 디모데를

---

[44] 개혁주의 전통에서는 다른 구성원들에게보다는 더 많은 존경이 총회의 의장에게 주어진다. 예를 들면, 스코틀랜드 국교회에서는 'Right Reverend' 나 'Very Reverend' 라는 칭호가 이 지위에 주어진다 [Andrew Herron, *The Law and Practice of the Kirk* (Glasgow: Chapter House Ltd, 1995), p. 111]. 그럼에도 불구하고, 대부분의 교단에서는 헌법적으로 (다스리는) 장로들이 총회의 의장으로 당선되도록 허락하고 있다 [참고. Herron, *The Law and Practice of the Kirk*, p. 251; *The Constitution of the Presbyterian Church* (U.S.A.) II. *The Book of Order*, G-6.0302].

[45] '네 속에 있는 은사 곧 장로의 회에서 안수 받을 때에 예언으로 말미암아 받은 것을 조심 없이 말며'.

[46] 이것은 N.I.V. 성경에서 'the body of elders' 로 번역이 된다.

다른 장소에 보내기 위하여 그에게 안수를 했다는 암시는 이 구절에 보이지 않는다. 그래서 여기에 이것이 성직 수임식이었다 라는 게 진술되어 있지는 않지만, 초대 교회에서는 사람들이 교회 직분자로 임명될 때 또는 선교사로 보내질 때 통상적으로 안수를 받았기 때문에[47] 그가 하나의 목사로 안수를 받았던지 아니면 바울의 특별한 대리인으로 안수를 받았던지 이것은 일종의 성직 수임 안수식이었을 것이다.[48] 아마 그 노회는 바울이나 디모데 또는 디도가 죽은 뒤에 어떤 사람들을 장로들(감독들)로 계속 안수할 수 있을 것이다. 어쨌든, 장로의 회(노회)는 안수식을 거행했다. 이 기구는 가르치는 자들과 다스리는 자들 모두로 구성되어 있다. 후자는 안수식에서 다른 장로들(감독들)과 특별히 구분되었다고 생각할 수 없다. 이것은 그런 구분은 딤전 5:17을 제외하고 신약 어디에도 발견이 되지 않는데 이 절은 안수식이 아니라 존경을 다루고 있다라는 사실에 의하여 지지 된다. 또 다른 사실 하나가 잊혀져서는 안 된다. 위에서 논의된 대로 그들 자신이 장로들(감독들)로 안수 받을 때에 어떤 구별도 두 그룹 사이에 실행되지 않았다. 위에서 언급 되었듯이 심지어 그들이 안수 후 각자의 기능 선택에 있어서 달라진 뒤에도 어떤 공식적인 구분도 그들 사이에 존재하게 되지 않았다. 그러므로 그들이 남들을 안수할 때 그들은 서로로부터 분리될 필요가 없었을 것이다. 다른 말로 하면, 다스리는 장

---

[47] 안디옥 교회가 공식적으로 바울과 바나바를 선교사로 인정할 때, 그들에게 안수가 주어진다 (행 13:2-3). 참고. Gerd Theissen, *The Social Setting of Pauline Christianity* (ed. and tr. John H. Schütz; Edinburgh: T & T Clark, 1982), p. 39. 타이센은 '바나바와 바울이 그들 자신을 이방인의 선교사로 이해했다' 고 언급한다.

[48] 참고. Thomas C. Oden, *First and Second Timothy and Titus* (Interpretation A Bible Commentary for Teaching and Preaching; Louisville: John Knox Press, 1989), p. 4.

로들과 설교하고 가르치는 장로들이 장로 후보자들에게 함께 안수를 했다. 이것은 다스리는 장로들이 노회의 구성원으로서 안수식에서 장로 후보자들 중 말씀과 교리에 수고하기를 원하는 자들에게도 구별 없이 안수했다는 의미이기도 하다.

그럼, 심지어 권세나 권위가 성경에 나오는 다스리는 장로들과 말씀과 교리에 수고하는 장로들 사이의 관계에 개입되지 않는다 할지라도 여전히 그들의 관계를 계급적(hierarchy)이라고 규정하는 것은 가능한가? Dumont은 '의심할 여지없이 대부분의 경우에 계급제도는 어떤 면에서는 권세와 동일시 될 것이지만 이것에 대한 필연성은 없다' 고 단언한다.[49] 우리가 보았듯이 Halsey는 계급적 관계는 권세라기보다는 '특권'의 관계일 수 있다고 제안한다. 이것은 우리를 딤전 5:17에 나타나는 것과 같은 그러한 '내려가는' 존경도 역시 관계를 계급적으로 만든다라고 결론짓게 한다.

3. 결론

지금까지 우리는 우리로 하여금 문제의 목사와 장로의 관계를 성경적으로 개혁하기 위하여 새롭게 규정하는 것을 가능하게 해주는 신약의 유일한 근거인 디모데 전서 5:17을 자세히 연구하였다. 여기에는 기능상 오늘날 장로교의 장로의 기원이라고 할 수 있는 다스리는 장로들과 기능적으로 뿐만 아니라 발생 기원적으로도 오늘날의 지역

---

49) Dumont, *Homo Hierarchicus*, p. 55.

교회 목사들의 기원이라고 할 수 있는 말씀과 교리에 수고하는 장로들이 나온다. 그리고 여기에는 무엇보다도 교회가 이 지도자들을 어떻게 대우해야 하는지가 확실히 제시되어 있는데, 다스리는 장로들을 존경하되 말씀과 교리에 수고하는 장로들은 특히 더 존경해야 된다는 것이다. 이것은 다름 아니라 말씀 사역의 중요성 때문이다. 아무튼, 이 규정에 따르면 말씀과 교리에 수고하는 장로들과 다스리는 장로들의 관계는 한마디로 존경의 상하 관계이다. 물론, 이 관계는 목사와 교인들과의 관계로 혼동 되어서는 안 되고 두 지도자 그룹 사이의 관계로 파악되어야 함을 유념해야 할 것이다.

주지하다시피, 항상 성경적인 원리나 교리를 추구하고 준수하고자 하는 게 개혁신앙이 아닌가? 장로(개혁) 교회들은 언제나 장로주의 전통이 성경적이라고 주장해 오지 않았는가? 물론, 우리는 개혁신앙도 교회 행정의 실재에 있어서는 실용주의를 허용하는 것을 늘 보아 왔고 현재의 개혁주의 신학자들이 이를 인지하면서도 크게 문제시 하지 않는다는 것도 잘 알고 있다. 그러나 개혁교회에서 성경에 없는 관행들이 실행되는 것까지는 좋지만 최소한 성경에 어긋나는 관행은 없어야 할 것이다.

개혁신앙을 따르는 오늘날의 교회들도 역시 다스리는 장로들과 말씀과 교리에 수고하는 장로들을 가지고 있다. 그런데 개혁주의 전통에 따르면 이들의 관계는 상하 관계인가 평등 관계인가? 놀랍게도, 개혁주의에서 이들 목사와 장로의 관계가 평등하다라고 규정되어 있다. 아무리 좋은 취지로 이와 같은 규정이 만들어져 있다 하더라도, 이것은 분명히 디모데 전서 5:17의 교훈과 상충된다. 장로(개혁) 교회들이 개혁주의를 끝까지 지켜나가려면 이 사실을 심각하게 고려해야 할 것이다. 즉, 단 한 가지라도 비성경적인 것을 알면서 그것을 개혁신앙 안에 가지고 있다면 그 동안 개혁신앙은 성경적이다라는 등식을 파수하기 위하여 기울인 모든 노력이 수포로 돌아갈 가능성이 있다는 말이다. 그러므로 장로교회는 이 문제의 평등 관계를 조속히 성경적인 존경의 상하 관계로 시정해야만 할 것이다. 물론, 이 같은 시정이 두 그룹의 지도자들 즉, 목사와 장로 사이의 갈등의 소지를 완전히 불식시킬 거라고 기대한다면 순진한 생각일 것이다. 하지만, 이것이 최소한 지켜야 될 원칙만큼은 세워 줄 것이라는 것은 아무도 부인하지 못한다. 그러므로 비록 여기에 관한 성경의 초대 교회의 규범으로 돌아가는 것이 현대인의 사상과 가치관에 거부감을 일으킨다 할지라도 그리고 지금까지 해 온 관행과 달라 굉장히 이상하다 할지라도 이것은 반드시 세워져야 한다.

Chapter • 8

신약 교회 리더십 패턴에 관한 전체 그림

바울은 빌립보서 1장 1절에서 칭호들('에피스코포이'와 '디아코노이')을 사용한다. 몇몇 학자들은 이 지도자들이 가정 교회 지도자들이고 그러므로 어떤 가정 교회 지도자들은 칭호들을 가지고 있다고 주장할 것이다. 이들이 가정 교회 지도자들이 아니라면 신약에서 가정 교회 지도자들에게 '프레스뷔테로이'('장로')나 에피스코포이'('감독')라는 칭호가 주어졌다는 증거가 없다. 가정 교회 지도자들에게 그런 칭호들이 주어지지 않는다면 그들은 프레스뷔테로이(에피스코포이)와 구별될 필요가 있다. 다른 한편, 도시 교회 지도자들에게는 '프레스뷔테로이'나 '에피스코포이'라는 칭호가 주어진 것 같다. 이 명제가 아래에서 상세히 탐구될 것이다.

만약 가정 교회 지도자들에게는 어떤 칭호도 주어지지 않지만 도시 교회 지도자들에게는 칭호들이 주어진다는 가정이 사실이라면 전자의 지도자들은 후자의 지도자들과 다르다. 그 차이는 무엇인가? 그것은 교회 리더십의 '제도화' [1]와 관련이 될 것이다. 어떤 교회가 그 리더십 구조를 제도화할 때 그것은 보통 어떤 사람들을 지도자로 임명하고 그들에게 칭호들을 준다. 어떤 공동체가 그 리더십 구조를 제도화하지 않을 때 지도자들을 정식으로 임명하지 않고 따라서 반드시 칭호들을 필요로 하지 않는다. 이 공동체에서 어떤 사람들이 리더십을 비공식적으로 그리고 칭호 없이 행사할 수 있다.[2] 칭호들이 '제도화'에 필수적이라는 것은 상식이다. 그러나 칭호의 사용이 반드시 리더십의 제도화를 의미하는 것이 아니라는 것을 주목해야 한다. 따라서, 상세한 논의가 필요할 것이다.

현대 교회 리더십은 그것이 목사직이든지 교인들의 대표직이든지 제도화 되어 있다. 성경의 가정 교회 리더십이 제도화 된 것이 아니라면 이것은 현대 교회 목사들 사이의 서로의 관계나 현대 교회 목사들과 교인의 대표들 사이의 관계를 규정하는 데 어떤 직접적 실마리를 제공하지 않는다. 이 가정 교회 리더십이 제도화 되어 있지 않고 성경의 도시 교회 리더십이 제도화 되어 있다면 신약에 나와 있는 가정 교회 지도자들 사이의 관계나 가정 교회 지도자들과 도시 교회 지도자들 사이의 관계를 토론하는 것은 어렵다.

가정 교회 리더십은 제도화 되었는가? 이 질문에 대답하기 위하여 신약에 나타나는 모든 가정 교회 리더십을 조사하는 게 필요하다. 이 질문에 대한 대답을 위하여 가정 교회 리더십과 도시 교회 리더십을 비

---

1) 참고. Macdonald, *The Pauline Churches*, p. 60. 그녀는 이 용어를 사용하고 리더십의 '제도화'가 바울 공동체에서 발생했다라는 견해를 갖는다; 캠벌도 역시 이 용어를 사용한다 (Campbell, *The Elders*, p. 120); Marshall, *The Pastoral Epistles*, p. 176. 그의 표현을 참고하라: '"직분"의 후기 제도적 체계'.
2) 참고. Marshall, *The Pastoral Epistles*, p. 181.

교하는 게 도움이 될 것이다. 이 리더십 구조는 신약의 여러 군데에서 발견이 된다. 그러므로 그것들은 복잡하게 보인다. 불행히도 신약에 그것들에 관한 어떤 조직적인 설명이 제시되어 있지 않다.[3] 그러므로 신약에 소개된 모든 리더십 구조들을 토론하는 게 불가피한 것 같다. 이것은 신약 교회 리더십 '구조'의 전체 '그림'을 보여줄 것이다.[4] 이 결과로 우리의 질문들은 대답될 것이고 다음의 관련된 질문들도 대답이 될 것이다. 얼마나 많은 공동체가 비제도화된 리더십 구조를 가지고 있나? 신약에서 얼마나 많은 공동체가 제도화된 리더십 구조를 가지고 있나? 신약에서 교회 리더십의 '제도화'가 프레스뷔테로이(에피스코포이)의 제도와 관련이 있다는 가설을 고려하는 게 도움이 될 것이다.

1. 바울 공동체

조지 나이트 3세는 바울 저작권이 논의되고 있는 바울 서신뿐만 아니라 논의되고 있지 않는 서신들도 프레스뷔테로이의 직분을 가지고 있다고 주장한다. 이 의견은 교회 일꾼들을 위하여 사용되는 성경의 칭호들에 대한 그의 이해에서 비롯된다. 그는 단지 세 개의 칭호 즉, '목사', '교사' 그리고 '감독'이 하나의 동일한 직분을 가리킨다고 믿는다.[5] '목사'라는 칭호가 에베소서에 나타난다는 게 기억될 것이다;

---

[3] 이것은 신약성경이 현대 교단이 가지고 있는 경향이 있는 교회 정부에 관한 법규 책과 똑같은 종류의 책이 아니기 때문일 것이다.
[4] *Pace* Lincoln, *Ephesians*, p. 251. 그는 '초대 교회에서의' 리더십 '구조들의' '다양성'은 '어떤 명료한 전체적 그림을 얻기 어려움'으로 나아간다라고 언급한다.
[5] Knight III, *The Pastoral Epistles*, p. 30.

'교사'라는 칭호는 고린도전서와 에베소서에 나타난다; 그리고 '감독'이라는 칭호는 빌립보서와 목회서신에 나타난다. 만약 조지 나이트 3세가 옳다면 바울 저작권이 논의 되지 않는 바울 서신들에 나타나는 바울 공동체는 공식적 지역 교회 지도자들을 가지고 있다. 그러나 그러한 믿음은 교회 사역에 쓰이는 다양한 칭호들과 용어들에 관하여 혼동한 결과 나온 것으로 보여진다.

사실상, 신약에서 가정 교회와 관련하여 칭호들이 사용되고 있다는 명백한 증거가 없다. 사도행전 14장 23절에 있는 프레스뷔테로이가 가정 교회 지도자들이 아니라는 것과 사도행전 20장 17절 이하에 있는 프레스뷔테로이(에피스코포이)도 가정 교회 지도자들이 아니라는 것을 이해하는 것은 어렵지 않다. 가정 교회 지도자는 교회로 모이는 집의 가장이 지도자로 등장하여 형성되는 것인데 사도행전 14장 23절에 있는 프레스뷔테로이는 임명이 되고 있기 때문이고 사도행전 20장에 있는 지도자들은 14장에 나오는 지도자들과 같은 종류이기 때문이다.

칭호의 사용이[6] 반드시 제도화를 의미하는 것은 아니다. 빌립보서 1장 1절에 있는 에피스코포이가 가정 교회 지도자들이라면 가정 교회 리더십도 역시 제도화 되어 있다고 말할 수 있다. 만약 이들이 가정 교회 지도자들이 아니라면 '에피스코포이'와 '프레스뷔테로이'라는 칭호는 단지 도시 교회 지도자들을 위해 사용된다고 주장될 수 있다.

후자의 명제를 채택하면 다음과 같은 믿음을 갖게 한다. 바울 공동체에서 집을 교회 건물로 제공하는 자들이 지도자들이 되는 경향이

---

[6] 참고. 약간의 학자들은 빌립보서 1장 1절에 있는 '감독들과 집사들'이라는 표현이 '섬기는 감독들'을 의미한다고 생각한다. 아래에서 이것은 부인될 것이다. 어쨌든, 이 두개의 용어들은 칭호들이다.

있기 때문에 가정 교회 지도자들을 임명하지 않고[7] 이 지도자들을 위해 어떤 칭호도 사용하지 않는다. 바울 공동체와 관련하여 교회 임명이 언급될 때마다[8] '프레스뷔테로이' 라는 칭호가 나타나고 교회는 가정 교회가 아니고 도시 교회이다[9]라는 것은 주목할 만하다.

이 용법은 리더십의 제도화에 관하여 무언가를 제안하고 있다. 리더십의 제도화는 지도자의 임명 없이 얻어지는 것이 아니라는 것은 상식이다. 임명된 지도자들이 죽거나 사임을 한다면 새 지도자들이 자격 요건에 따라 임명될 것이다.[10] 교회들은 이 절차가 하나의 '패턴'[11] 이 되고 안내지침을 가지고 있기 때문에 이 절차를 어려움 없이 계속 시행할 수 있다. 이 안내 지침은 후기 바울 공동체에 여러 교회들에게 주어진다.[12] 그러므로 여러 회중에 같은 '형태' 의 사람들이 지도자들로 임명이 된다. 이것은 '전형화' 이다.[13] 그러므로 바울 교

---

7) 필슨은 '그러한 상황에 있는 모든 것은 그 그룹의 가장 두드러진 그리고 영향력 있는 멤버로서 주인의 등장을 선호했다고' 말한다 (Filson, 'The Significance of the Early Household Churches', p. 112).
8) 사도행전 14:23; 디도서 1:5.
9) 여기에 관한 논의는 아래를 보라.
10) 이것은 클레멘트에 관한 라이트푸트의 설명에 의해 분명히 설명이 된다:
그는 고린도인들에게 장로직은 사도들에 의해 설립되었다고 상기시킨다. 이 사도들은 그들 자신이 장로들을 임명했을 뿐만 아니라 때때로 죽음에 의해 야기된 빈자리들은 다른 인격적인 사람들에 의해 채워져서 사역에 있어서 연속성이 공급되어야 한다고 지시를 했다 (Lightfoot, *the Philippians*, p. 205).
11) Macdonald,*The Pauline Churches*, p. 12.
12) 목회서신이 바울에 의해 쓰여졌던 쓰여지지 않았던 목회서신에 묘사되어 있는 공동체들도 역시 바울 공동체이다. 사도행전 14장 21절과 20장 17절 이하에서는 이 안내 지침은 언급이 되어 있지 않지만 그들이 프레스뷔테로이를 임명할 때에 그들은 십중팔구 비슷한 안내 지침을 염두에 두고 있다고 볼 수 있다.
13) Peter L. Berger와 Thomas Luckmann은 이 용어를 사용한다. 참고. Peter L. Berger and Thomas Luckmann, *The Social Construction of Reality* (London: Allen Lane, 1971), p. 72. 그들은 진술한다:

회에서 프레스뷔테로이(에피스코포이)의 임명의 '과정'은 '버거와 루크만의 제도화의 정의에 따르면' '제도화'로 규정될 수 있다.[14] 막스 베버는 '종교적' 사회의 안팎에서 리더십 '계승'의 다양한 형태들을 관찰하고 그것을 '카리스마의 일상화'로 묘사했다.[15] 구체적으로 말하면, '교회 리더십의 제도화'[16]란 표현이 신약에서 묘사된 교회 리더십 계승[17]을 위하여 단지 '제도화'나 '카리스마의 일상화'[18]란 표현보다 더 적절하다.

따라서, 도시 교회 리더십은 프레스뷔테로이(에피스코포이)에 의해 행사되는 데 제도화된 리더십이라고 결론 내릴 수 있다. 이것과 비교 되게, 가정 교회 리더십은 이러한 칭호들이 사용되지 않는데 제도화되지 않은 리더십이라고 할 수 있다. 이것은 지역 (도시) 교회 지도자로서 프레스뷔테로이(에피스코포이)의 존재가 어떤 신약 회중이 제도화된 리더십 구조를 가지고 있는지 아닌지를 판단하는 기준이라는

관계자들의 전형들에 의해 상습적이 된 활동들의 상호적 전형화가 있는 곳마다 제도화는 발생한다. 다르게 표현하면 그러한 어떤 전형화는 하나의 제도이다.

14) Macdonald, *The Pauline Churches*, pp. 11-2. 참고. 그녀는 '목회서신…, 그 조직을 제도화의 생산물로 여기는 것이 아마도 더 유용하다' 라고 천명한다 (p. 217).

15) Weber, *Economy and Society* I, pp. 246-49. 참고. S. N. Eisenstadt (ed.), *Max Weber on Charisma and Institution Building* (Chicago; London: The University of Chicago Press, 1968), pp, 54-6.

16) 위의 각주에서 언급된 대로 맥도널드는 바울 교회들의 전체 구조를 다루고 있기 때문에 단지 넓은 표현인 '제도화'를 사용한다. 그러나 우리는 지역 교회 리더십 구조에 초점을 맞춘다. 이것은 우리를 더 구체적인 표현을 사용하도록 인도한다.

17) 참고. 성 로마의 클레멘트는 이 계승을 묘사한다: '만약 그들이 잠든다면 다른 인정된 사람들이 그들의 직분을 계승해야 한다' (Lightfoot, *the Philippians*, p. 203).

18) Wayne A. Meeks, *The First Urban Christians* (New Haven; London: Yale University Press, 1983), p. 173 (그는 '제도화'라는 용어가 '일상화'라는 용어를 대치할 수 있다고 해석하고 전자를 후자보다 선호한다). 주의. 베버의 카리스마($\chi\acute{\alpha}\rho\iota\sigma\mu\alpha$)의 용어술은 신약의 바울의 것과 다르다.

제안을 하게 된다. 이러한 기준에 따라 신약의 여러 회중들을 조사해 보자.

a. 비 제도화된 리더십 구조

i. 바울 저작권이 논의되지 않는 바울 서신들

• 데살로니가 전서 (살전 5:12, 13)-가정 교회 지도자들

데살로니가 전서 5장 12, 13절에 '다스리며 권하는 자들'이 나온다. 이들에게 어떤 칭호도 주어지지 않으므로 이들은 가정 교회 리더십을 가지고 있다.[19]

만약 이들이 죽거나 다른 곳으로 옮긴다면 누가 다음 지도자들이 될 것인가? 어떤 형태의 사람들이 다음 지도자들이 될 것인지 알려져 있지 않다. 다른 말로 하면, 이 교회 구조에서는 하나의 '패턴'이 리더십 연속성을 위하여 존재하지 않는다. 그러므로 '버거와 루크만의 제도화의 정의'에 따르면 데살로니가 교회는 제도화된 리더십 구조를 가지고 있지 않다고 말할 수 있다.

결론적으로, 프레스뷔테로이(에피스코포이)가 데살로니가 교회에 나타나지 않고 그 리더십 구조는 제도화 되어 있지 않다.

• 고린도 전서(고전 12:8-10, 28-30; 16:15, 16,19)-가정 교회 지도자들과 카리스마적 지도자들

---

19) 논증은 이 책의 제3장 1을 참조하라.

고린도 전서 12장 8-10절, 28-30절에 사도, 선지자, 교사들이 다른 영적 은사와 함께 보인다. 이런 카리스마적 리더십 구조에서는 은사에 의존하기 때문에 리더십 계승의 확보가 어렵다. 그래서 카리스마적 리더십은 제도화되어 있다고 할 수 없다.[20]

고린도 전서 16장 15-16절에 스데바나가 나온다. 그의 가정은 단지 '전 고린도 공동체의 하나의 소규모 공동체'로 묘사되고 그에게는 어떤 공식적 칭호도 주어지지 않으므로 스데바나의 리더십은 가정 교회 리더십이다.[21]

고린도 전서에 지도자들이 나타나지만 어느 누구에게도 칭호가 주어지지 않는다. 이것은 이들이 임명에 의해 등장한 지도자들이 아님과 리더십 계승을 위한 어떤 패턴도 이 공동체에 존재하지 않는다는 것을 말한다. 이들은 가정 교회 지도자들이고 도시 교회 지도자들이 아니다. 고린도 교회에는 가정 교회 지도자들과 도시 교회 지도자들이 공존하지 않았다.

결론적으로, 고린도 교회에는 장로(감독)이 존재하지 않았고 리더십 구조도 제도화 되지 않았다.

- 로마서 (롬 12:6 이하, 16:3-5)-가정 교회 지도자들과 카리스마적 지도자들

'예언', 섬기는 일', '가르치는 자', '권위하는 자', '구제하는 자', '다스리는 자' 그리고 '긍휼을 베푸는 자' 들이 로마서 12장 6절 이하에 나타난다. 이들은 임명된 자들이 아니고 은사를 받고 등장한 자들

---

20) 이 책의 제1장 2. 1.
21) 이 책의 제3장 1.

이며 카리스마적 리더십을 가지고 있다.[22]

로마서 16장 3-5절에 브리스가와 아굴라가 나타난다. 이들에게 어떤 칭호도 사용되지 않고 '그들의 집에서 만나는 교회'는 전 로마 공동체의 단지 하나의 소사회이므로 이들의 리더십은 가정 교회 리더십이다.[23]

뵈뵈는 로마서 16장 1절에서 겐그레아 교회의 일꾼으로 불린다. 이것은 그녀의 사역이 겐그레아 전 지역에 미친다는 것을 의미한다. 이것은 '겐그레아 교회'라는 표현과 빌레몬서 2절에 나오는 '네 집에 있는 교회'라는 표현을 비교하면 분명해진다. 그러므로 그녀의 사역은 한 특정한 가정 교회에 제한되어 있고 그녀가 가정 교회 지도자라는 견해는 틀린다. 그럼에도 불구하고 그녀는 교회 직분자인 집사가 아니다. '일꾼'으로 번역된 단어는 디아코노스인데 여기서는 집사라는 뜻이 아니라 종이라는 의미로 사용된 것이다.[24]

결론적으로, 로마 교회에 프레스뷔테로이가 나타나지 않고 그 리더십 구조는 고린도 공동체와 매우 비슷하다.

• 빌레몬서 (몬 2)-가정 교회 지도자들

이 리더십 구조는 제도화 되지 않았다. 한편, 어떤 카리스마적 지도자도 이 서신에 나타나지 않는다. 이 공동체는 골로새 공동체와 매우 비슷하다.[25]

---

22) 이 책의 제1장 .2. 1.
23) 이 책의 제3장 1
24) 이 책의 제2장 3.
25) 아래를 보라 (골로새서).

결론적으로, 프레스뷔테로이(에피스코포이)는 이 서신에 나타나지 않고 그 리더십 구조도 제도화 되어 있지 않다.

ii. 바울의 저작권이 논의되고 있는 바울 서신들

• 에베소서 (엡 4:11)-카리스마적 지도자들

에베소서 4장 11절에 몇 가지 종류의 카리스마가 나타난다: 사도들, 선지자들, 전도자들 그리고 '목사들과 교사들'. 이 목록에 단지 칭호들만 나타난다. 이 칭호들로 불리는 자들은 지도자들인 것 같다. 이들은 성령으로부터 은사를 받은 후 등장한다.[26]

그들의 기능은 은사에 의존하고 그들의 기능 자체가 영적 은사이다.[27] 그러므로 이 서신의 리더십 구조는 카리스마적 리더십 구조라고 불릴 수 있다. 이 카리스마적 리더십 구조는 고린도 전서에 나타나는 카리스마적 리더십 구조와 근본적으로 똑같다. 그러므로 이 구조는 고린도 교회의 카리스마적 리더십 구조의 경우와 같이 제도화 되어 있지 않다.

'하나님의 집'이라는 은유가 이 서신에 나타난다[28]. 이 은유는 도시 교회나 전 교회가 한 가정 같다는 의미로 사용될 때에는 전체 (전 세계) 교회에 은유로 사용될 수 있기 때문에 가정 교회가 존재한다는

---

26) 참고. 그들의 존재의 기원이 암시하는 것보다는 기능이 암시하는 것과 관련하여 이 지도자들에 관한 토론은, Best, *Essays on Ephesians*, pp. 157-73을 보라.
27) 이 책의 제2장 1.
28) 에베소서 2:19. 참고. 디모데 전서 3장 15절과 베드로 전서 4장 17절에 비슷한 표현인 '하나님의 집(οἶκος)'이 사용된다.

충분한 증거가 되지 않는다.[29] 한 교회가 도시 교회 리더십 구조도 가정 교회 리더십 구조도 가지고 있지 않고 단지 카리스마적 리더십 구조만 가지고 있는 경우도 생각해 볼 수 있다. 비록 카리스마적 지도자들에 의해 인도되는 교회가 보통 가정 교회 리더십 구조를 가지고 있다고 할지라도 에베소 교회가 카리스마적 리더십 구조뿐만 아니라 가정 교회 리더십 구조도 가지고 있는지 아닌지는 확실하지 않다.

결론적으로, 프레스뷔테로이는 에베소 교회에 나타나지 않고 그 리더십 구조는 제도화 되어 있지 않다.

• 골로새서 (골 4:15)-가정 교회 지도자들

가정 교회들이 골로새, 라오디게아 그리고 히에라볼리에 존재하는 것 같다. 그들은 서로 접촉하는 것 같다. 그럼에도 불구하고 이것은 반드시 그들이 전체로서 하나의 도시 교회를 형성하고 있다는 것을 의미하지는 않는다. 도시 교회를 형성하기 위하여, 그들은 그 아래에서 전 공동체가 유기적으로 연합되는 어떤 체계적 리더십 구조를 필요로 한다. 이 공동체는 그러한 리더십 구조를 가지고 있다는 게 이 서신 어디에도 암시되어 있지 않다. 이 서신에는 그러한 역할을 수행하고 십중팔구 '프레스뷔테로이' 나 '에피스코포이' 같은 칭호가 주어지는 어떤 임명된 지도자도 나타나지 않는다. 고린도 전서나 로마서에 있는 가정 교회들처럼 이 서신에서 '가장'이 가정 교회의 지도자가 된다는 것은 자연스러운 일이다. 왜냐하면 그리스-로마 사회에

---

[29] *Pace* Macdonald, *The Pauline Churches*, p. 137. 그녀는 이 공동체가 가정 교회 체계를 가지고 있다고 암시한다: '비록 우리는 에베소서에서 그런 언급을 발견하지 못한다고 하더라도 교회는 명백히 하나님의 집으로 명명된다'.

서는 한 집의 '가장'이 보통 구성원들에게 권위를 갖기 때문이다.[30] 다른 한편 카리스마적 지도자들도 나타나지 않는다.

결론적으로, 프레스뷔테로이(에피스코포이)가 이 서신에 나타나지 않고 그 리더십 구조는 제도화 되어 있지 않다.

iii. 사도행전

• 안디옥 교회에 대한 누가의 그림 (사도행전 11:19 이하, 27 이하 그리고 사도행전 13:1 이하)-카리스마적 지도자들

두 종류의 카리스마(은사)가 사도행전 13장 1절에 나타난다: 선지자들과 교사들. 이것과 똑같은 두 개의 칭호들이 디다케 15장 1절과 2절에도 나타난다.[31]

디다케 저자는 디다케 15장 1절과 2절에서 비록 교회들이 이미 선지자들과 교사들을 가지고 있다 할지라도 자신들을 위하여 감독들과 집사들을 임명해야 한다고 정한다. 이것은 디다케 저자가 교회들이 그런 카리스마적이고 순회적 지도자들에게 의존하는 것을 원치 않고 그들 자신의 리더십 구조를 제도화하기를 원한다는 것을 의미한다. 여기에서 카리스마적이고 순회적인 지도자들이 등장해서 외부로부터 지역 공동체로 들어오고 이것이 그 공동체가 그들 모두를 공식적으로 인정하는 것을 어렵게 만든다고 추론된다. 이것은 디다케 저자가 '거

---

30) 참고. Malherbe, *Social Aspects of Early Christianity*, p. 69. 그는 '가정의 가장이 자기가 맡고 있는 것에 대한 어느 정도의 법적 책임을 가지고 있다'고 진술한다.
31) 디다케의 저자는 말한다:
    그러고 나서 너희 자신들을 위해서 에피스코포이와 집사들을 선택하라 …, 왜냐하면 그들도 너희들을 위하여 선지자들과 교사들의 봉사들을 수행할 것이기 때문이다.
    그래서 그들을 무시하지 마라. 왜냐하면 그들은 … 존경받고 …, 선지자들과 교사들과 함께.

짓' 선지자들과 교사들을 식별하는 방법을 설명한다라는 사실에 의해 증명된다.[32] 이것은 우리로 하여금 이런 종류의 카리스마적 리더십 구조가 제도화 되어 있지 않다고 말하도록 인도한다.

'선지자들이 예루살렘에서 안디옥에 이르니' (행 11:27 이하). 이것은 안디옥 교회에 존재하는 선지자들과 교사들도 역시 카리스마적이고 순회적인 지도자들이라는 것을 의미한다 (행 13:1). 누가는 사도행전 13장 1절에서 바나바, 시므온, 루시우스, 마나엔 그리고 사울의 이름을 열거한다. 이것은 그들이 안디옥 교회에 의하여 의심받고 있지 않다는 것을 의미한다. 그러나 그들은 위에서 설명한 대로 공식적으로 임명된 것 같지는 않다. 위에서 디다케에 나오는 선지자들과 교사들에게 적용된 것과 똑같은 논리에 따라 이 구조도 역시 제도화 되어 있지 않다고 주장될 수 있다. 이 구조는 에베소 교회의 구조와 매우 비슷하다 (엡 4:11). 한편, 사도행전 11장 19절 이하와 사도행전 13장 1절 이하에서 안디옥 교회와 관련하여 어떤 가정 교회 리더십에 관한 언급이 없다.

결론적으로, 프레스뷔테로이(에피스코포이)가 이 구절들에 나타나지 않고 그 리더십 구조는 제도화 되어 있지 않다.

b. 제도화된 리더십 구조

i. (저작권이) 논의 되고 있지 않은 바울 서신들

• 빌립보서: 에피스코포이와 디아코노이 (빌 1:1)-도시 교회 지도자들

에피스코포이는 카리스마적 지도자들이 아니다.[33] 초대 교회 문헌

---

32) 디다케 11: 2, 8-12. 참고. 거짓 사도들을 아는 방법에 관하여는, 디다케 5-6장을 보라.
33) 이 책의 제1장. 2. 3.

다른 곳에서 에피스코포이는 절대로 카리스마적 지도자로 묘사되지 않는 게 주목된다. 이것은 그들이 카리스마적 지도자가 아니라는 주장에 대한 또 하나의 증거이다. 빌립보 교회가 독특하다고 주장하는 것은 근거가 없을 것이다.

결론적으로, 에피스코포이(빌 1:1)는 가정 교회 지도자들도 아니고 카리스마적 지도자들도 아니다. 그들은 도시 교회 지도자들이다. 이 결론은 역사적 배경에 의해 지지를 받는다. 빌립보 교회는 빌립보서가 쓰여졌을 때 십중팔구 그러한 체계적인 리더십[34]을 갖기에 충분히 성숙해 있었다.[35] 이것은 빌립보서 4장 15절에 나오는 '복음의 시초에' 라는 표현 속에 암시되어 있다. 만약 복음이 빌립보 교회에 단지 몇 년 전에 전해졌다면 바울은 이 표현을 사용하지 않을 것이다. 왜냐하면, 이 표현은 빌립보 사람들이 복음을 오랫동안 믿어 왔다는 느낌을 창출하기 때문이다.[36]

---

34) 참고. Macdonald, *The Pauline Churches*, p. 59.
35) 참고. Vincent, *the Philippians and to Philemon*, p. 42. 그 교회는 C.E. 36년 또는 39년 (또는 49/50년)에 세워졌다 [John T. Fitzgerald, 'Philippians, Epistle to the' in *The Anchor Bible Dictionary* V. (ed. David Noel Freedman; New York; London; Toronto; Sydney; Auckland: Doubleday, 1992), pp. 318-26 (318-19)]. 빌립보서의 연도에 관하여는 여러 가지 의견들이 있다: 52/53-55/56, 56/57-58/59 또는 58-60 (또는 60-62) C.E. (Fitzgerald, 'Philippians, Epistle to the' , pp. 322-23); 쓰여진 연도에 관한 토론은, Ralph P. Martin, *Philippians* (New Century Bible; London: Oliphants, 1976), pp. 36-57을 보라. 어쨌든, 그것은 생긴 지 얼마 안 된 것이 아니고 유럽에서 첫 번째의 교회다 [Fitzgerald, 'Philippians, Epistle to the' , pp. 318-19; 참고. E. Pelekanidou, 'Philippi' in *Encyclopedia of the Early Church* II (ed. Angelo Di Berardino; tr. Adrian Walford; Cambridge: James Clarke & Co.,1992), pp. 681-82(681)].
36) 참고. Gerd Lüdemann, *Paul Apostle to the Gentiles* (London: SCM Press LTD, 1984), p. 136 그리고 각주 188. 그는 '많은 연도가 지난 후에 바울이 회고하면서 이 포교를 복음의 시작으로 본다' 고 말한다.

에피스코포이는 바울에 의해 임명되었을 것이다. 왜냐하면 그들은 에베소 교회의 프레스뷔테로이로서 바울의 통제 아래에 있었기 때문이다(행 20:17 이하).[37] 여기에서 누가는 그들을 위하여 '프레스뷔테로이' 라는 칭호를 사용하지만 (17절) 바울은 '에피스코포이' 라는 칭호를 사용하되 (28절) '프레스뷔테로이' 라는 칭호는 사용하지 않는다. 빌립보서가 쓰여졌을 때 '프레스뷔테로이' 와 '에피스코포이' 두 칭호가 바울이나 빌립보 교회에 의하여 아직 상호 교환적으로 사용되지 않았다고 생각할 수 있다. 이것이 사실이라면 그 이유는 처음에 '에피스코포이' 라는 칭호가 '이방인 크리스천' (바울) 공동체에서 지역 교회 지도자들을 가리키기 위하여 사용되고 '프레스뷔테로이' 라는 칭호는 '유대-크리스천' 공동체에서 지역 교회 지도자들을 가리키기 위하여 사용되었기 때문이다.[38] 그러나 이것은 단지 칭호의 문제이다. 지위에 관한한 둘 다 똑같은 지위, 지역 교회 리더십을 가지고 있다.

어떤 가정 교회 리더십이나 카리스마 리더십도 이 서신에 나타나지 않는다. 대조적으로, 프레스뷔테로이(에피스코포이)가 나타나고 리더십 구조는 제도화 되어 있다. 이것은 이 서신으로부터 가정 교회 지도자들과 도시 교회 지도자들의 관계를 이끌어 내는 게 어렵다라는 결론으로 나아간다.

---

37) 참고. Fiorenza, *In Memory of Her*, p. 179; *pace* Campenhausen, *Ecclesiastical Authority and Spiritual Power*, pp. 76-7 (그는 '그의 개념으로부터 이 특정한 일로 부름 받은 그리고 임명에 의해 자격을 부여 받은 직원들이 모든 멤버들을 통제하고 책임을 진다는 개념으로의 직접적인 발달이 없다' 라고 말한다. 그러나 바울은 그 자신이 그러한 '직원' 이다).
38) Campenhausen, *Ecclesiastical Authority and Spiritual Power*, p. 77.

ii. (바울의 저작권이) 논의 되고 있는 바울 서신들[39]

우리가 이 서신들에서 주장되어 있는 바울 저작을 받아들이든 받아들이지 않든 목회 서신에 암시되어 있는 이 섹션의 맥락인 지역 교회 리더십과 관련된 수사적 상황을 고려하는 것은 도움이 될 것이다. 바울은 그의 '인생'의 '끝'에 있다 (딤후 4:6 이하).[40] 이 서신들의 수신자들인 디모데와 디도는 근본적으로 순회적이다.[41] 그러므로 우리는 그 공동체들이 '바울에 의해 전해져 온 기탁물'을 '충실히' '가르치고' '넘겨 줄' 수 있는 그들 자신의 지역 교회 지도자들을 필요로 한다고 생각하게 된다.[42] 이 생각은 카리스마적 지도자가 사라진 뒤의 시기의 리더십 계승에 대한 베버의 분석에 의해 지지될 수 있다.[43] 이 주장에 대한 증거는 디모데 후서 2장 2절에서 발견된다 ('또 네가 많은 증인 앞에서 내게 들은 바를 충성된 사람들에게 부탁하라 저희가 또 다른 사람들을 가르칠 수 있으리라').[44] 정말로 이 존재들이 목회서신

---

39) 바울의 저작권이 논의 되고 있지만 확실한 증거가 없으므로 이것들은 바울 서신들이다.
40) Marshall, *The Pastoral Epistles*, p. 58.
41) 그들은 신약의 많은 서신에서 나타난다. 참고. Knight III, *The Pastoral Epistles*, pp. 6-9.
42) Marshall, *The Pastoral Epistles*, pp. 518, 520. 521. 참고. 그는 말한다: '그것은 그 회중에서 그것을 가르치고 그것을 왜곡시키는 사람들에 대항해서 조치를 취할 충실한 사람들이 있어야 할 것을 요구한다.' 참고. '너희들이 나로부터 들은 것을 그리스도 예수 안에서 믿음과 사랑을 가지고 건전한 가르침의 패턴으로 간직하라. 너희들에게 맡겨진 좋은 저장물들을 지켜라' (디모데 후서 1:13 이하). '그러므로 형제들아 확고히 서서 입의 말로든지 편지든지 우리가 너희에게 전해준 가르침들을 붙들어라.' (데살로니가 후서 2:15).
43) 참고. S. N. Eisenstadt (ed.), *Max Weber on Charisma and Institution Building*, pp. 54-61(특히 p. 55: '이 이해관계는 개인적인 카리스마적 리더의 사라짐과 함께 그리고 필연적으로 발생하는 계승의 문제와 함께 일반적으로 눈에 띄게 명백해진다').
44) 나는 이 증거를 캠벌(Campbell, *The Elders*, pp. 212-13)을 읽을 때에 발견했다
['그는 더 나아가 첫 세대의 지도자들이 죽었을 때 "다른 인정된 사람들"의 계승을 위해 사도적 권위를 주장한다 (참고. 디모데 후서 2:2)'].

에서 소개 되는데 그들은 바로 프레스뷔테로이(에피스코포이)이다. 그들은 수신자들 즉 바울의 특별한 대리자들에 의해 임명될 예정이다. 가정 교회 지도자들은 자연적 지도자들이고 그들의 가르치는 능력을 통하여 지도자로 선택된 자들이 아니기 때문에 그들이 이런 기능을 매우 잘 수행하기를 기대하기는 어렵다. 이것과 관련하여 목회서신이 '가르치는 것에' 주목할 만한 '강조'를 하는 것이 주목된다.[45]

대부분의 현대 비평학자들은 이 서신들이 바울의 시대보다 훨씬 뒤에 쓰여졌다고 주장한다.[46] 그들에게는 이 서신들의 역사적 상황이 수사적 상황과 다를 것이다. 이것은 리더십 구조의 관점에서 토론될 필요가 있고 다른 관점에서의 탐구는 여기서 특별히 토론될 필요가

---

45) Marshall, *The Pastoral Epistles*, p. 518. 참고. 디모데 전서 4:2 ; 4:6 이하; 4:11 이하; 5:17 ; 6:1 이하, 디모데 후서 1:13 이하; 2:2; 2:17 이하; 3:10 ; 3:16 이하; 디도서 1:11 ; 2:7 이하; 2:10.

46) 마샬은 바울 저작을 받아들이지 않는 많은 학자들을 P. N. Harrison 으로부터 D. L. Mealand 까지 열거하고 (Marshall, *The Pastoral Epistels*, pp. 57-92)목회서신이 '바울의 작품' 이라고 믿는 몇 명의 학자들을 열거한다 (Marshall, *The Pastoral Epistles*, pp. 57-8 그리고 각주 67): Jeremias, Spicq, Simpson, Guthrie, Hendriksen, Kelly, Holtz, Fee, Knight, Lea and Griffin, Johnson, Oden, Towner, Stott. 그는 또한 바울 저작을 주장하는 소논문들을 소개한다: E. K. Simpson, 'The Authenticity and Authorship of the Pastoral Epistles' in *Evangelical Quarterly* 12 (1940), pp. 289-311; E. E. Ellis., 'The Authorship of the Pastorals: a Résumé and Assessment of Current Trends' in *Evangelical Quarterly* 32 (1960), pp. 151-61; E. E. Ellis, 'Die Pastoralbriefe und Paulus' in *Theologische Beiträge* 22.4 (1991), pp. 208-12; E. E. Ellis, 'The Pastorals and Paul' in *Expository Times* 104 (1992-93), pp. 45-7; E. E. Ellis, 'Pastoral Letters' in *Dictionary of Paul and his Letters* (Downers Grove: IVP, 1993), pp. 659-66; J. McRay, 'The Authorship of the Pastoral Epistles: A Consideration of Certain Adverse Arguments to Pauline Authorship' in *Restoration Quarterly* 7 (1963), pp. 2-18; S. E. Porter, 'Pauline Authorship and the Pastoral Epistles: Implications for Canon' in *Bulletin for Biblical Research* 5 (1995), pp. 105-23; S. E. Porter, 'A Response to R. W. Wall's Response' in *Bulletin for Biblical Research* 6 (1996), pp. 133-38.

없다.[47] 목회 서신 안에 군주적 감독을 가리킬 수 있는 어떤 용어도 발견되지 않기 때문에 이 서신의 역사적 시기는 초대 교회에 군주적 감독들이 나타났던 시기보다 더 **빠른** 것 같다.[48]

그 역사적 무대는 프레스뷔테로이(에피스코포이)가 존재하게 된 후 한참 뒤가 아닌 것 같다. 디도서 1장 5절 이하에서 디도는 프레스뷔테로이(에피스코포이)를 임명하도록 조언 받는다. 마샬은 이것은 '초기 시기에 대한 가상적 표현의 일부'인 것 같지 않다고 주장한다. 만약 이 서신이 프레스뷔테로이(에피스코포이)가 오랫동안 존재하고 있었던 후기 시기에 쓰여졌다면, 이 서신은 '디도 같은 인물'이 - 더 가능성 있는 것은 단지 디도가 전에 아무 프레스뷔테로이(에피스코포이)도 '존재하지 않는 곳에서 새롭게 임명하는 것' 보다는 기존의 프레스뷔테로이 그룹이 - 새로운 프레스뷔테로이(에피스코포이)를 임명하는 데 더 관심을 가질 것이다. 적어도 '더 일반적인 말로' '임명'에 관하여 다룰 수 있었다. 마샬의 주장은 설득력이 있다. 다른 말로 하면 리더십 '계승'의 수사적 상황이 '실제적 상황'이라는 것은 믿을 만하다.[49] 그럼에도 불구하고 그는 목회서신의 시기로서 바울의 시대보다는 '바울의 죽음 바로 이후의 시기'를 제안한다.[50] 비록 이것이 사실이라고 할지라도 지역 교회 리더십에 관하여 역사적 상황은 수사

---

47) 이 연구를 위해서 Marshall, *The Pastoral Epistles*, pp. 40-51을 보라.
48) '에피스코포스'라는 용어는 목회서신에서 군주적 감독을 가리키지 않고 '프레스뷔테로이'라는 용어와 아직 구분되지 않았다는 것이 기억될 것이다.
49) Marshall, *The Pastoral Epistles*, pp. 52-4, 57-8, 76.
50) Marshall, *The Pastoral Epistles*, p. 92. 그는 말한다: '그러면 우리의 가설은 그 지적들은 목회서신이 바울 죽음 바로 직후의 기간에 속한다는 것이다. 그것들은 특히 디모데 후서는 지금 그 크기가 정확히 추적되지 않는 진짜 바울의 자료들에 근거하고 있다. 그리고 목회서신은 디모데와 디도 자신들을 포함한 그룹에서 만들어졌을 것이다.

적 상황과 다르지 않을 것이다: 프레스뷔테로이(에피스코포이)가 임명될 필요가 있다.[51]

'거짓 교사들'이 나타나고 이것은 디모데 전서, 디모데 후서, 디도서에 공통된 주제 중의 하나이다: 딤전 1:3 이하, 4:1 이하, 6:3 이하, 딤후 4:3 이하, 디도서 1:10 이하). 저자는 '복음'을 파괴하려는 자들을[52] '반박'[53]하는 데 매우 신경을 쓰고 있는 것으로 묘사된다. 새 지역 교회 지도자들은 저자를 위하여 미래에 양무리들을 그들로부터 보호해야만 할 것이다. 이 상황은 바울의 에베소 프레스뷔테로이(에피스코포이)에 대한 말씀에 관한 누가의 진술에 명백히 설명되어 있다 (행 20:28 이하).

카리스마가 카리스마적이고 순회적 지도자인 디모데와 관련하여 언급되지만 (딤전 4:14 그리고 딤후 1:6) 지역 교회 지도자와 관련해서는 언급되지 않는다.[54] 교회가 그리스도의 몸으로 묘사되지는 않지만 '하나님의 가정'으로 묘사되고 (딤전 3:15) 그리스도의 몸을 위해 일하시는 성령에 관한 설명이 나타나지 않는다. '너의/그녀의 집에 있는 (또는 '그들의 집에서 만나는') 교회' 같은 그런 표현들은 보이지 않

---

51) 그러므로 지역 교회 리더십 구조에 관련하여 상황을 설명하면서 '실제 상황'이 바울적인지 아니면 제2 바울적인지에 관한 긴 토론이 이 부분의 목적을 위하여 특정하게 필요하지는 않다.
52) Marshall, *The Pastoral Epistles*, p. 518.
53) Knight III, *The Pastoral Epistles*, p. 11.
54) *Pace* Marshall, *The Pastoral Epistles*, p. 520. 그는 '그것을 위해 선택된 사람들이 이미 성령의 은사를 가지고 있고 적절한 특질들을 나타낸다'고 주장한다. 그는 더 나아가 그리고 구체적으로 비록 여기에서 '성령의 은사'에 대한 정의를 제시하지는 않더라도 '그들은 가르치는 잠재력을 가지고 있다'고 설명한다. 그러나 목회서신에 전혀 설명되거나 암시되지도 않기 때문에 우리는 그들의 가르치는 능력이 성령으로부터 오는지 그들 자신의 노력으로부터 오는지 단순히 모른다.

는다. 가정 교회의 존재를 암시할 만한 어떤 소그룹도 언급되지 않는다.

• 디모데 전서-도시 교회 지도자들

프레스뷔테로이(에피스코포이)의 자격 요건들이 디모데 전서 3장 1절 이하에 제시된다. 이것은 교회가 '지역' '교회 지도자들'이 등장하도록 허용하기보다는 그들을 임명해야 한다는 것을 의미한다.[55] 비록 그들이 가정 교회 리더십을 가지고 있다 할지라도 그들이 함께 만나 전체로서 도시 교회를 형성하기 위하여 도시 전체 수준의 지도자들을 임명할 필요가 있다. 이것은 지역 교회 리더십의 제도화라고 불릴 수 있다. 디모데 전서에 언급되어 있는 에베소에 있는 교회는 에베소서에 나타나는 교회와 똑같다는 사실이 주목된다.[56] 에베소서 4장 11절에 따르면 이 교회가 전에는 사도, 선지자, 전도자, '포이메네스와 교사'를 가지고 있었다. 디모데 전서 3장 1절 이하에 따르면 이제 이 교회가 에피스코포이와 집사를 임명해야 한다.[57] 이 새 리더십 구조는 제도화 되어 있다는 게 이미 위에서 설명이 되었다.

디모데는 카리스마적 지도자이지만 순회적 지도자이기도 하다. 이 서신은 다른 카리스마적 지도자를 언급하지 않는다. 이것은 만약 그가 다른 도시로 이동한다면 이 공동체에 어떤 카리스마적 지도자도 더 이상 존재하지 않는다는 것을 의미한다. 가정 교회 지도자들도 역

---

55) Marshall, *The Pastoral Epistles*, p. 472.
56) 이것은 우리가 그 도시에 있는 모든 그룹을 전체로서 에베소 교회를 구성하는 것으로 본다면 사실이다.
57) 이 상황은 디다케 15:1, 2에 묘사되어 있는 것과 비슷하다.

시 언급되지 않는다. 대조적으로, 프레스뷔테로이(에피스코포이)가 임명될 예정이고 이 공동체의 리더십 구조는 곧 제도화될 예정이다. 이것은 이 서신으로부터 가정 교회 지도자들과 도시 교회 지도자들 사이의 관계를 추론하는 것이 어렵다는 결론으로 나아간다.

- 디도서-도시 교회 지도자들

디도는 그레데에서 프레스뷔테로이(에피스코포이)를 임명하도록 지시를 받고 디도서 1장 5절 이하에서 이 지도자들의 자격 요건에 관한 안내 지침을 제공받는다. 위에 나온 디모데 전서 3장 1절 이하에 적용되는 논지와 똑같은 논리에 따르면 이들은 도시 교회 지도자들이다. 그러므로 이 공동체의 리더십 그림은 디모데 전서의 그림과 똑같고[58] 이 리더십 구조 역시 곧 제도화 될 예정이다. 이 서신에서 가정 교회 지도자들과 도시 교회 지도자들 사이의 관계를 토론하는 것은 어렵다.

iii. 사도행전

- 누가의 루스드라, 이고니움 그리고 안디옥 교회에 관한 그림 (사도행전 14장 21절 이하)-도시 교회 지도자들

사도행전 14장 21절 이하에서 누가는 '바울과 바나바가 프레스뷔테로이를 임명했다' 고 진술한다. 만약 이것이 사실이라면 이것은 바울 자신이 지역 교회 리더십의 제도화를 실행했다는 것을 의미한다.

---

58) 그러나, 집사의 직분이 이 공동체에 보이지 않지만 이것은 보조적 지위이다. 그러므로 주 리더십에 관한한 이 공동체는 디모데 전서에 있는 에베소 공동체와 똑같다.

만약 이것이 누가의 시대착오[59]라면 이것은 바울 교회들이 바울 사후에 리더십의 제도화를 실행하고 있다는 것을 의미한다. 어쨌든, 이 교회들은 프레스뷔테로이의 직분을 가지고 있다. 그들 중 하나는 안디옥 교회이다. 사도행전 13장 1절에 따르면 이 교회는 선지자들과 교사들을 가지고 있었다. 이제 이 교회는 프레스뷔테로이를 갖게 된다.[60] 여기에서 임명되는 프레스뷔테로이는 (행 14:21 이하) 가정 교회 지도자들이 아니다. 누가는 그들을 루스드라, 이고니엄, 안디옥이라는 도시의 지도자들로 묘사한다. 그는 각 도시에 어떤 소 공동체가 존재한다거나 이 직분자들의 각각이 소 공동체의 지도자라고 언급하거나 암시하지 않는다. 이들은 도시 교회 지도자라고 불릴 수 있고 이 리더십 구조는 도시 교회 리더십 구조일 것이다. 이들은 목회 서신에 나타나는 것과 똑같은 종류의 프레스뷔테로이이다.

그 구절에 따르면 바울과 바나바를 제외하고 어떤 카리스마적 지도자들도 이 도시들에 나타나지 않는다. 가정 교회 지도자들도 역시 나타나지 않는다. 바울과 바나바는 순회적 지도자들이다. 그들이 이 도시들을 떠난 뒤에 단지 임명된 지도자들만 남는다. 결론적으로, 프레스뷔테로이(에피스코포이)가 이 공동체들에 나타나고 그 리더십 구조는 제도화 되어 있다. 이 구절로부터 가정 교회 지도자들과 도시 교

---

59) Fitzmyer, *The Acts of the Apostles*, p. 535. 그는 주장한다:
  …, 왜냐하면 논의되지 않는 바울 서신이나 제2 바울 서신들 모두에서 사도는 그가 편지 쓰는 교회와 관련하여 프레스뷔테로이를 전혀 언급하지 않는다. 그리고 그런 사람들을 취임시키지도 않는다,… 빌립보서 1장 1절에서 '감독자들과 집사들'에 관하여 (*episkopois kai diakonois*);…, 그러나 *presbyteroi* 에 관하여는 전혀 아니다… 그래서 그 인지는 단지 누가의 **시대착오**일 것이다. …
  이 견해는 유보사항이 있어서 받아들일 수 없다.
60) 이 상황은 또한 디다케 15:1, 2에 설명되어 있는 것과 똑같다.

회 지도자들 사이의 관계를 아는 것은 불가능하다.

• 에베소 교회 (행 20:17 이하)-도시 교회 지도자들

누가는 사도행전 20장 17절에서 '교회의 장로들(τοὺς πρεσβυτέρους τῆς ἐκκλησίας)'이라는 표현을 사용한다. '교회'라는 용어는 단수이다. 한편 '장로들'이라는 용어는 복수이다. 그러므로 이것이 가정 교회라면 이 표현은 한 가정 교회에 몇몇의 장로들이 존재한다는 것을 의미할 것이다. 자기의 집을 교회 건물로 제공하는 가정의 가장이 그 가정 교회의 지도자가 되는 경향이 있다. 그 가정에 몇 명의 가장이 존재하는가(17절)? 아니, 이것은 생각할 수 없는 일이다. 그러므로 이 교회는 가정 교회가 아니다. 이것은 누가가 전 공동체를 한 교회로 부르는 것을 의미한다. 그러므로 이 프레스뷔테로이는 도시(에베소) 교회 지도자들이다.[61] 동시에 이들은 가정 교회 지도자들이기도 한 것 같지는 않다.[62] 이들이 루스드라, 이고니엄 그리고 안디옥이라는 도시의 교회 지도자들인 프레스뷔테로이와 똑같은 지도자들인 것은 사실임에 틀림없다 (행 14:23).[63] 이 구절에 가정 교회나 카리스마적 지도자들이 존재한다는 암시는 없다. 그러므로 이 리더십 구조는 사도행전 14장 21절 이하에 나타나는 것과 똑같고[64] 심지어 목회서신에

---

61) 그들의 리더십은 28절을 보라.
62) *Pace* Campbell, *The Elders*, p. 173.
63) Marshall, *The Acts of the Apostles*, pp. 333-34. 참고. Haenchen, *The Acts of the Apostles*, p. 592; Fitzmyer, *The Acts of the Apostles*, p. 676.
64) 누가는 이 구절과 사도행전 20:17에서 '프레스뷔테로이'라는 칭호를 사용하지만 '에피스코포이'라는 칭호를 사용하지 않는다. 양 구절 모두 누가 자신의 서술이고 바울의 표현이 아니다. 이것은 누가가 확실히 '프레스뷔테로이'라는 칭호를 사용했다는 것을 의미한다. 그러나 그가 '에피스코포이'라는 칭호를 사용하는 것을 좋아했던 것

있는 것들과도 똑같다.

결론적으로, 프레스뷔테로이(에피스코포이)가 이 공동체에 나타나고 그 리더십 구조는 제도화 되어 있다. 이 구절로부터 두 종류의 지도자들 즉, 가정 교회 지도자들과 도시 교회 지도자들이 이 공동체에 공존한다고 상상하기는 어렵다.

이것과는 별도로, 프레스뷔테로이가 28절에서 다른 칭호[65] '에피스코포이'로 불리는 것은 주목되어야 한다. 이 칭호가 여기에서 '프레스뷔테로이'라는 칭호처럼 교회의 공식적인 칭호로 사용되고 있다는 것은 의심할 이유가 없다.[66] 왜냐하면, 이 용어는 바울에 의하여 빌립보서 1장 1절에서도 '전문 용어'로 배치되고 있기 때문이다.[67] '프레스뷔테로이'라는 칭호는 누가가 선호하는 지역 교회 리더십 용어인 것 같고 '에피스코포이'라는 칭호는 바울이 선호하는 것 같다.[68] 누가

것 같지는 않다 (논쟁은 아래의 각주 68을 보라). 어떤 학자들은 아마도 '프레스뷔테로이'라는 칭호가 논의되지 않는 또는 목회서신을 제외하고 논의되는 바울 서신들에 나타나지 않기 때문에 바울이 그것을 사용하지 않았다고 주장한다 [참고. Marshall, *The Acts of the Apostles*, p.241]. 바울 자신이 '프레스뷔테로이'라는 칭호를 사용했든지 안 했든지, 이 두 칭호는 똑 같은 지위 즉 지역 도시 교회 리더십을 가리킨다. Fitzmyer는 누가가 '그 칭호들을 동등한 명칭들로 여겼다'라고 말한다 (Fitzmyer, *The Acts of the Apostles*, p. 679).

65) *Pace*, Macdonald, *The Pauline Churches*, p. 216.
66) *Pace* Bruce, *The Acts of the Apostles*, p. 429.
67) 논의는 위에 있는 이 섹션의 b. i 를 보라.
68) 바울의 결별사 (사도행전 20:17 이하)가 누가 자신의 언어이든지 심지어 비평적 주석가들이 주장하는 것처럼 누가의 '작문'이든지 (반대 주장을 위해서는, Marshall, *The Acts of the Apostles*, pp. 329-30을 보라), '에피스코포이'라는 칭호는 마샬이 추측했듯이 (p. 330) 바울의 용어임에 틀림이 없다. 왜냐하면 누가는 언제나 '프레스뷔테로이'라는 칭호를 사용하고 (사도행전 11:30; 14:23; 15:2, 4, 6, 22, 23; 16:4; 20:17; 21:18) 바울의 결별사를 제외하고는 절대로 '에피스코포이'라는 칭호를 사용하지 않기 때문이다.

의 용어 '프레스뷔테로이' 가 시대착오적이라고 주장하기는 어렵다. 왜냐하면 누가는 비록 바울의 용어가 '에피스코포이' 라는 걸 알면서도 (28절) 이 용어를 사용하고 있기 (17절) 때문이다.

따라서, 그들은 바울에 의해 임명되었음에 틀림없다. 바울은 에베소에 있었을 때에 그들을 가르쳤고 (20절) 그래서 그들을 밀레도에 소환할 수 있었다 (17절).

2. 베드로와 요한 공동체들

• 베드로전서 5장 1절

베드로 전서 5장 1절에 '프레스뷔테로이' 라는 칭호가 나타나고 '하나님의 양무리' [69]가 그들에게 '맡겨진다'. [70] 그들은 '양무리들' 을 돌보고 감독하는 데 공식적으로 책임이 있는[71] 것 같다. [72] 그들이 사례비를 받는다는 사실은[73] 베드로 전서가 언제 쓰여졌든지 그들이 가정 교회 지도자들이 아니라는 것을 암시한다. [74] 그러므로 이 공동체는 도시 교회 리더십 구조를 가지고 있을 것이다. 이 공동체에 어떤 카리스마적 지도자도 나타나지 않는다.

---

69) 베드로 전서 5:2
70) 베드로 전서 5:3
71) 베드로 전서 5:2 하반부 ('너희들이 해야만 하기 때문이 아니라 너희들이 원하기 때문에') 는 의무이기 때문에 그들 중 약간이 '양무리들' 을 섬길 수 있다는 것을 암시한다; 그렇지 않다면, 저자는 이 절들을 언급할 필요가 없다.
72) Campbell, *The Elders*, p. 206.
73) 참고. 베드로 전서 5:2 끝부분 ('더러운 이를 위하여 하지 말고 오직 즐거운 뜻으로 하며;')
74) *Pace*, Campbell, *The Elders*, p. 207.

결론적으로, 이 공동체에 프레스뷔테로이(에피스코포이)가 나타나고 그 리더십 구조는 제도화 되어 있다. 가정 교회 지도자들이 발견되지 않는 사실은 이것과 관련되어 있을 것이다.

• 요한 2서와 요한 3서

요한 2서와 요한 3서에 '프레스뷔테로스'라는 칭호가 저자를 가리키기 위하여 사용되고 있다. 각 구절은 각 서신의 시작이라는 것이 주목된다. 보통, 신약 서신들의 저자들은 서신의 시작 부분에서 수신자들이 그들의 지위를 알게 한다 (롬 1:1; 고전 1:1; 고후 1:1; 갈 1:1; 엡 1:1; 골 1:1; 딤전 1:1; 딤후 1:1; 딛 1:1; 벧전 1:1; 벧후 1:1). 그러므로 이 칭호는 여기에서도 나이의 함축으로 씌여진 게 아니고 지위의 함축으로 씌여진 것이라 볼 수 있다. 이것은 저자가 사도라면[75] 겸손한 표현이다.[76] 이 경우는 '동료 장로'라는 용어가 베드로를 지칭하

---

75) Brooke Foss Westcott, *The Epistles of St. John* (new ed.; Appleford: Marcham Manor Press, 1966; orig. ed. 1883), pp. liii-lvi; J. R. W. Stott, *The Epistles of St. John* (The Tyndale New Testament Commentaries; London: The Tyndale Press, 1964), p. 26; B. H. Streeter, *The Four Gospels* (rev. ed.; London: Macmillan, 1936), pp. 458-61. 참고. Brown은 그 복음서와 첫 번째 서신이 똑같은 사람에 의해 쓰여졌다고 믿는 사람들을 소개한다: Abbott, Bacon, Baumgartner, Bernard, F.-M. Braun, Brooke, Burney, Chaine, Charles, **Clemen**, de Ambroggi, Feuillet, Findlay, Gaugler, Grimm, **Harnack**, Hauck, Headlam, Hilgenfeld, Howard, Jacquier, Jülicher, Law, Lepin, T. W. Manson, Marshall, W. Michaelis, Michl, Nunn, Percy, Schneider, Stott, Streeter, Turner, Vrede, B. Weiss, Wendland, Wernle, Westcott, Williams, and Wrede. (Brown, *The Epistles of John*, p. 20). 주의. Brown은 이들 사이의 두 사람 **Clemen** 과 **Harnack** 을 요한 1서의 저자와 요한 2서, 3서의 저자를 일치시키지 않는 자들 속에 포함한다 (Brown, *The Epistles of John*, p. 14 그리고 각주 26) 그리고 이것은 이 둘이 요한 2서, 3서의 저자를 사도 요한으로 여기지 않는다는 것을 의미한다.

76) 참고. Raymond E. Brown, *The Epistles of John* (the Anchor Bible; London: Geoffrey Chapman, 1982), p. 15 각주 29. 여기에서 그는 이 겸손한 표현의 존재를 깨닫지 못한다:

기 위하여 그리고 베드로를 프레스뷔테로이 중의 하나로 여기기 위하여 사용되고 있는 베드로 전서 5장 1절에서 보인다.[77] 어쨌든, 요한 공동체에서도 거의 확실히 프레스뷔테로이가 존재한다고 볼 수 있다. 그렇지 않다면, 저자가 '프레스뷔테로스' 라는 칭호를 사용하지 않고 '사도' 라는 칭호를 사용했을 것이다.

이것에 대한 증거가 있다. 라이트푸트는 요한 사도에 대한 알렉산드리아의 클레멘트의 묘사를 소개한다:

> 어떤 곳에서는 비숍들을 자리 잡게 하기 위하여 다른 곳에서는 전 교회를 합병하기 위하여 또 다른 곳에서는 성령에 의하여 알려진 자들 중 어떤 사람을 목사직에 임명하기 위하여.[78]

이것에 따르면 요한 사도는 '비숍들을 자리 잡게 하는' 사명을 가지고 있었다. 여기에서 알렉산드리아의 클레멘트는 '비숍' 이라는 칭호를 사용하고 요한 자신은 '프레스뷔테로스' 라는 칭호를 사용한다 (요한 2서와 요한 3서). 알렉산드리아의 클레멘트는 이 직분을 위하여 보

'요한 2서, 3서와 같은 보내는 자의 신원을 요구하는 진짜 서신들의 저자는 자신이 만약 사도라면 그 자신을 "프레스비터"로 판정지지는 않을 것이다 라는 주장에는 약간의 타당성이 있을 것이다.'

77) 참고. Campbell은 이를 위하여 '예의' 라는 표현을 사용한다(Campbell, *The Elders*, p. 207). 이것은 심지어 이 서신의 저자가 베드로가 아니라고 믿는 사람들에게도 사실이다. 왜냐하면 저자는 이 단어를 사도 베드로를 지칭하기 위하여 배치하고 있기 때문이다. 이 경우에 저자는 아마 베드로가 겸손하다고 가정하면서 '동료 장로' 라는 용어로 그 자신을 지칭하고 있는 게 아니고 베드로를 지칭하고 있다 (*pace* Campbell, *The Elders*, p. 207). 어쨌든, 이것은 사도가 자신을 프레스뷔테로스로 지칭하지 못할 이유가 없다고 암시한다.

78) Lightfoot, *the Philippians*, p. 212. 그는 Clement of Alexandria, *The Rich Man's Salvation* 42 (959 p)을 인용하고 있다.

통 '비숍'이라는 칭호를 사용하지만[79] 가끔 '프레스비터'라는 칭호를 사용하기 때문에[80] 이것은 문제가 되지 않는다. 이것은 그에게 있어서 '비숍'이라는 칭호와 '프레스비터'라는 칭호는 적어도 '가끔' 상호 교환될 수 있다는 것을 의미한다.[81]

만약 저자가 사도가 아니라면 그 자신이 프레스뷔테로스이다.[82] 이것 역시 프레스뷔테로스의 직분이 이 공동체에 존재한다는 것을 의미한다.

---

79) Clement of Alexandria, *The Rich Man's Salvation* 42 (959 p). 그는 말한다: ὅπου μὲν ἐπισκόπους καταστήσων' ... 'ὦ ἐπίσκοπε, τὴν παραθήκην ἀπόδος ἡμῖν'.
80) 'ὁ δὲ πρεσβύτερος ἀναλαβὼν οἴκαδε τὸν παραδοθέντα νεανίσκον ἔτρεφε' [Clement of Alexandria, *The Rich Man's Salvation* 42 (959 p)].
81) Butterworth 는 이것을 상세히 설명한다:
'클레멘트는 다른 곳에서 가끔 사역의 두 서열을 언급하고 가끔 세 서열을 언급한다; 그래서 그의 실제적 믿음을 발견하는 것은 쉽지 않다.' [*Clement of Alexandria* (The Loeb Classical Library; tr. G. W. Butterworth; London: William Heinemann; New York: G. P. Putnam's Sons, 1919), pp. 358-59 특히 각주].
Alexandria의 Clement는 '비숍이라는 단어의 초기와 후기 사용법'을 분명하게 하지 않았다. 참고. Lightfoot, *the Philippians*, p. 216-17. 그는 언급한다:
... 고린도의 Dionysius ... 이 고대의 작가는 부자연스럽게 비숍이라는 단어의 초기와 후기 사용법을 혼동하지 않았다. 그러나 유세비우스 (왜냐하면 그는 직접 인용을 하고 있다고 공언하지 않기 때문이다)는 Dionysius 의 진술을 후기 교회 용법의 견해에 따라 비의도적으로 구절을 바꾸고 해석했다는 것은 있을 수 없는 일이 아닌 것 같다.
'에피스코포스(비숍)의 초기와 후기 의미에 관한 혼동'의 또 다른 예는, Lightfoot, *the Philippians*, p. 221을 보라.
82) 브라운은 이 견해를 가지고 있고 (Brown, *The Epistles of John*, p. 30 각주 71) 요한 1서의 저자를 요한 2서, 3서의 저자와 일치시키지 않는 많은 학자들을 열거한다 (Brown, *The Epistles of John*, p. 14 그리고 각주 26). 그들의 요한 서신 '공동 저작에 관한 의심'으로부터 이 사람들이 요한 사도를 요한 2서, 3서의 저자로 여기지 않는다는 것이 추론된다. 류는 Käsemann, Houlden, K. Donfried, E. Haenchen, C. H. Dodd 를 이 견해를 가진 자로 소개하고 [Judith Lieu, *The Second and Third Epistles of John* (Studies of the New Testament and its World; Edinburgh: T. & T. Clark, 1986), pp. 53, 54 그리고 각주 8, 55) 류 자신이 이들 중 하나이다 (p. 153)].

위에서 언급되었듯이 학자들은 프레스뷔테로스를 사도 요한과 동일시하는 것에 대해 찬성하는 쪽이 있고 반대하는 쪽이 있다. 그들의 주장은 복음서와 서신서들의 비교 특히 '문체', '사상' 그리고 '삶의 정황'의 관점에서의 비교에 초점을 맞추고 있다.[83] 그러나 비록 이것들이 똑같은 저자에 의해 쓰여졌다고 할지라도 문체, 사상, 삶의 정황 등이 다를 수 있다고 생각하는 것은 불가능하지 않다. 왜냐하면 한 사람의 '문체', '사상', '삶의 정황' 등이 시간이 감에 따라 변할 수 있기 때문이다.[84] 그러므로 이러한 점들의 '유사성' 이나 '상이성'[85]이 결정적 증거로 여겨질 수 없다. 이점이 바로 브루스로 하여금 '저자의 다양성을 위한 주장이 공동 저작을 위한 내적이고 외적인 증거를 폐하기에 충분하다고 말할 수 없다'고 결론짓게 인도했을 것이다.'[86]

리더십 구조의 관점에서 하나의 신선한 제안이 다음과 같이 만들어질 수 있다.[87] 그는 요한 2서 12절과 요한 3서 9, 13, 14절에서 증명이 되듯이 공동체 밖으로부터 서신들(요한 2, 3서)를 보내고 있다.[88] 이것은 그가 지역 교회 지도자가 아니라 순회 사역자라는 것을 의미한다. 그는 '디오드레베가 하고 있는 것에 주의를 환기하기 위해' (요한 3서 10절) 그 공동체에 갈 것이다. 이 그림은 클레멘트의 사도 요한에 대한 묘사와 매우 흡사하다:

---

83) 참고. Brown, *The Epistles of John*, pp. 19-30.
84) 예를 들면 20년 전의 나의 글의 '문체' 와 '사상' 이 현재의 것과 다르다. 나의 '삶의 상황' 도 이렇다.
85) 나는 이 용어들을 브라운에게서 빌어 왔다.
86) F. F. Bruce, *The Epistles of John* (London: Pickering & Inglis Ltd., 1970), p. 31.
87) 다음의 내용은 내 자신의 제안이다.
88) 이 섹션의 아래를 보라.

ἀλλὰ ὄντα λόγον περὶ Ἰωάννου τοῦ ἀποστόλου παραδεδομένον καὶ μνήμῃ πεφυλαγμένον. ἐπειδὴ γὰρ τοῦ τυράννου τελευτήσαντος ἀπὸ τῆς Πάτμου τῆς νήσου μετῆλθεν ἐπὶ τὴν Ἔφεσον, ἀπῄει παρακα λούμενος καὶ ἐπὶ τὰ πλησιόχωρα τῶν ἐθνῶν, ..., ὅπου δὲ ὅλας ἐκκλησίας ἁρμόσων,(그러나 기억 속에서 전해져 오고 간직되어 온 사도 요한에 관한 진정한 설명. 그 전제자의 죽음 뒤에 그가 밧모섬에서 에베소로 이동했을 때, 그는 늘 그 이방인들의 이웃 지역으로 요청에 의해 여행하곤 했다, ..., 다른 곳에서는 전 교회를 통제하기 위하여,)[89]

이것도 바울과 베드로의 경우와 매우 유사하다.

그러나, 알렉산드리아의 클레멘트에 의한 묘사에 따르면 사도 요한에 의해 임명된 프레스뷔테로이들은 순회 사역자라기보다는 지역 교회 지도자들이다:

'ὦ ἐπίσκοπε, τὴν παραθήκην ἀπόδος ἡμῖν, ἣν ἐγώ τε καὶ ὁ Χριστός σοι παρακατεθέμεθα ἐπὶ τῆς ἐκκλησίας, ἧς προκαθέζῃ, μάρτυρος.' ('에피스코포스여 이제 네가 관리하는 교회의 존전에서 그리고 그 교회의 증거 속에 그리스도와 내가 함께 네게 의탁한 보관물을 우리에게 돌려주라')[90]

---

89) Clement of Alexandria, *The Rich Man's Salvation*, 42 (959 p), Loeb translation.
90) Clement of Alexandria, *The Rich Man's Salvation*, 42 (959 p), Loeb translation. 참고. 이 문단에서 '나'는 사도 요한을 가리킨다..

이것은 하나의 순회 지도자인 프레스뷔테로스(요한 2서 1절과 요한 3서 1절)가 프레스비터 요한이 아니고 사도일 거라는 주장으로 연결된다.[91]

이 공동체에 존재하는 프레스뷔테로이는 가정 교회 지도자들이 아니고 어떤 가정 교회도 존재하지 않는 것 같다. '너의 집에 있는 교회' 같은 그런 특정한 표현이 이 서신에 나타나지 않고 단지 환대만 언급되어 있다는 게 주목된다. 이것은 다음 문단들에서 더 토론될 것이다.

요한 2서의 수신자는 '택하심을 입은 부녀' 이다 (요한 2서 1절). 캠벌은 '택하심을 입은 부녀' 는 저자 '자신의 교회' 이고 디오드레베,[92] 가이오,[93] 데메드리오[94]는 그 가정 교회 지도자들이라고 암시한다.[95] 그러나 이들이 '가정' 교회 '지도자들' 이라는 분명한 증거가 없다.[96]

'부녀' 는 전 공동체(교회)를 은유적으로 의미할 것이다.[97] 이것은

---

91) *Pace* Lieu, *The Second and Third Epistles of John*, p. 153. 그녀는 장로(프레스뷔테로스)를 사도 요한과 일치시키지 않는 두 가지 이유를 제시한다: '디오드레베의 활동이 명백히 실질적 지지를 받으면서 거대한 것, 그리고 장로의 반응의 머뭇거림 역시 저자가 그러한 수준의 사람이라는 것에 거스려 말하고 있다.' 그러나, 이것들은 바울의 경우에 의해 증명이 되듯이 심지어 사도들도 언제나 모든 사람에 의해 따라 지켜나 복종되지 않기 때문에 거의 결정적 증거가 될 수 없다 (고린도 전서 3 :1 이하; 4:18 이하)
92) 요한 3서 9절.
93) 요한 3서 1절.
94) 요한 3서 12절.
95) Campbell, *The Elders*, p. 208.
96) 주의. '가정 교회' 는 언제나 '집 교회' 와 똑같지는 않다 라고 주장될 수 있다 (이것은 다음 단락들에서 토론될 것이다).
97) 쥬디쓰 류는 이 견해를 가진 교부적 인물들을 소개한다: Jerome, Oecumenius 그리고 Cassiodorus (Lieu, *The Second and Third Epistles of John*, p. 31 그리고 각주 93). 브라운은 또 다른 교부적 인물 Bede 를 소개하고 (Brown, *The Epistles of John*, p. 653) 그 자신이 이 견해를 가지고 있다 (논의는 Brown, *The Epistles of John*, pp. 652-55를 보라). 또 다른 현대 학자 브루크도 이 견해를 가지고 있다 [A. E. Brooke, *The Johannine Epistles* (The International Critical Commentary; Edinburgh: T & T

요한 2서의 마지막 문장에 의해 증명이 된다: '택하심을 입은 네 자매의 자녀가 네게 문안 하느니라'. 왜 자매가 아니고 단지 자녀들만 문안을 하나? 만약 우리가 '부녀', '자녀' 그리고 '자매'를 상징적으로 보지 않는다면 우리는 이것을 대답할 수 없다. '택하심을 입은 자매' 역시 교회를 의미하고 '자녀'는 교회의 멤버들을 가리키는 은유적인 표현일 가능성이 높다.[98] 이 경우, 마지막 문장은 네 자매 교회의 멤버들이 문안을 보낸다라는 의미로 해석될 것이다. 이것은 왜 저자가 서신의 끝에서 자매가 아니라 단지 자녀만을 언급하는 지를 설명한다. 결과적으로, 이 서신(요한 2서)이 어떤 '개인'이 아니라 전 '공동체'에게 보내졌다라는 게 믿어진다.[99]

'집'이라는 용어가 서신에 나타난다라는 사실은 '집'이 그 공동체에서 '경배'를 위하여 사용되고 있다는 것을 암시할 것이다.[100] 만약 그 서신이 어떤 개인에게 보내지지 않았다면, 요한 2서 10절에 나오는 '너의 집'은 어떤 개인의 집이 아니라 '전 공동체가 경배를 위하여

Clark,1994), pp. 168-69]. 참고. 류는 '부인'과 '그 자녀들'을 문자적으로 취하는 교부적 인물들을 소개한다: Alexandria의 Clement 그리고 Walafrid Strabo (Lieu, *The Second and Third Epistles of John*, p. 31와 각주 94). 브라운은 이 견해를 가지고 있는 현대 학자를 소개한다: J. R. Harris, 'The Problem of the Address in the Second Epistle of John' in *The Expositor* 3 (1901), pp. 194-203 (Brown,*The Epistles of John*, p. 652). 그들에게는 그 집에 다른 어른들 없이 단지 부인과 자녀들만 존재한다. 그러므로 그들은 이 집이 교회라고 심지어 가정 교회라고 믿기는 어렵다. 어쨌든 그녀의 자매의 집에도 다른 어른들 없이 단지 자녀들만 존재하는 것은 그들에게 매우 이상할 것이다: '택하심을 입은 네 자매의 자녀가 네게 문안하느니라' (요한 2서 13절).

98) Lieu, *The Second and Third Epistles of John*, p. 67.
99) 나는 '공동체'와 '개인'을 대조시키는 것을 브라운에게 빌렸다 (Brown, *The Epistles of John*, p. 651).
100) 참고. Malherbe, *Social Aspects of Early Christianity*, p. 98-9. 그는 '집' 또는 '하나님의 가정'과 같은 그런 표현이 '집 교회'의 존재를 의미한다고 암시한다.

모인 "집"(교회 건물이 존재하기 전 시대에) 을 의미할 것이다.[101] 사실이 그렇다면 이 교회(공동체)는 '집 교회' 이다.

그러나 집을 교회 건물로 사용한다고 할지라도 도시 교회 리더십 구조를 가질 수 있기 때문에 그것이 '집 교회' 라는 사실이 반드시 가정 교회 리더십 구조를 가지고 있다는 것을 의미하는 것은 아니다.[102] 따라서 '네 집' (요한 2서 10절)이라는 표현으로부터 이 공동체가 도시 교회 리더십 구조인지 가정 교회 리더십 구조인지 어느 리더십 구조를 가지고 있는지 알기가 어렵다. 이것은 우리가 요한 3서를 연구하도록 이끈다.

'교회' 라는 용어가 요한 3서 6절, 9절 그리고 10절에 나타난다. 이 교회는 어느 리더십 구조를 가지고 있는가? '환대' 가 요한 3서에 언급되어 있으나 이것은 가정 교회의 존재에 대한 증거가 아니다. '환대' 는 항상은 아니고 가끔 '집 교회' 를 암시할 수 있지만[103] 특별히 '가정 교회 리더십 구조' 를 암시하는 것은 아니다. 도시 교회 리더십 구조 하에서도 환대를 보일 수 있다. 어쨌든, '이 교회' 는 가정 교회 리더십 구조를

---

101) J. R. W. Stott, *The Epistles of John*, p. 214.
102) *Pace* Brown, *The Epistles of John*, p. 654. 그는 말한다:
요한 2서의 10절은 그것이 보내졌던 도시에 요한 공동체의 단지 하나의 집 교회가 있다는 것을 암시하는 것 같다.
그는 '집-교회' 라는 말로 '가정 교회' 를 의미하는 것 같다 (참고. pp. 101-02). 그러나 우리는 얼마나 많은 수의 가족이 이 회중에 가담했는지 모른다. 하나의 큰 집에 너무 많이는 아니더라도 어떤 숫자 심지어 40 또는 60을 상상하는 게 가능하다. 이 경우 그들은 잘 조직된 그리고 체계적인 리더십 구조를 갖고 있다고 상상하는 게 또한 가능하다. 그는 이런 종류의 구체적 고려를 하는 데 실패한다. '가정 교회' 그리고 '도시 교회' 의 정의에 관한 논쟁은 이 섹션의 도입부분의 설명을 보라.
103) *Pace* Malherbe, *Social Aspects of Early Christianity*, pp. 96-7. 그는 어떤 설명 없이 '환대' 를 '집 교회' 와 연결한다: '크리스천 환대는 집 교회의 현상에서 더 드러나 있다'.

가지고 있는 것 같지는 않다. 이것은 다음에 의하여 증명이 된다.

디오드레베가 '첫째가 되기를 좋아한다' (9절)는 사실은 그가 독립적인 가정 교회 지도자라기보다는 도시 교회 리더십 구조 아래에 있다는 것을 강하게 제안한다. 가정 교회 리더십 구조 아래에서는 그 가정 교회 내부에서 각 가정의 가장이 지도자(첫째)가 되는 경향이 있기 때문에 각 가정 교회 내부에서 그러한 첫째가 되려는 투쟁은 발생하지 않을 것이다.[104] 각 가정 교회가 비록 함께 일하기 위하여 가끔 연

---

104) *Pace* Malherbe, *Social Aspects of Early Christianity*, pp. 97-101. 그는 주장한다:
> 교회에서 여자들의 권위의 부족에 관한 바울의 견해로 보건대 (고린도 전서 14:33-37), 그의 뵈뵈에 대한 '내 자신을 포함한 많은 사람의 보호자 (prostatis)' 로의 묘사는 그가 교회의 보호자를 그/그녀의 교회를 돌봄에 의하여 어떤 권위를 갖는 것으로 보지 않는다는 것을 분명히 한다.

뵈뵈는 겐그레아 교회의 종이고 '보호자' 이다. 그녀의 사역은 하나의 가정 교회에 제한되어 있는 것 같지 않다. 어쨌든 그녀는 그 교회에서 중요한 인물임에 틀림이 없고 이것은 Whelan 이 지적하듯이 그녀가 많은 사람들과 바울의 '보호자' 라는 사실과 가깝게 연결되어 있다 (이 섹션의 1. a. i 를 보라).

말허버는 목회서신에 있는 에피스코포이(프레스뷔테로이)의 예를 통해 주인됨과 집 교회에서의 리더십의 무관계성을 증명하려고 한다:
> 비숍은 대접을 잘하는 사람이어야 하고 (…), 교회를 하나님의 가정으로 묘사하는 것, 그리고 가정에 강조하는 것 등의 관점에서 비숍들이 그들의 집에 교회를 가지고 있고 거기에서 자기 가정들 위에 다스림을 행사한다고 가정하기 쉽다. 그러나 목회서신에는 그러한 생각을 강요할 아무 것도 없다. 우리가 그러한 주인은 경제적으로 유복하고 관대할 거라고 가정해야 한다면 디모데 전서 5:17 이하는 반대의 증거로 읽혀질 것이다. 왜냐하면 거기에서 장로는 물질적 보상의 수혜자이고 교회에 제공하는 자가 아니기 때문이다. 어쨌든 목회서신은 비숍들이 권위를 교회에 잘 대접함으로써 얻었다는 증거를 제공하지 않는다.

그의 요점은 목회서신에 있는 에피스코포이(프레스뷔테로이)는 집 교회 지도자들이지만 그들의 봉사를 위하여 사용되는 집의 소유자들이 아니라는 것이다. 단지 목회서신의 에피스코포이(프레스뷔테로이)들이 '가정' 교회 지도자들일 때에만 이 주장은 합당하다. 그러므로 그는 이것을 증명해야만 한다. 그러나 그는 단지 그들이 '가정' 교회 지도자들이라고 전제한다. 불행히도 이것은 그가 가정 교회와 도시 교회에 관한 정의를 갖는 것에 실패하고 단지 건축학적인 정의만 가지고 있다는 사실로부터 기인한다: 만약 그들이 봉사를 위하여 집을 사용한다면 그들의 교회는 집 교회이고 그들은 집 교회 지도자들이다 (개념 정의를 위하여 이 섹션의 도입 부분의 설명을 보라). 이 사실은 그의

합한다지만 근본적으로 다른 가정 교회와는 독립적이기 때문에 각 가정 교회의 외부에서도 상황은 이럴 것이다. 상황이 그렇지 않다면, 그것은 가정 교회가 아니라 전체로서의 공동체 (교회) 내에서의 단지 하나의 가정 그룹이라고 평해질 것이다.

'저희가 교회 앞에서 너의 사랑을 증거하였느니라' (6절)라는 저자의 표현은 주목할 만하다. 그는 '교회' 로 무엇을 의미하는가? 그는 그것으로 가정 교회를 의미하지 않는다. 첫째로, 그것은 가이오 자신의 가정 교회가 아니다.[105] 그것이 그 자신의 가정 교회라면 저자의 진술은 저희가 '가이오의 사랑' 을 가이오의 가정(아마 몇몇의 다른 멤버들을 포함하여)에 보고했다는 것을 의미하게 된다. 이것은 말도 안 되는 얘기다! 그들은 가이오의 가정 구성원들에게 '가이오의 사랑' 에 관하여 알릴 필요가 없을 것이다.[106] 왜냐하면 그렇게 작은 가정 교회 공동체에서는 그 사랑은 곧 모든 사람에게 알려질 것이기 때문이다. 둘째로, '교회' 는 또 하나의 가정 교회가 아니다. 만약 그것이 또 하나의 가정 교회라면 저자는 예를 들어 '디오드레베의 집에 있는 교

주장이 하나의 **가정** 교회에서 소유자임과 리더십이 무관계하다는 것을 증명하기에 충분히 구체적이지 않다는 것을 의미한다. 에피스코포이(프레스뷔테로이)가 많은 가정을 또는 더 가능성 높은 것은 전체 도시를 맡고 있다는 것이 디모데 전서 3:5에 암시되어 있다: '만약 어떤 사람이 자기 자신의 가족을 어떻게 경영해 가야할지 모른다면 어떻게 하나님의 교회를 돌볼 수 있으리요?' . 이것은 그들이 '임금' 을 받는다는 사실에 의해 증명이 된다 (디모데 전서 5:17, 18). 그러므로 그들은 도시 교회 지도자들이다.

105) 참고. *Pace* Brown,*The Epistles of John*, p. 654. 그는 말한다:
가이오와 디오드레베의 상호 작용은 이웃하는 도시들이나 지역들 안에 두 개의 요한 집 교회들이 있었다는 것을 제안한다.
이것은 그에게 있어서는 한 집 교회는 가이오에게 속하고 다른 집 교회는 디오드레베에게 속한다는 것을 암시한다. 이것은 '교회' 가 6절에서는 가이오의 집 교회를 지칭하고 9절 10절에서는 디오드레베의 집 교회를 지칭한다 라고 추론하게 한다.

106) Brown, *The Epistles of John*, p. 710.

회' 와 같이 다르게 표현할 것이다. 그렇게 하지 않으면 그들이 누구의 집에 '가이오의 사랑' 을 보고했느냐의 문제가 제기될 것이며 가이오가 이것을 아는 것은 불가능할 것이다.

브라운은 그것이 저자의 집이라고 주장한다.[107] 이 견해에 동의하기는 어렵다. 왜냐하면 저자는 이미 그들이 그에게 즉 그가 현재에 있는 교회에 가이오의 '충실함' 에 관하여 말했다는 사실을 이미 언급했고 (3절) 그러므로 그는 6절에서 이 사실을 다시 언급할 필요가 없기 때문이다.[108] 그가 이것을 의도적으로 반복했다 할지라도 그는 '그들이 교회에 말했다' 라는 표현보다는 '그들이 나에게 (또는 여기에 있는 교회에) 말했다' 라는 표현을 사용할 것이다. 왜냐하면 '여기에 있는 여러 친구들이 문안하느니라' 라는 표현에서 보여지듯이 (15절) 그는 다른 지역에 있기 때문이다.

따라서 저자는 '교회' 라는 그의 표현으로 하나의 가정 교회를 의미하지 않고 가이오가 속해 있는 이 지역의 전 공동체를 의미할 것이다.[109] 그들은 한 개인의 집의 사건들을 ('가이오의 사랑') '교회' 즉

---

107) Brown, *The Epistles of John*, p. 731. 브라운은 단지 그들은 그것을 프레스비터(교회)에게 보고했다 라고 전제한다: '그들이 이것을 프레스비터에게 보고함 (3절, 6절 전반부)'. 참고. 브라운은 '제3의 교회의 가능성을 논박할 방법이 없지만 그것은 불필요한 혼란인 것 같다' 고 주장한다 (p. 710).
108) *Pace* Brown, *The Epistles of John*, p. 710 (그는 '그래서 형제들이 입증하기 위하여 오고 있다고 말하는 3절과 일치하는 제안인 프레스비터는 그 자신이 살고 있는 교회를 언급하고 있는 것 같다' 라는 주장을 한다.'); *pace* Lieu, *The Second and Third Epistles of John*, p. 105 (그녀는 '교회' 를 '장로의 공동체' 를 지칭하는 것으로 해석한다). 그들은 왜 저자가 가이오의 '사랑 / 충실함' 에 관하여 따로 두 번 언급하는 지에 대해 설명하는 데 실패한다 (3절과 6절).
109) *Pace* Brown, *The Epistles of John*, p. 731. 그는 '6절에서처럼 9절에서 "교회" 는 지역 회중 또는 집-교회를 의미한다' 라고 말한다. 그는 그 이유를 제시한다: '바울 서신에서 "교회" 는 각각의 집 – 회중 예를 들면 "브리스가와 아굴라의 집에 있는 교회" (로

하나로 통합된 교회로서의 이 지역 전 공동체에 보고했다.[110] 이 주장은 그가 '교회'라는 표현을 마치 똑같은 교회인 것처럼 가이오와 관련되는지 (6절) 디오드레베와 관련이 되는지 (9절, 10절) 어떤 설명이 없이 무차별적으로 사용하고 있다는 사실에 의해 지지를 받는다.[111]

> 마서 16:4-5; 고린도전서 16:19) 그리고 "눔바의 집에 있는 교회" (골로새서 4:15)를 위하여 사용된다'. '그러나, 브라운이 인용하는 부분에서 교회들은 어떤 사람의 집들과 관련되어 있는 것으로 명백히 구체화 되는데 이것은' 요한 3서에 '해당되지 않는다라는 게 주목되어야 한다' (Malherbe, *Social Aspects of Early Christianity*, p. 111).

110) Pace Brown, *The Epistles of John*, p. 710. 그는 주장한다:
> 또는 마지막으로 그것은 요한 크리스천들의 전체를 언급하는 더 큰 의미에서의 교회인가? 우리는 단지 요한의 글에서 에클레시아의 그런 식의 사용의 증거가 없다는 근거로 그러나 반복해서 조심스럽게 말하지만 결국 이 용어는 단지 3번 나타나고 요한 3서 밖에서는 안 나타난다는 것도 고려해서 아마 마지막 제안을 거절해야 할 것이다.

그가 '요한 크리스천들의 전체'라는 말로 무엇을 의미하는지 그 지역에 있는 '요한 크리스천들'을 의미하는지 아니면 모든 도시에 있는 '요한 크리스천들'을 의미하는지 분명히 설명이 안 되어 있다. 아마도 그는 후자를 의미할 것이다. 어쨌든 브라운은 그 지역(도시)에 있는 전 공동체를 고려하는 데 실패한다. 그의 결론은 요한 3서에서의 '교회'라는 용어의 사용법에 대한 그의 오해와 관련이 된다.

111) 그러므로, 가이오와 디오드레베는 '같은 회중에 속한다' (pace Brown, *The Epistles of John*, p. 731. 그는 이것을 부인한다: '프레스비터가 가이오에게 이전에 그가 디오드레베의 "교회에 뭔가를" 썼다고 말해야 한다는 사실은 그 두 사람이 똑같은 회중에 속하지 않는다는 명제를 지지하는 주장이다.'). 말허버는 브라운을 반대하여 가이오가 이미 9절에서 언급된 '서신'을 알고 있고 그러므로 가이오와 디오드레베는 '같은 회중에 속한다'고 주장한다 (Malherbe, *Social Aspects of Early Christianity*, p. 111). 가이오는 그것이 지도자들에 의해 공표되었을 때에는 그 서신을 아마 알 것이나 공표되지 않을 때에는 아마 모를 것이다. 그들은 '같은 회중에 속하나' 가이오는 아마 상당히 큰 그 회중(전 공동체) 내에서 일어나는 모든 중요한 것들을 알 것으로 기대되는 공식적인 지도자가 아닌 것 같다. 이것은 저자는 요한 3서에서 그의 '충실함'을 언급하지만 절대로 그의 리더십에 관하여 말하지 않는다는 사실에 의하여 증명된다. 브라운은 φιλοπρωτεύων αὐτῶν (9절)을 주목하고 '제3 인칭 대명사는 가이오 (계속적으로 2인칭으로 진술되고 있다)가 그 교회의 일원으로 여겨질 수 있다는 것을 가능하지 않게 만든다'고 주장한다 (Brown, *The Epistles of John*, p. 717). 류는 이 견해를 더 잘 설명한다: 가이오가 그 교회의 일원이 아니라는 주장 (9절)은 '디오드레베를 "너희들" 위에서가 아니라 "그들" 위에서 권위를 원하는 것으로 묘사하는 것에

만약 그가 두 개의 다른 교회를 언급하고 있다면 심지어 가이오도 혼동될 것이다.

'교회' 가 '별개의' 가정 교회들로 구성되어 있지 않다는 것은[112] 디오드레베가 '그들을 ("형제들을 접대하기를" "원하는 자들을")[113] 금하여 교회에서 내어 쫓는' 다는 '묘사' 에 의해 증명이 된다(10절). 만약 '교회' 가 '별개의' 가정 교회들로 구성이 되어 있다면 디오드레베는 그들을 자기의 가정 교회로부터 쫓아 낼 수 있지 다른 사람들의 가정 교회로부

의해 지지된다 (φιλοπρωτεύων αὐτῶν)' (Lieu, *The Second and Third Epistles of John*, p. 111). 그러나 저자는 '그들' (αὐτῶν) 과 '우리들' (ἡμᾶς)을 대조시키고 있다는 게 주목될 것이다: ὁ φιλοπρωτεύων αὐτῶν Διοτρέφης οὐκ ἐπιδέχεται ἡμᾶς(9절 하반부). 아마 그는 '그들' ('적' 의 그룹)로부터 가이오를 구분하고 가이오를 '우리들' (저자의 그룹)에 포함하기를 원할 것이다. 그러므로 저자가 '너희들' 을 사용하지 않고 '그들을' 사용한다는 사실은 반드시 가이오가 교회의 일원이 아니라는 증거가 아니다 (9절).

류는 디오드레베에 의해 쫓겨나지 않았다고 전제하고 두 가지 이유를 제안한다: '가이오는 그러한 환대를 아직 보이지 않았었거나' '그는 디오드레베 교회의 일원이 아니었다' (Lieu, *The Second and Third Epistles of John*,p.114). 그러나 가이오가 이미 '그러한 환대를 보여주었다' 할지라도, 만약 디오드레베가 '형제들을 환영하는' 자들 모두를 쫓아낼 절대적 힘을 가지고 있지 않다면 가이오는 살아남을 수 있을 것이다 (이 섹션의 아래를 보라).

다른 한편, 그들이 '같은 회중에 속해 있다' 라는 주장은 저자의 '이러므로 내가 가면' (10절) 이라는 표현에 의해 지지된다. 그는 장소를 특정하게 언급하지 않기 때문에 이 표현은 그가 그 회중에 올 거라는 것을 의미한다. 그 표현은 어느 회중을 의미하나, 가이오의 회중인가 디오드레베의 회중인가? 우리가 그들은 두 별도의 회중들에 속해 있다고 가정하면 우리가 이것을 대답하기 어렵다. 이것은 그가 단지 하나의 회중을 마음 속에 두고 있고 가이오와 디오드레베가 함께 이 회중에 속해 있다는 것을 암시한다. 내 자신의 주장은 요한 3서에서 저자가 분명히 가이오의 회중과 디오드레베의 회중을 구분하지 않고 있다는 또 다른 사실에 의해 지지된다. 만약 저자가 두 개의 구별된 회중을 마음에 두고 있었다면, 그는 이것을 분명히 했을 것이다.

112) *Pace* Malherbe, *Social Aspects of Early Christianity*, p. 105; *pace* Campbell, *The Elders*, p. 218.
113) Malherbe, *Social Aspects of Early Christianity*, pp. 108-09.

터 쫓아낼 수 있는 것은 아니다. 그러므로 디오드레베가 그들을 '금하여 교회(전 공동체)에서 내어 쫓는' 다는 '묘사'는 적절하지 않을 것이다. '그의 교회 밖으로'와 같은 그러한 표현이 더 적절할 것이다.[114] 그럼에도 불구하고 저자는 '전 공동체 밖으로'를 의미하는 '교회 밖으로'라는 표현을 사용한다. 이것은 그 공동체가 '별개의' 가정 교회들로 구성된 것이 아니라 하나의 단위로 통일되어 있다는 것을 의미한다.

실제 상황에 대한 그림을 다음과 같이 그리는 것은 도움이 될 것이다. 이 공동체 내에서 디오드레베는 '형제들을 접대' 하지 않고 그들을 '접대' 하는 자들을 공동체로부터 쫓아내려고 하지만 (10절)[115] 가이오는 이 어려운 상황 속에서 그들에게 환대를 보인다 (8절).[116] 디오드레베는 '권세'를 가지고 있는 것 같지만 그 공동체의 모든 '구성원들'이 그를 따르도록 하기에 충분히 절대적인 '권세'가 아니다.[117] 그래서 '형제들'이 가이오의 '사랑'을 '교회'/지도자들에게 보고하게 된다 (6절). 이 현상은 한 사람이 절대적 '권세'를 가지고 있는 공동체에

---

114) 참고. 말허버의 상세한 묘사: '그는 그 집에 있는 집회로부터 그를 반대했던 자들을 배제할 힘을 가지고 있었다' (Malherbe, *Social Aspects of Early Christianity*, p. 110).
115) 흥미롭게도, 이것은 지역 지도자들과 '외부' 근거를 가지고 있는 지도자들 사이의 긴장으로 여겨질 수 있다 (참고. Lieu, *The Second and Third Epistles of John*, p. 159). 류는 약간 다른 표현을 사용한다: '순회적 사역과 지역 공동체 사이에' (Lieu, *The Second and Third Epistles of John*, p. 151). '형제들'의 외부 기원에 관하여는 5절을 보라. 참고. 말허버의 묘사: '장로는 디오드레베가 그 편지에서 자기 자신의 교회에서의 탁월에 대한 위협을 보았고 그래서 그 편지뿐만 아니라 가지고 온 사람도 거절했다고 생각하는 것 같다' (Malherbe, *Social Aspects of Early Christianity*, p.106).
116) 전 공동체가 디오드레베를 따르기로 결정했던 것 같지 않다 (*pace* Brown, *The Epistles of John*, p. 747). 왜냐하면 이것이 그 서신에 '나타나기'에 충분히 중요한 이슈일 텐데 저자에 의해 언급되지 않고 있기 때문이다.
117) 참고. '그의 활동들을 설명하기 위하여 그를 군주적 감독으로 만드는 것은 필요하지 않다' (Malherbe, *Social Aspects of Early Christianity*, p. 109).

서 있음직한 일이 아니다. 요한 공동체에는 지도자로 한 그룹의 사람들이 있는 것 같다.

결론적으로 이 공동체에는 가정 교회 지도자들이 나타나지 않고 카리스마적 지도자들도 나타나지 않는다. 프레스뷔테로이(에피스코포이)가 존재하는 것 같다. 제도화된 도시 교회 리더십 구조를 가지고 있는 것으로 보인다. 가정 교회 지도자들과 도시 교회 지도자들이 공존한다고 상상하는 것은 분별 있는 것이 아니다.

3. 예루살렘 교회에 대한 누가의 그림

• 사도행전 1:1-11:29

누가에 따르면, 처음 단계에서는 12제자가 예루살렘 교회를 인도했다. 그들은 특별한 카리스마적 지도자들이다. 이 단계에서 선지자들[118]과 전도자들[119] 같은 다른 카리스마적 지도자들이 발견된다. 이들은 순회적 지도자들이다.[120] 이 카리스마적 지도자들은 흩어지기 시작한다.[121] 그럼에도 불구하고 그들은 이 공동체에 프레스뷔테로이(에피스코포이)를 임명하지 않는다.

결론적으로, 이 공동체에는 가정 교회 지도자들이나 프레스뷔테로이(에피스코포이)가 나타나지 않고 단지 카리스마적 지도자들이 존

---

118) 참고. 사도행전 11:27, 28 .
119) 예를 들면 빌립은 '전도자'이다 (사도행전 21:8). 그는 원래 예루살렘에 존재한다 (사도행전 6:5; 8:5-8, 12-13, 26 이하).
120) 사도행전 8:5, 40; 11:27.
121) 사도행전 :8:4.

재한다. 이 리더십 구조가 제도화 되었다고 묘사하기는 어렵다. 이 공동체의 이 단계에서 가정 교회 지도자들과 도시 교회 지도자들 사이의 관계를 토론하는 것은 필요하지 않다.

- 사도행전 11장 30절; 15장; 16장 4절; 21장 18절

예루살렘 교회의 나중 단계에서,[122] 프레스뷔테로이가 지도자로 등장한다 (11장 30절). 이들은 누구인가, 가정 교회 지도자들인가 도시 교회 지도자들인가? 바울 공동체에서는 바울과 그의 동료들에 의한 전도 이전에는 신자들이 없었다. 보통 현대 핵가족보다 큰[123] 새로운 신자 가족이[124] 그들의 집에서 모이면 그 가장이 자연스럽게 지도자가 된다. 근처에 사는 몇몇 '다른 가족들'이 이 가정 교회에 합세할 수 있지만 심지어 이 경우에도 리더십은 여전히 그 가정의 가장에게 머무를 것이다.[125]

---

[122] 바우크함은 '아그립파 1세의 박해 (AD 43년 또는 44년)는 열둘이 예루살렘 교회의 리더십이기를 멈추었던 시점이었다' 고 지적한다 (Bauckham, 'James and the Jerusalem Church', p. 440).

[123] 참고. Fiorenza, *In Memory of Her*, p. 175. 그녀는 설명한다 '그리스-로마 가정은 직계 가족, 노예들 그리고 결혼하지 않은 여자 친척들의 구성원뿐만 아니라 자유롭게 된 사람들, 노동자들, 세입자들, 사업 동료들 그리고 피보호민들을 포함했다' 고 설명한다.

[124] 필슨은 '많은 경우에 전 가정이 의심할 여지 없이 어떤 경우에는 노예들을 포함하여 한 단위로 교회에 들어 왔다 (참고. 사도행전 16:33)' 고 말한다 (참고. 사도행전 16:33)' (Filson, 'The Significance of the Early House Churches', p. 109). 가정의 집합성과 '결속'에 관하여는, Malherbe, *Social Aspects of Early Christianity*, p. 69을 보라.

[125] 참고. Fiorenza, *In Memory of Her*, p. 175. 그녀는 하나의 예와 그 설명을 제시한다: '브리스가와 아굴라의 집 교회들의 예는 초기 집 교회는 단지 그 가부장 또는 주부의 "가족"에 의해서만 구성되지 않고 다른 가족에 속해있는 개종자들에 의해서도 구성되어 있다 라고 제안한다. 브리스가와 아굴라는 그들의 여행에서 자녀들, 이전의 노예들, 친척들 또는 피 보호민들에 의해 동반된 것 같지 않기 때문이다. 그러므로 그들의 집 교회는 아마 가부장적 가족보다 종교적 연합체처럼 구성되었을 것이다.'

바우크함은 이 프레스뷔테로이에 관하여 3가지 종류의 해석을 소개한다.[126] 첫 번째 해석은 그들이 '7인' 또는 '그들의 계승자' 로서 12사도를 돕는 자들이라는 것이다.[127] 두 번째의 것은 12사도 중 일부가 무대에서 사라지고 이것이 그들의 위치가 다른 사람들에 의해 대치되게 한다는 것이다. '프레스뷔테로이' 라는 칭호는 이 '12명의 조직체'를 가리킨다.[128] 세 번째의 것은 프레스뷔테로이는 12명이 예루살렘 교회의 지도자이기를 멈춘 후에 '열둘을 대체' 하는 자들이다는 것이다. 그들은 '열둘의 조직체' 를 구성하는 것이 아니라 '장로의 조직체' 를 구성한다. 그들은 '열둘' 이라는 숫자와 아무런 관계가 없다. 열둘

---

126) Bauckham, 'James and the Jerusalem Church', pp. 429-41.
127) T. M. Lindsay, A. M. Farrer 그리고 Marshall 은 그들이 칠인이라고 주장한다 [T. M. Lindsay, *The Church and the Ministry in the Early Centuries* (London: Hodder, 1902), p. 116; A. M. Farrer, 'The Ministry in the New Testament' in *The Apostolic Ministry* (ed. K. Kirk; London: Hodder, 1946), pp. 113-82 (133-42); Marshall, *The Acts of the Apostles*, p. 204]. 바우크함이 설명하듯이, 이 해석은 70인 장로들 (민수기 11:16-17)은 7인의 모델이다라는 스펜서의 가설과 가까이 연결되어 있다 [참고. F. Scott Spencer, *The Portrait of Philip in Acts* (Journal for the Study of the New Testament Supplement Series 67; Sheffield: Sheffield Academic Press, 1992), pp. 209-11]. 이 학자들은 70인이 프레스뷔테로이 (LXX 민수기11:16)였던 것처럼 7인도 프레스뷔테로이이다 라고 생각할 것이다
브루스는 그들이 7인의 자리를 인계받기 위하여 임명된 자들이라고 믿는다 [Bruce, *The Book of the Acts* (The New International Commentary on the New Testament; rev. ed.; Grand Rapids: Eerdmans,1988), p. 231과 각주 44.]. 비슷하게, Karrer는 이 프레스뷔테로이(사도행전 11:30)의 근원은 민수기 11장에서 모세를 돕기로 되어 있었던 70인 장로들에게서 발견된다는 견해를 가지고 있다 [Bauckham, 'James and the Jerusalem Church', pp. 415-80 (430-31)]. Karrer에 따르면, 이 프레스뷔테로이(사도행전 11:30)는 12 사도를 돕기 위하여 선택된 7인과 비슷한 기능들을 수행할 것이다.
128) R. Alastair Campbell, 'The Elders of the Jerusalem Church' in *The Journal of Theological Studies* 44 (1993), pp. 511-28 (523). 이것은 12 사도가 '여기에서 예루살렘의 "프레스비터"들 사이에 있는 것으로 이해되서는 안 된다' 라고 주장하는 하인켄에 의하여 부인될 것이다 (Haenchen, *The Acts of the Apostles*, p. 483).

중 누가 예루살렘에 있다면 그는 또한 이 '장로의 조직체'를 구성한다고 생각할 수 있다.[129]

하엔켄은 그들을 '헬레니스트 칠 인에 대한 병행 조직'으로 간주하는 W. 미가엘리스의 가설을 소개한다.[130] 이 견해는 위의 첫 번째 해석과 비슷하다. 아마 이 프레스뷔테로이의 기원에 대한 직접적인 설명이 사도행전에 제공되지 않았기 때문에 학자들에 의하여 다양한 추측들이 제시되고 있다.[131]

7인 중 하나인 빌립에게 '프레스뷔테로스'라는 칭호가 주어지지 않고 '전도자'라는 칭호가 주어지기 때문에 첫 번째 해석은 설득력이 없다(사도행전 21장 8절). 사도들이 프레스뷔테로이로부터 구별되기 때문에 두 번째 해석도 설득력이 없다. 즉, 그들이 두 그룹이 함께하는 교회 모임과 관련하여 언급될 때마다 단지 프레스뷔테로이로보다는 사도와 프레스뷔테로이로 언급되고(사도행전 15장 2절, 4절, 6절, 22절, 23절; 16장 4절) 사도의 수를 12명으로 만들기 위하여 맛디아가 11사도에 더해질 때 그에게 '프레스뷔테로스'보다는 '사도'라는 칭호가 주어진다 (사도행전 1장 20절 이하).

세 번째 해석은 다음과 같은 이유로 부분적으로 설득력이 있다. 누가는 사도행전 14장 23절과 20장 17절에서 바울 교회의 지도자들을 가리키기 위하여 똑같은 칭호 '프레스뷔테로이'를 사용한다. 그들의

---

129) 이것은 바우크함 자신의 해석이다 (Bauckham, 'James and the Jerusalem Church', pp. 433-41). 그는 '박해가 열둘의 그 자체로서의 리더십 역할을 종결한다'고 말한다' (p. 436).
130) Haenchen, *The Acts of the Apostles*, p. 375.
131) Fitzmyer, *The Acts of the Apostles*, p. 483. 그는 '누가는 이 직원들이 크리스천 공동체에서 어떻게 기원했는지에 관하여 그리고 그들이 어떻게 사도들이나 6장 3절의 7인에 관련이 되는지에 관하여 어떤 징후를 보이지 않는다'고 말한다.

기능들은 12 사도의 기능들과 정확하게 똑같지는 않다. 그들은 한 곳에 머물렀지만 12 사도는 반드시 한 곳 만을 위하여 일할 필요가 없었다. 누가가 같은 칭호 '프레스뷔테로이'를 사용한다는 사실이 이 프레스뷔테로이가 예루살렘 교회의 장로들과 똑같은 종류의 지도자들이라는 것을 시사한다. 다른 말로 하면 예루살렘 교회의 장로들은 지역(예루살렘) 교회 지도자들이라는 것이다. 이것은 다음 논의에 의해서도 시사된다. 열둘은 박해 때문에 예루살렘을 떠났고 예루살렘 교회는 열둘을 대신하여 말씀과 교리의 사역을 수행할 지도자들을 필요로 했다. 칠 인은 이 사역이 아니라 다른 사역 즉 '식탁에서 시중드는 것'을 위해 임명이 되었다 (사도행전 6장 2절). 이것이 교회(야고보)로 하여금 새로운 지도자들을 임명하도록 했을 것이다. 이 새 지도자들의 수가 반드시 열둘 일 필요가 없다. 왜냐하면 그들의 숫자가 열둘이면 열두 사도는 모두 리더십을 잃었다는 것을 암시하기 때문이다. 열두 사도는 아직도 살아 있고 예루살렘 공의회를 위하여 예루살렘에 돌아왔던 사실에 의해 증명이 되듯이 예루살렘을 영원히 떠난 것은 아니다 (사도행전 15장). 새 지도자들은 (프레스뷔테로이) 사도들이 아니고 12 사도가 예루살렘에 돌아오면 프레스뷔테로이에 대해 권세를 가질 수 있기 때문에 완전한 대체는 불가능하다. 열둘 중 어떤 사람을 이 새로운 그룹의 멤버로 보는 것은 어렵다. 열둘은 지역 교회 지도자들이 아니고 그 사역의 한계가 예루살렘에 제한되지 않은 특별한 그리고 독특한 증인들이다(마태복음 28장 19절). 위에서 설명된 대로 '프레스뷔테로이'라는 칭호가 양 그룹을 집단적으로 가리키기 위하여 홀로 배치되는 일은 발생하지 않는다. 어쨌든, 이 모든 해석들은 새 프레스뷔테로이가 바울 공동체의 도시 교회 지도자들의 경우처럼 공식적인 지역 교회 지도자들로 임명된 자들이라는 것[132]을 암시한다.[133] 이것은 예루살렘 교회의 후기 리더십 구조는 제도화되어 있다는 주장으로 연결된다. 다른 한편, 가정 교회 지도자들이나 카리스마적 지도자들이 제2단계에 있는 예루살렘 교회에는 나타나지 않는다고 말할 수 있다.

결론적으로, 이 공동체에 프레스뷔테로이(에피스코포이)가 나타나고 그 리더십 구조는 제도화되어 있다. 그 안에 가정 교회 지도자들과 도시 교회 지도자들이 공존한다는 어떤 증거도 발견되지 않는다.

4. 결론

바울 공동체에 가정 교회 리더십 구조, 카리스마적 리더십 구조 그리고 도시 교회 리더십 구조가 나타난다.

가정 교회 지도자들과 카리스마적 지도자 모두 일부 바울의 저작권이 논의되지 않는 바울 서신과 논의되고 있는 바울 서신에 나타난다. 그러나 디모데와 디도를 제외한 어떤 카리스마적 지도자들이나[134]

---

132) 두 번째 세 번째 해석들은 프레스뷔테로이 그룹에 약간의 사도들을 포함하지만 이 사도들을 제외한 프레스뷔테로이는 공식 지역 (예루살렘) 교회 지도자들로서 임명된 자들이다.
133) 참고. Bauckham, 'James and the Jerusalem Church', p. 433.
134) 만약 전도자들이라면 그들은 카리스마적 지도자들이다. 디모데와 디도가 카리스마적 지도자들이든지 아니든지 그들은 순회적 지도자들이다. 다른 카리스마적 지도자들이 한 도시에 남아 있을 수 있다 (참고. 사도행전 13:1 이하); 그러나, 그들은 (가상적이든지 아니든지) 때로는 한 곳에 머무르도록 (바울에 의해) 명령을 받고 (디모데 전서 1:3) 때로는 여러 도시들을 방문하도록 명령을 받는다 (디도서 1:5). 그들은 이 도시 저 도시로 이동하기로 되어 있어서 그들을 어떤 특정한 도시에 속한 것으로 여기는 것은 매우 어렵다. 아마 바울의 경우처럼 그들은 한 곳에 단지 잠정적으로 머물 것이다. 그리고 이 경우조차도 바울의 대리자들로서 머문다. 그러므로 우리는 바울을 포함시키지 않는 것처럼 그들을 이 섹션에서 고려하지 않는다 (이 섹션의 1. b. iii 를 보라).

가정 교회 지도자들도 목회서신에 나타나지 않는다. 도시 교회 지도자들은 저작권이 논의되지 않는 바울 서신 하나 즉 빌립보서와 일부 논의 되고 있는 바울 서신들 즉 목회서신에 나타난다. 사도행전은 바울 공동체와 관련하여 카리스마적 리더십 구조와 도시 교회 리더십 구조를 설명하고 있다.[135]

가정 교회 지도자들과 도시 교회 지도자들이 한 공동체에 동시에 함께 나타나지 않는 것이 주목된다. 다른 말로 하면 한 서신이 가정 교회 지도자라는 지위를 설명하면 도시 교회 지도자라는 지위는 묘사하지 않는다.[136] 만약 한 서신이 도시 교회 지도자 즉 프레스뷔테로이 (에피스코포이)에 관하여 설명하면 '너의/그녀의 집에 있는 교회' (또는 '그들의 집에서 모이는') 와 같은 그러한 표현을 사용하지 않고 있다. 사도들과 그들의 특별한 대리자들을 별도로 하면 카리스마적 지도자들과 도시 교회 지도자들은 한 공동체에 함께 동시에 나타나지 않는다는 것도 역시 주목된다. 그러나 가정 교회 지도자들과 카리스마적 지도자들은 가끔 한 공동체에 공존한다.

이 전체 리더십 구조의 그림으로부터 사도들이 많은 공동체를 인도해야만 할 때[137] 또는 한 공동체로부터 사라지기 시작할 때 도시 교회 지도자들이 그들 또는 각 공동체에 있는 그들의 특별한 대리자들에 의해 임명되기 시작한다는 게 추론된다. 다른 '카리스마적' 일꾼들

---

135) 이 섹션의 첫 번째 부분(1)의 시작에서 언급되었듯이 캠벌은 야손(사도행전 17:5 이하)과 루디아가 가정 교회 지도자들이라고(사도행전 16:14 이하) 제안한다. 이것은 가능한 추측이지만 확실하지 않다. 그러므로, 우리는 이 구절들이 가정 교회 리더십 구조를 보인다고 확실히 말할 수 없다.
136) 사도행전은 긴 기간에 걸치므로 예외적일 것이다.
137) 참고. Lightfoot, *the Philippians*, p. 194.

이 이 공동체에 존재한다고 생각할 만하다. 그러나 이 '카리스마적' 리더들도 '순회적'이고 종종 다른 공동체에 가는 경향이 있기 때문에 그들로부터 정규적인 리더십을 기대하는 게 때론 어려울 것이다. 그리고 그들이 그 공동체에 의하여 공식적으로 임명되기보다는 등장하기 때문에 그들로부터 체계적인 리더십을 기대하는 게 때론 어려울 것이다.

이 '카리스마적' 리더들이 예루살렘 밖에서 한 크리스천 공동체의 창시를 위하여 주 역할을 할 때 그리고 그 공동체가 아직 어리거나 미성숙하기 때문에 도시 교회 지도자들이 아직 임명되지 않고 있을 때 마샬에 의해 비슷하게 묘사되었듯이 가정 교회 지도자들이 존재하게 된다.[138] 이것은 특히 '카리스마적' 리더들의 수가 작고 그들이 모든 가정 교회들을 돌보기가 어려울 때 '자연스러울 것'이다.

가정 교회 리더십이 자연적 리더십이고 이 리더십이 근본적으로 각 가정 교회에 제한된다는 것은 기억될 필요가 있다. 그러므로 한 공동체에 한 개 이상의 가정 교회가 존재할 때에 가정 교회들이 전체로서 하나의 도시 교회로 합병되지 않는 한 그 공동체가 통합을 확보하는 것은 어렵다. 한 공동체가 어떤 전체 리더십 구조 없이 한 도시 교회로 조직되는 것은 어려울 것이다. 새로운 전체 리더십 구조를 창출하는 과정은 반드시 새 지도자들 즉 도시 교회 지도자들의 임명을 필요로 한다고 주장하는 것은 합당하다. 베버에 따르면 이것은 제도화

---

138) Marshall, *The Pastoral Epistles*, p. 171. 그는 말한다:
집 그룹들은 그 가족의 가장에 의해 인도되고 그 회중의 노인들은 자연적으로 지도자들이 되는 듯싶다. 그렇게 '카리스마적' 사역과 노인들 특별히 처음의 개종자들에 의한 리더십의 재미있는 조화가 있다.

로 번역될 것이다.[139] 각 가정 교회 지도자가 도시 교회를 형성하기 위하여 함께 연합할 때 리더십 역할을 평등하게 하고 새 지도자들은 임명될 필요가 없다고 생각하는 것은 필요치 않다. 왜냐하면 위에서 이미 토론된 대로 바울과 그의 대리자들이 한 그룹의 새 지도자들을 임명하는 것은 분명하기 때문이다.

왜 가정 교회 지도자들과 도시 교회 지도자들이 함께 언급되지 않는가? 새롭게 조직된 도시 교회가 합병한 후에도 여전히 가정 교회 리더십 구조를 가지고 있다면 엄격한 의미에서 통일성을 유지하는 것은 어려울 것이다. 왜냐하면 각 가정 교회 지도자는 자기 회중에게 실제적 힘을 행사할 수 있기 때문에 그리고 각 회중은 여전히 도시 교회 내에서 하나의 소 공동체로 남아 있을 것이기 때문이다. 사도들과 그들의 대리자들이 통일성에 매우 열중하고 있고 한 공동체 내에 그러한 소 공동체들이 있는 것을 원치 않고 오히려 가정 교회 지도자들이 완전히 새 도시 교회 리더십 구조에 흡수되기를 권한다고 믿는 것이 합당하다. 물론, 가정 교회 리더십이 어떤 긴장 없이 도시 교회 리더십에 의해 대치된다고 생각하기는 어렵다. 단지 모든 가정 교회 지도자가 자기의 리더십을 포기하고 새 리더십 구조에 연합하기를 원할 때, 가정 교회 리더십 구조는 존재하기를 멈춘다. 이것이 모든 공동체에 해당된다고 상상하는 것은 불가능하다. 어떤 가정 교회 지도자들

---

139) 참고. Macdonald mentions는 '카리스마의 일상화에 관한 베버의 통찰력'에 관하여 언급한다:
베버는 혁신의 잔존을 확보하기 위하여는 카리스마의 일상화가 필요함을 지적한다. 그는 그 카리스마적 지도자의 사라짐에 직면하여 특별히 그 존재를 확보하는 데 있어서 그리고 세상에서 그 자리를 안정화시키는 데 있어서 카리스마적 직원의 이권에 초점을 맞춘다 (Macdonald, *The Pauline Churches*, p.48).

은 그들이 새 지도자로 임명되지 않으면 저항할 거라는 것은 있을 법하다. 이것의 한 예가 요한 3서에서 발견이 된다.[140] 다음 세대에서 새 조직에 가담하지 않는 것은 불가능하지는 않더라도 더 어려울 것이다. 왜냐하면 교회사가 보여 주듯이 새 조직은 시간이 감에 따라 대체로 더 확립되기 때문이다. 이런 개연성에도 불구하고 도시 교회 지도자들이 묘사되는 서신에서는 마치 도시 교회 지도자들이 임명된 뒤 곧바로 가정 교회가 저절로 사라지는 것처럼 교회라고 불리는 소 공동체 즉, 가정 교회가 절대로 언급되지 않는다. 그 이유는 그러한 소 공동체들의 존재를 인정하기를 원치 않는 사도들과 그들의 대리자들이 소 공동체가 있다고 하더라도 그러한 그룹들을 소 공동체로 묘사하지 않기 때문일 것이다. 이것은 한 공동체에 프레스뷔테로이(에피스코포이)가 나타날 때마다 소 공동체는 절대로 언급되지 않는다는 사실에 의해 증명이 된다 (빌립보서, 목회서신, 사도행전 14장 21절 이하 그리고 사도행전 20장 17절 이하). 디모데 전서의 저자는 프레스뷔테로이(에피스코포이)와 집사에 관한 교훈을 한다. 그는 심지어 교회 지도자들이 아닌 노인들과 과부들에 관한 교훈도 고려하고 있다는 게 주목된다 (디모데 전서 5장 1절 이하). 소 공동체와 그 가정 교회 지도자들이 도시 교회 지도자들인 프레스뷔테로이(에피스코포이)와 함께 계속 존재하도록 허용되었다면 가정 교회 지도자들이나 가정 교회 지도자들과 프레스뷔테로이(에피스코포이)의 관계에 관한 어떤 가르침도 제시되지 않은 것은 이상할 것이다. 이 주장은 다음에 나오는 점에 의해 강화된다.

---

140) 이 섹션의 아래를 보라.

만약 어떤 공동체에 한 그룹의 반역적인 사람들이 있다면 클레멘트나 이그나티우스에 의해 또는 도시 교회 지도자들(프레스뷔테로이)을 아는 그 후의 다른 사도적 교부들에 의해 그 공동체 내의 소 공동체나 교회로 묘사되지 않을 것이다. 구체적으로 관련되는 이그나티우스의 진술은 이 주장을 설득력 있게 만든다: '그러므로 공동의 회의에 가담하지 않는 자는 이미 거만하고 그 자신을 분리시켰다'.[141] 이것은 소 공동체/교회를 인정하는 것과 같은 그러한 어떤 묘사도 이 교부들 안에서 발견되지 않는다라는 사실에 의해 그리고 더 나아가 이들에 의하여 절대로 한 공동체가 소 공동체들로 구성되어 있는 것으로 묘사되지 않는다라는 사실에 의해 지지된다.

가정 교회 지도자들은 어떤 칭호도 갖지 않으나 도시 교회 지도자들은 '프레스뷔테로이' (또는 '에피스코포이') 라는 칭호를 갖는다. 전자는 임명되지 않으나 후자는 교회에 의하여 임명이 된다. 주목할 만하게도 '(영적인) 선물'이라는 용어가 신약성경에서 그들 중 어느 것에도 적용이 되지 않는다는 사실은 그들이 어떤 특정한 영적 선물 (카리스마)에 관련됨 없이 그들의 지위를 갖는다는 사실과 관련될 것이다. 가정 교회 리더십 또는 카리스마적 리더십은 제도화 되어 있지 않으나 도시 교회 리더십은 제도화되어 있다.

결론적으로, 가정 교회 지도자들과 도시 교회 지도자들이 신약에서 절대로 함께 언급되지 않는다. 그러므로 그들의 관계는 규정될 수 없다. 전자는 후자가 나타나기 시작했을 때 역사로부터 사라지기 시작했다는 것은 사실임에 틀림이 없다. 가정 교회 리더십은 관계나 서

---

141) 참고. Ignatius, *Ignatius to the Ephesians*, V. 3a.

열의 관점에서 토론되기에 충분히 공식화되어 있지 않기 때문에 가정 교회 지도자들 사이의 관계는 고려될 필요가 없다.[142]

베드로와 요한 공동체에서 초기 단계에 가정 교회 리더십이 존재한다고 신약성경에 설명되어 있지 않다. 그러나 바울 공동체의 경우처럼 그것은 자연적으로 일어나는 것일 것이다. 이 공동체들에서 프레스뷔테로이가 지역 교회 지도자들로 존재한다는 게 암시되어 있다. 바울 공동체에서처럼 이 공동체들에서 가정 교회 지도자들이 도시 교회 지도자들과 공존하도록 허락되어 있는 것 같지는 않다. 요한 공동체를 구체적으로 토론하는 것이 이것을 이해하는 데 도움이 될 것이다. 위에서 언급된 대로 사도 요한은 '비숍을 세우기 위하여' 그의 교회들을 방문했다.[143] 요한 3서에 따르면 디오드레베는 '첫째가 되는 것을 좋아하기' 때문에 골칫거리이다 (9절). 이것은 문제가 '교리'라기보다는 교회 서열에 관한 것이라는 것을 암시한다.[144] 그는 프레스뷔테로이의 지위에 임명되지 않았던 것 같다. 그가 만약 임명 되었었다면 반역적이 될 필요가 없었을 것이다. 만약 요한이 가정 교회 지도자들과 도시 교회 지도자들이 공존하도록 허락한다면 이것은 그가 이

---

142) 참고. Macdonald, *The Pauline Churches*, p. 59. 그녀는 스데반의 리더십은 자기 가정 밖의 그 공동체에서 공식적 자리로 여겨지기에 충분히 발달되어 있지 않다고 주장한다: '이 애매한 구절로부터 고린도의 직분의 확립에 관하여 결론을 내리는 게 분명히 불가능하다' (고린도 전서 16:15-18).
143) 이 섹션의 2. 요한 2서 1절과 요한 3서 1절을 보라.
144) 참고. Lieu, *The Second and Third Epistles of John*, p. 152. 그녀는 '이슈는 지역적인 것에 반대되는 보다 더 넓은, 개인적인 권위에 관한 것이다' 라고 주장한다. Brown, *The Epistles of John*, p. 718. 그는 말한다: '그럼에도 불구하고 나는 디오드레베가 그 편지를 받아들이는 것을 거절하는 게 그 안에 있는 교리에 근거한다는 명제가 증거에 있어서 부족함을 발견한다'.

공동체에 소 공동체들이 존재하는 것을 허락하는 것을 의미한다. 만약 그렇다면 디오드레베를 따르는 일련의 무리들이 요한에 의해 소 교회로 여겨지고 있다고 볼 수 있다. 그러나 위에서 설명이 된 대로 이것에 관한 어떤 암시도 그 서신에 발견이 되지 않고 어떤 다른 소 교회들도 보이지 않는다. 그러므로 요한이 교회를 소 공동체들로 구성되어 있는 것이 아니라 단지 하나의 통일된 공동체로 여기는 것이다. 이것은 가정 교회 지도자들이 요한에 의해 그 공동체의 이 단계에서 존재하도록 권세를 부여 받은 것이 아니라는 것을 의미한다.

다른 한편, 예루살렘 교회의 초기 단계에서 카리스마적 지도자들이 존재하지만 가정 교회 지도자들은 존재하지 않는다. 예루살렘 교회는 카리스마적 지도자들이 예루살렘을 떠난 후에 프레스뷔테로이라는 직분을 만들기 시작한다.

간단히 말해, 신약 교회들은 공동체들 전역에 걸쳐 프레스뷔테로이(에피스코포이)라는 직분을 갖게 된다. 이것은 신약 교회에서 리더십의 패턴이 자연적 리더십 즉, 가정 교회 리더십 또는 카리스마적 리더십에서 조직적인 리더십 즉 도시 교회 리더십으로 바뀐다는 것을 의미한다. 가정 교회 지도자들과 도시 교회 지도자들 사이의 관계를 규정하는 것은 어렵다. 리더십의 이러한 조직화는 제도화나 카리스마의 일상화라는 용어로 묘사될 수 있다.

신약의 리더십과 장로

2010. 8. 5 초판 제1쇄 인쇄
2010. 8. 10 초판 제1쇄 발행

지은이 • 김홍범

펴낸이 • 이승하

펴낸 곳 : **성광문화사**
121-011 서울 마포구 아현동 710-1
☎ (02)312-2926, 312-8110, 363-1435
FAX • (02)312-3323
E-mail • Sk1435@ymail.com, Sk1435@live.co.kr
http://www.skpublishing.co.kr

출판등록번호/제 10-45호
출판등록일/1975. 7. 2
책 번호/889

파본은 교환해 드립니다

정가 12,000원

ISBN 978-89-7252-464-9　93230
Printed in Korea